KB157352

질서 있는 교실은 어떻게 만들어지는가

Non-Punitive School Discipline:
Relational Practices to Help Students Overcome Problem Behaviors

by Adam H. Frank
Copyright ⓒ 2022 by Teachers College, Columbia University
First published by Teachers College Press, Teachers College,
Columbia University, New York, New York, USA.
All Rights Reserved

Korean translation rights ⓒ 2023 by HANMUNHWA MULTIMEDIA
This translation published with permission from Teachers College Press,
Teachers College, Columbia University through Amo Agency Korea.

이 책의 한국어판 출판권은 AMO 에이전시를 통해 저작권자와 독점 계약한 한문화멀티미디어에 있습니다.
저작권법에 따라 한국 내에서 보호를 받는 저작물이므로 무단 전재와 무단 복제를 금합니다.

질서 있는 교실은
어떻게 만들어지는가

애덤 프랭크Adam H. Frank 지음 | 허성심 옮김

교권과 학생 인권이 공존하는 학교 훈육의 지혜

한문화

학급이라는 배를 올바른 방향으로 안내하는 나침반이 되어 줄 책

나는 종종 "이런 행동을 보이는 아이를 어떻게 해야 할까요?"라는 질문을 받는다. 내 대답은 이 책의 저자 애덤 프랭크 박사의 생각과 같다. 프랭크 박사는 아이들에게 '무엇인가를 해주려고 하지 말라'고 말한다. '무엇인가를 함께 하라'는 의미다. 이것이 이 책의 주제다. 이것만 안다면 모든 교육자가 문제 행동을 보이는 학생의 마음을 얻는 법을 배울 수 있을 것이다. 여기에서 중요한 것은 학생과 함께한다는 데 있다.

교실에서 일어나는 대부분의 문제 행동에는 나름의 이유가 있다. 예를 들어, 자리가 지정되어 있지 않거나, 가방을 놓을 자리가 없거나, 과제물에 이름을 어디에 적으라는 지시가 없거나, 별도의 일정표나 행동 지침이 없거나, 어떻게 차렷 자세를 취하라는 신호가 없거나 해서 혼란이 생기는 것이다. 그래서 교실에 들어온 학생들은 교사가 자리에 앉아 차렷하라고 소리를 지르기 전까지는 교실 여기저기를 돌아다닌다. 이런 상황에서 문제 행동이 나타나더라도 모두 학생의 잘못은 아니다.

프랭크 박사는 부정적인 행동을 보이는 학생을 다룰 때 체계적인 학급운영과 숙련된 접근법이 필요하다는 점을 강조한다. 이와 관련해서 그가 학급운영을 다룬 나의 저서,《학기 첫날:어떻게 유능한 교사가 될 것인가(The First Days of School:How to Be an Effective Teacher)》[1]를 인용해 줘서 매우 기쁘다. 프랭크 박사는 "명확한 기대치를 갖는 것이 중요하다. 또한 학생들이 또래 기반의 교육 환경에서 바르게 행동하는 법을 알도록 돕기 위해서는 간단하면서도 유의미한 절차를 정해야 한다."라고 이야기한다.

새 학년이 시작되면 나는 학생들에게 특정 가게나 식당을 자주 이용하는 이유를 묻곤 한다. 학생들의 대답은 늘 비슷하다. 학생들은 "정리가 잘 되어 있어서요."라고 이야기한다. 그러면 나는 '우리 학급도 잘 정리되어 있고, 그래서 여러분 모두 학교생활을 성공적으로 해낼 것이며, 여러분의 성공을 돕기 위해 내가 여기에 있다'고 말한다. 사람들이 한결같은 기업을 좋아하듯이, 학급 환경을 조성할 때 가장 중요한 요소 또한 '학급운영의 일관성'이다. 여기에서 말하는 일관성이란 예측 가능하고 안정적인 학급 환경을 의미한다.

학급이 어떻게 돌아가고 어떻게 조직되어 있는지 모두 안다면 교사

---

1. 우리나라에서는 《좋은 교사 되기:어떻게 유능한 교사가 될 것인가?》라는 제목으로 출판되었다. (김기오·김경 역, 글로벌콘텐츠, 2013)

가 학생에게 소리치거나 고함지를 일이 거의 없다. 학생들은(그리고 교사들은) 안전하고 행복하고 일관성 있는 학급을 원한다. 나는 학생이 무엇인가를 정확하게 하지 못하면 조금 엄한 표정을 지으며, "절차가 어떻게 되지?"라고 질문할 뿐이다.

학생들은 체계적 구조를 갈망한다. 그들은 뜻밖의 일을 달가워하지 않고 무질서와 비일관성을 잘 받아들이지 못한다. 그들은 계획을 원한다. 아이들은 사실 혼돈으로 뒤덮인 무질서하고 비체계적인 가정환경에서 자란 경우가 많다. 프랭크 박사가 지적하듯이 "이 아이들의 가정생활은 무질서하고, 상황은 좌절감만 안겨줄 때가 많다. 이들은 정서적으로 혼란을 느끼고, 아직 지식과 경험도 부족하다." 그러므로 아이들을 위해 명확하고 규칙적인 일과와 절차가 있는, 질서 있고 체계적인 학급 환경을 만들어야 한다. 그러면 아이들은 훨씬 더 긍정적으로 반응할 것이다.

교실에서 일어나는 일을 제대로 이해할 때, 아이들이 학교생활에 성공할 가능성도 더욱 커진다. 학생들은 다음에 무슨 일이 일어날지 모르는 교실을 싫어한다. 그들은 일관성을 원한다. 일관성이 있어야 모두가 무엇을 기대해야 하는지, 무엇을 해야 하는지 알 수 있고 안전하고 기분 좋은 환경에서 공부할 수 있는 학교 풍토가 조성되기 때문이다.

프랭크 박사는 교육자로서 본인이 직접 겪은 일들을 바탕으로 이 책을 썼다. 그는 '훈육 자체가 목적인 훈육'에서 '목적 있는 관계의 숙련된 실천 속에 이뤄지는 훈육'으로 어떻게 초점을 바꿀 수 있는지 보여 준다. 이 책은 학생들을 훈육할 때, 교사나 교장에게 도움이 되는 다양한 전략과 자원을 제시한다. 나는 "관계를 기반으로 한, 능숙하게 이뤄지는 훈육은 분명 문제를 일으키는 많은 학생의 행동을 바꾸고 엄청난 변화를 가져올 수 있다."라는 프랭크 박사의 의견에 전적으로 동의한다.

그는 "제대로 행해지는 훈육은 즐거운 과정이다. 훈육은 아이들을 교정하고 가르치기 위한 것이다. 배가 올바른 방향으로 가도록 안내하기 위한 것이다."라고 강조한다. 프랭크 박사처럼 유능한 교사들이 문제 학생들과 관계 기반의 경험을 먼저 쌓아가는 이유일 것이다.

해리 왕Harry Wong

《학기 첫날:어떻게 유능한 교사가 될 것인가?》,
《학급운영서(The Classroom Management Book)》,
《교실 수업서(The Classroom Instruction Book)》의 저자

차 례

3장. 질서 있는 교실을 만드는 세 번째 원칙
학교 훈육에 관한 오해 바로잡기

4장. 질서 있는 교실을 만드는 네 번째 원칙
전략적으로 학생들의 마음을 얻어라

5장. 질서 있는 교실을 만드는 다섯 번째 원칙
자원과 개념모형을 적극적으로 활용하라

6장. 질서 있는 교실을 만드는 여섯 번째 원칙
상황별 시나리오를 통해 미리 경험하라

마치는 글

훈육의 목표는 처벌이 아니라 유의미한 교정이다

학생 훈육이 다소 부적절하다는 목소리가 교육계 내부에서 점점 커지는 듯하다. 만일 당신이 학교에서 전형적인 학생 집단을 가르치는 교사라면 학교 내에서 훈육을 절대 없앨 수 없다는 사실을 이미 잘 알 것이다. 이것은 훈육 없이 자녀를 기르거나 법 없이 도시를 운영하는 것과도 같은 말이다. 훈육이 없다는 것은 학생에게 경계선과 교정이 필요 없다고 믿는다는 의미일 것이다.

그런데 문제는 학생 훈육이 잘못 처리되거나 불평등하게 또는 부당하게 일어나는 경우도 많다는 것이다. 훈육에 대한 지나치게 엄격한 접근 탓에 학생들은 좀처럼 건전한 변화를 보이지 못한다. 훈육에서 일관성은 필수다. 앞으로 논하겠지만, 훈육은 숙련된 어른의 안내 아래, 관계 기반의 폭넓은 맥락 속에서 행해져야만 한다.

이 책에서 나는 두 가지 태도를 통합하려고 한다. 하나는 정당한 훈육일 때 훈육의 역할을 소중히 여기는 태도이고, 다른 하나는 학생과의 관계 형성을 우선시하고 학생에게 성장에 이르는 길을 제시하려는 태도이다. 훈육과 관계 형성이 상호 배타적인 개념일 필요는 없다. 이런 이유에서 훈육에 대한 나의 관계 기반 접근법을 '관계 중심 훈육(relational discipline)'이라고 부르겠다.

일부 교육자들은 훈육의 역할만 너무 강조하다가 훈육이 단지 처벌을 위한 것처럼 보이게 할 수도 있다. 이런 교사들은 스스로 인지하지 못하겠지만, 자세히 들여다보면 이들의 접근 방식은 대체로 학생이 어떻게 바뀔 수 있는지가 아니라, 어떤 처벌을 내릴지에 더 관심을 둔 경우가 많다. 반대로 어떤 교사들은 관계 형성을 지나치게 중요하게 여긴 나머지, 학생들의 책임성을 도외시하기도 한다. 이럴 경우, 못된 짓을 저지른 학생이 자신의 행동에 아무 결과도 뒤따르지 않는다고 배울 수도 있다.

이 책의 목적은 20여 년 동안 교육 현장에서 학생들과 부딪치면서 몸소 개발하고 실제로 효과를 본 훈육 전략과 교육 자원을 공유하는 데 있다. 이 책은 훈육 방법 개발을 위한 이론적 토대 위에 교육 현장에서 교사로서 겪은 개인적 경험을 덧붙여 만들었다. 이 책은 학교 훈육을 장려하지만, 오로지 관계에 기반한 전략적 접근에 한해서다. 이 책은 훈육 자체로만 끝나는 훈육보다 '목적 있는 관계의 숙련된 실천 속에 이뤄지는 훈육'에 중점을 두려고 한다. 내 목표는 첫째, 교사들이 훈육에 관한 생각을 바꾸도록 돕는 것이고 둘째, 교사들이 학생을 상대할 때 위치 설정 방식을 바꿈으로써 학생들과 긍정적 관계를 유지하며 훈육을 효과적으로 실행하도록 돕는 것이다.

학교에서 우리는 학생들을 처벌하는 것에 초점을 맞추기보다 이들에게 책임감을 길러 주는 것에 초점을 맞출 필요가 있다. 둘 다 행동의 후속 결과와 연관 있지만, 앞으로 관계를 이어 나가고 성장의 기반을 제공할 가능성은 후자가 훨씬 더 크다. 훈육이 필요하다면 그것은 관계를 기반으로 하는 것이어야 한다. 교사들이 '학급운영의 비결'을 더 많이 찾아내고, 처벌보다는 책임성을 중시하는 훈육 철학을 채택한다면 문제를 일으키는 학생을 성공적으로 다룰 가능성도 커질 것이다.

여기에 소개하는 관계 기반의 접근과 전략 그리고 교육 자원은 개인적으로도 그랬지만 이것을 공유한 교사들과 학교에도 매우 유용한 것이었다. 실패로 끝난 사례보다 성공 사례가 훨씬 더 많다. 이 전략과 자원을 공유하는 이유는 많은 교사와 관리자, 학교가 이것을 적극적으로 활용했으면 하는 바람에서다. 교사, 지도자, 코치들이 학교에서 개인적으로 사용할 수도 있고, 전문성 개발용으로도 여러 학습공동체에서 사용할 수 있을 것이다. 또한 교원 연수나 교장 자격연수 프로그램에서도 사용할 수 있을 것이다.

교육자로서 우리는 학생이 보이는 행동이 전부가 아니라는 점을 항상 명심해야 한다. 학생은 바람직한 행동이든 아니든, 어떤 행동을 순간적으로 또는 빈번하게 보이는 나이 어린 인간일 뿐이다. 인간이라면 누구나 실수를 한다. 어른들도 때로는 실수하지 않는가. 훈육의 목표는 처벌이 아니라 유의미한 교정이다. 학생들이 실수를 통해 성장하고 발전하도록 돕는 것이 교육자가 마땅히 할 일이다.

1장에서는 '관계 중심 훈육법'의 개념이 어떻게 생겨났고, 이것이 왜 질서 있는 교실을 만들기 위한 최선책이 될 수 있는지 설명한다. 이 책에 소개하는 훈육법을 탄생시킨 이론적 기반과 주요 문헌도 소개한다. 이 책을 읽는 독자들은 관계 기반의 학교 훈육을 실제로 실현하기 위한 현실적 접근법을 발견할 것이다.

2장에서는 관계 중심 훈육법의 실천에 관해 설명한다. 전반부는 교사와 학생의 관계에서 교사가 위치를 설정하는 방식에 중점을 둔다. 이것은 현실성이 충분하지만, 전통적인 사고에서 벗어난 시점 이동이 필요한 부분이다. 게다가 교사와 학생의 관계를 완전히 바꿔놓을 수 있다는 점에서 매우 섬세하면서도 강력하다. 2장에서는 학생들이 훈육을 '대결 구도'로 인식하지 않게 하는 방법도 제시한다. 이 방법들은 훈육을 위한 대화가 파괴적이지 않고 생산적으로 이뤄지도록 하는 매우 효과적인 접근법이 될 수 있다. 또한 교사가 사용하는 언어도 다룬다. 언어는 관계와 감정, 인식에 막대한 영향을 미친다. 교사가 사용하는 언어와 말하는 방식이 학생과의 관계에 극단적인 영향을 줄 수도 있다.

3장은 학교 훈육을 둘러싼 오해에 관해 다룬다. 현장의 교육자들이 여기에 소개하는 대안적 아이디어를 높이 평가하리라 생각한다.

4장에서는 내가 실제로 학생들을 훈육할 때 효과가 좋았던 전략들을 소개한다. 평생 교사로 지내면서 개인적으로도 줄곧 이 전략들을 사용했으며, 다른 교사나 교장들과도 공유했던 것들이다.

5장에는 내가 직접 고안해 여러 학교에서 실제로 사용했던 다양한 자원과 개념모형을 담았다. 모두 교사들이 문제 상황을 효과적으로 다룰 수 있게 돕는 실용적인 자료이다. 그동안 많은 학교에서 이 자료를 채택하고 시행해서 효과를 톡톡히 보는 것을 목격했다.

마지막으로 6장에서는 학생들에게 관계 기반의 접근을 시도하면 좋을 대표적인 문제 행동 시나리오를 소개한다. 교사들이 다양한 상황에 대처하는 방법을 토론할 때도 이것을 활용할 수 있을 것이다. 각각의 시나리오에는 교사들이 대처법을 배워야 하는 다루기 힘든 문제 행동을 묘사한다. 우리가 만나는 학생들은 때때로 못된 행동을 할 것이다. 교사가 실제로 이런 상황에 놓였을 때 학생의 행동을 묵인하지 않으면서도 어떻게 학생과 관계를 맺을지 생각해 볼 기회가 될 것이다.

모든 교사가 문제를 일으키는 학생의 마음을 얻는 법을 배울 수 있고, '훈육'과 '유대'라는 두 마리 토끼를 잡을 수 있다. 나는 다른 사람의 성공을 돕는 일을 정말 좋아한다. 그동안 나는 나에게 유용했던 방법을 다른 교사나 학교 관리자들과 공유해서 문제 행동을 일으키는 학생들을 변화로 이끄는 일을 도울 수 있었다. 이제 더 많은 이들이 이 책에 담긴 정보를 이용해 학생들을 존중하는 동시에, 그들을 개인적 성장으로 가는 길로 안내하면서, 교사라는 직업에서 만족감도 얻을 수 있기를 바란다.

1장. 질서 있는 교실을 만드는 첫 번째 원칙

관계 중심 훈육법에서
답을 찾다

일관성 있는 학급운영이
중요한 이유

내가 사범대학을 다닐 때 학급운영의 중요성을 끊임없이 강조하는 교수가 있었다. 그의 강의는 여러 면에서 교수 이론보다는 학급운영을 강조하는 쪽이었으며, 학생의 문제 행동을 예방하고, 행동을 재지시하고, 필요하다면 문제 학생을 훈육하는 방법에 초점을 둔 것이었다. 그는 항상 "학급을 제대로 관리할 수 없다면 학생들에게 좋은 수업을 제공할 수 없다."라는 말과 함께 가르치는 사람이 최우선 과제로 삼아야 할 것은 '질서 있는 학급운영'이라고 늘 강조했다. 학급운영이 잘 자리잡으면 그 결과로 자연스럽게 좋은 수업이 이뤄진다는 것이다.

나는 실습을 나온 교생을 지도하면서 대부분의 학부나 대학원 교사 양성 프로그램에 학급운영에 관한 교과목이 없다는 사실을 깨달았다.

왜 아직도 학급운영 교과목이 개설되어 있지 않을까? 학생을 예의 바르게 행동하게 하거나 이를 위한 동기를 부여하지 못한다면 아무리 좋은 교수 이론이나 교수법이 무슨 소용 있겠는가? 교실에 질서가 없다면 어떻게 학생들을 제대로 지도할 수 있겠는가?

학급운영에도 전략이 필요하다

내가 교사가 되어 처음 발령받은 곳은 한 중학교였다. 그곳에서 3년 동안 다른 경력 교사와 팀을 이뤄 일했다. 익명성을 보장하기 위해 함께 일한 교사를 제니라고 부르겠다. 제니는 재밌고 활달한 성격이었다. 매우 섬세하고 다정해서 학생들과도 좋은 라포르rapport를 형성했다. 늘 학생들의 선택을 존중했으며, 탐구학습을 바탕으로 하는 대화형 프로젝트 기반 수업에 관한 한 그녀는 우리 팀에서 가장 훌륭한 아이디어를 제시하곤 했다. 그러나 제니를 보면 늘 안타까웠다. 제니는 문제를 일으키는 학생들 때문에 자주 패배감을 느끼며 하루를 마치기 일쑤였다. 훌륭한 인품과 친절한 태도, 뛰어난 수업 능력에도 불구하고 그녀는 사실 학급을 어떻게 관리해야 할지 잘 몰랐다. 그래서 가르치는 일이 매번 좌절감을 느끼는 일이 되고 말았다.

제니의 수업에 들어오는 학생들은 주기적으로 그야말로 '난리를 쳤다.'(미국의 중고등학교에서 교사들은 자기가 관리하는 교실에서 수업하고, 학생들이 과목별 교실로 찾아가야 한다. - 옮긴이) 나는 이 사실을 이런저런 이유로 알게 되었는데, 첫째로 제니가 학생들의 수업 태도가 얼마나 끔찍한지 모르겠다고 자주 하소연했다. 나도 제니의 교실이 엉망진창이 된 모습을 여러 번 목격했다. 게다가 나를 포함해 우리 팀의 모든 교사가 같은 학생들을 가르쳤는데, 다른 수업 시간에는 학생들이 그런 식으로 행동하는 일이 거의 없었다. 학생들은 대놓고 "제니 선생님께 저희가 좀 못되게 굴긴 하죠."라고 말했다. 제니처럼 잘 가르치고 자신의 직업을 소중하게 여기는 교사가 수업 시간에 학생들을 어떻게 관리해야 할지 몰라서 가르치는 일과 교사가 된 것에 회의를 느끼다니 이 얼마나 안타까운 일인가.

경력이 쌓이면서 나는 한 고등학교에서 근무하게 되었다. 이 고등학교에는 제니 같은 교사가 훨씬 많았다. 그런데 이와는 반대로 학생들의 문제 행동을 단 한 번도 겪지 않는 교사도 꽤 있었다. 물론 대부분의 교사가 이 둘의 중간 영역에 속했다. 그들은 대체로 학생들을 성공적으로 관리했지만, 가끔은 힘든 날을 보내기도 했고, 특정 학생을 다루는 것이 불가능하다고 느끼기도 했다. 학생의 문제 행동으로 좌절감을 느낄 때면 교사들 사이에서는 "보름달이 뜨는 날일 거야."(서양에는 보름달을 불길하거나 악한 기운과 연관되어 있다고 여기고 보름달 뜨는 날에는 미치광이가 되기 쉽다는 미신이 있다. ─옮긴이)나 "아이들이 저러는 걸 보니 주말이 다가왔구나!"라는 말이 오가기도 했다.

문제 행동과 씨름하는 것을 '일상 전쟁'이라고 부를 수 있는데, 나는 이런 전쟁을 벌이는 교사들이 문제 학생들의 마음까지 얻을 수 있도록 참호에서 지원 사격을 벌이는 쪽을 선택했다. 학급운영에 관한 새로운 인식과 약간의 전략 변화만 있다면 교사들이 문제를 일으키는 학생들을 다루느라 매일같이 진을 빼지 않아도 되기 때문이다.

나는 교감으로 승진한 후, 네 개의 교육구에서 학교 차원의 학생 훈육을 담당하면서 학급운영에 관해 찬찬히 고민하기 시작했다. 이해하기 쉬운 틀을 갖추고, 다른 교육자들과 공유할 수 있는 실용적인 훈육법을 만들기 위한 노력에서였다. 이 새로운 접근법에 포함된 많은 부분은 내가 직접 경험한 것과 실천한 것에 기반을 뒀다. 여기에는 대학 학부 과정에서 훌륭한 교수에게 배운 경험, 잠시 소년원에서 일하면서 얻은 교훈, 중학교와 고등학교 교사로 현장에서 익힌 학급운영 기술, 10년 동안 교감과 교장으로 있으면서 훈육을 시행하여 얻은 경험이 들어 있다.

이와 같은 길을 걷는 동안, 나는 해리 왕과 로즈메리 왕Rosemary Wong 부부의 책에서 큰 영향을 받았다. 존 듀이John Dewy의 고전과 통찰력 있는 피터 센게Peter Senge의 저서, 많은 사랑과 존경을 받은 프레드 로저스Fred Rogers의 예리한 통찰을 담은 저서, 훌륭한 교사들의 성공 비법을 분석한 마틴 하버만Martin Haberman의 저서에서도 영향을 받았다. A. 웨이드 보이킨A. Wade Boykin과 페드로 노구에라Pedro Noguera의 공저서는 과거뿐만 아니라 지금도 여전한, 유색인종 학생보다 백인 학생을 편애하는 불평등한 훈육 관행을 상기시키면서 우리가 이런 불평등 관행을 근절시키기 위해 노력해야 한다는 점을 일깨운다. 이런 불평등한 훈육을 없애기 위해 고안된 것이 바로 관계 중심 훈육이다.

학생들을 상대할 때 훈육은 매우 중요한 요소다. 아이들은 계속 실수를 저지를 것이고, 때때로 훈육을 받아야 할 것이다. 제대로 행해지는 훈육은 괴롭고 두려운 일이 아닌, 즐겁고 발전적인 과정이다. 훈육은 아이들을 교정하고 가르치기 위한 것이다. 배가 올바른 방향으로 가도록 안내하기 위한 것이다.

질서 있는 교실과
좋은 수업의 상관관계

도심 지역 고등학교에서 교생 실습을 할 때, 내가 맡은 학생 몇 명이 소년원에 들어가는 사건이 일어났다. 그때 소년원에서 몇 개월만 일해야겠다고 결심했다. 내 교육 경력을 통틀어 소년원에서 일했을 때가 문제 학생을 다루는 방법과 관련해서 가장 많은 것을 배운 시기다. 그 후 부유한 지역의 중학교에서 3년간 근무했고, 이어서 같은 교육구 관내 고등학교에서 5년간 근무했다. 고등학교에서 학교 대표 스포츠팀을 지도하면서 귀중한 교훈을 얻었다. 예를 들면, 호통이나 강요보다 투명한 소통이 한층 좋은 결과를 낳는다는 것이다.

그 뒤로 같은 고등학교에서 절반은 교과 교사로, 절반은 행정가로 일하면서 행정 차원의 훈육 요령을 습득했다. 그러고 나서 10년 동안 교감으로 지내면서 주로 학생 훈육을 맡았다. 나는 학생들을 꾸짖는 일을 즐거워한 적이 한 번도 없다. 그러나 훈육을 통해 학생들을 가르치며 아이들이 인생에서 가장 중요한 교훈을 깨닫도록 돕는 데서 기쁨을 느꼈다. 꾸준한 노력에도 불구하고, 여전히 출석정지 처분을 받는 아이들이 나왔다. 하지만 징계 결정 전후로 진행한 상담이 어떤 학생들에게는 인생을 바꾸는 계기가 되기도 했다. 나는 노사관계, 조직 리더십, 변화이론에 중점을 두고 교육 리더십 박사 학위 논문을 썼지만, 지금까지 내가 주로 한 일은 학교 훈육에 관한 것이다. 고등학교 교장으로 승진한 후에도 함께 일하는 학교 행정팀, 교내외 교사들과 학교 훈육에 관한 경험, 전략, 자원을 지속적으로 공유했다.

관계 중심 훈육에 관한 책을 쓴 이유

이 책을 쓰기로 마음먹은 이유는 여러 가지다. 첫 번째 이유는 고무적인 개인적 경험에서 비롯되었다. 나는 지역 대학교의 연례 워크숍에서 훈육 접근법에 대해 강연했다. 교원 자격증이나 고용에 필요한 평생교육학점(자격증이 요구되는 전문 직업인이 소지한 자격증을 계속 유지하기 위해 교육을 받고 이수해야 하는 학점 - 옮긴이)을 이수하기 위해 자발적으로 수강 신청을 한 경력 교사들을 위한 프로그램이었다. 강연 제목은 '관계 중심 훈육'이었다. 매년 강연이 끝나면 다양한 참석자가 남긴 수강 후기를 꼼꼼히 읽어보곤 하는데, 참석자들이 강의 내용을 얼마나 새롭고 색다르게 해석하는지를 보면 매번 놀라웠다.

나에게 강연은 그리 특별한 일은 아니었다. 그저 학생을 훈육할 때 사용하는 평소의 접근 방식을 공유한 것뿐이다. 그러나 좋은 교사라

불리는 교사들을 포함해 많은 이들이 학생 생활지도에 조언을 필요로 하고, 도움을 갈망한다는 게 점점 뚜렷이 보였다. 나는 이 책에 소개하는 아이디어 중 많은 것이 실제로 이것을 듣고 실천한 교사들에게 도움이 되는 것을 목격했다. 오랜 경험을 통해 이미 효과가 있다는 것을 알기에 이제 더 폭넓은 층의 교육자들과 이 전략 및 자원을 공유해 효과적인 학생 훈육 과정을 밟도록 돕고 싶다. 여기, 관계 중심 훈육 워크숍에 참석한 교사들의 수강 후기 몇 개를 간단히 소개한다.

- "지난 몇 년간 들었던 강연 중에서 가장 실질적이고 유용합니다."
- "관계 중심 훈육에 대한 프랭크 박사의 접근 방식은 교육의 역사가 시작된 이래로 교육자들이 계속 씨름하는 문제에 대한 완전히 새로운 해석입니다."
- "프랭크 박사가 주장하는 훈육 방식을 학교에서 사용하는 것을 이제껏 본 적이 없습니다. 이런 유형의 훈육법은 처음이라 너무 놀랐습니다."
- "경직되거나 규칙에 얽매이지 않고도 엄격한 훈육을 충실히 실행할 수 있다는 사실을 이 강연을 통해 처음 알았습니다."
- "강의를 듣고 교실에서 사용할 수 있는 많은 아이디어와 전략을 얻었습니다."
- "즉시 수용하고 적용할 수 있는 쉬운 접근법을 배웠습니다."
- "관계 중심 훈육에 관한 이번 강연은 지난 22년 동안 내가 교육자로서 참석했던 강연 중 최고로 손꼽을 수 있습니다."

이 책에서 나는 교사들이 원하는 '더 많은 것'을 제공하면서 관계 중심 훈육을 설명할 것이다. 내가 소개한 강연 후기처럼 독자들이 여기에 공유한 전략과 자료가 실용적이라는 사실을 깨닫고, 교실로 돌아갔을 때 즉시 적용할 수 있으리라 믿는다.

이 책을 쓴 두 번째 이유는 다소 실망스러운 개인적 경험과 관련 있다. 학교 훈육과 회복적 실천(restorative practices, 학생의 문제 행동에 대한 징벌에 초점을 맞추기보다 관계 회복에 초점을 두는 생활지도를 말한다. - 옮긴이)에 관한 신간 도서를 읽었는데, 중간까지 보다가 그만 책을 내려놓고 말았다. 책을 읽다 보니 이런 생각이 들었다.

'누군가는 '관계 중심 훈육'에 관한 책을 써야 할 때가 왔구나. 다른 많은 책도 그렇지만, 이 책에는 학교 훈육과 관련해 교육자들에게 진정 의미 있고 실용적인 내용이 들어 있지 않아. 개념은 훌륭하지만, 대부분 모호해. 대체로 사소하고 일반적인 내용이고, 훈육이 필요 없는 가상의 세상을 그리는 것 같아. 교사들이 이 책을 읽으면 "지금 장난해? 실제론 절대 그렇게 되지 않아. 좋은 생각 같지만 현실적이지가 않아."라고 말할 게 뻔하잖아.'

오해하지 말길 바란다. 그때 읽던 책이 형편없다는 말은 절대 아니다. 하지만 구체적이고 실용적인 방법이 제시되어 있지 않았고, 훌륭한 개념을 다루고는 있지만 세밀한 부분이 부족했다. 교사들은 '학생이 훈육이 필요한 행동이나 말을 할 때, 어떻게 해야 진정한 배움을 촉진하는 유의미한 방식으로 학생과의 관계를 다룰 수 있을까?'라는 질문의 답을 원한다. 하지만 그 책에는 적절한 답이 들어 있지 않았다.

이 책을 쓴 세 번째 이유는 학교 훈육에 관한 책, 특히 문제 행동을 보이는 학생의 마음을 효과적으로 얻는 방법을 다룬 책이 많지 않다는 사실을 깨달았기 때문이다. 아마 이것이 매년 열리는 관계 중심 훈육 워크숍이 교사들 사이에서 큰 호응을 얻고 매우 새롭게 느껴지는 이유일 것이다. 학교 훈육의 문제점을 다룬 책이나 연구는 많지만, 학교 훈육을 보다 효과적으로 실천하기 위한 해법을 제시한 책은 거의 없다. 인터넷에서 학생 훈육을 다룬 책을 검색한다면 실제로 통하는 전략과 자료를 제공하는 책은 찾기 어려울 것이다. 게다가 훈육 전반을 다룬 훌륭한 책은 있지만, 문제 학생을 상담해야 하는 실제 상황에 대한 구체적인 접근법을 제시하는 책은 많지 않다.

훈육으로 이어질 수 있는 문제 행동을 예방하는 법을 다룬 훌륭한 책과 교육 방법은 더러 있다. 하지만 훈육이 꼭 필요한 상황일 때 교사는 어떻게 학생과 상호작용하고 문제 행동을 관리해야 할까? 이것을 다룬 책이 거의 없으므로 이 공백을 채우고 싶었다. 또한 학생의 문제 행동을 효과적으로 다루기 위한 안정적이고 현실적인 훈육법을 제시하고 싶었다.

나는 학생에 대한 훈육을 되도록 피하는 게 가장 이상적이라 생각한다. 회복적 생활지도와 사회정서학습(social-emotional learning)을 진심으로 지지하며, 실제로 그 두 가지 개념과 이 책의 내용이 완벽한 동일선상에 있다고 믿는다. 사실 많은 책이 있지만, 훈육을 반드시 실행해야 할 때 교사와 학생의 관계를 다루는 법을 이야기하는 책은 찾아보기 힘들다. 학생의 문제 행동을 줄이기 위한 모든 예방적 조치가 실패한다면 그땐 어떻게 해야 할까? 해답은 이 책에 있다. 회복적 생활지도를 주제로 하는 많은 글과 강연에서 훈육의 방향을 '처벌'에서 '진정한 학습과 새로운 성장 기회'로 전환하는 방법을 논하고 있지만(이 점에 대해서는 나도 전적으로 동의한다), 어떻게 관계 기반의 회복적 방식으로 훈육을 실행할 수 있는지는 자세히 설명하지 못한다. 회복에 앞서 무엇이 선행되어야 할까? 안타깝게도 많은 경우, 그 답은 훈육이다. 교사들은 어떻게 문제 학생의 마음을 얻으면서 훈육할 수 있을까? 어떻게 회복적 생활지도가 성공할 수 있을까? 이 책에서 해답을 찾을 수 있기를 바란다.

좋은 수업은 질서 있는 교실에서 나온다

'학교 훈육'은 늘 논란이 될 수 있는 주제다. 나는 경험상 많은 교사를 앞에 모아 놓고 학교 훈육을 설명하고 토론하는 것이 얼마나 어려운지 잘 안다. '집단'이라는 환경에는 여러 사회 역학적 요소가 존재하기 때문이다. 어떤 사람들은 집중해서 듣고 어떤 사람들은 건성으로 들을 것이다. 마음속을 가득 채운 다른 문제들로 고민하는 사람도 있을 것이다. 사람들은 강연자의 말을 저마다 다르게 해석한다. 흔히들 추정만 할 뿐, 정확한 질문을 던지거나 정보를 명확하게 알 기회가 없다. 학교 훈육에 대해 어떤 사람들은 '이런 접근은 잘못된 행동을 묵과하는 너무 무른 방법이다'라는 생각을 기본적으로 가지고 있을 것이다. 또 어떤 사람들은 '이런 접근은 너무 엄격하다. 진심으로 학생을 생각한다면 훈육 자체를 하지 말아야 한다'라고 생각할 것이다.

게다가 대부분의 강연은 시간이 너무 한정적이라서 복잡한 개념에 필요한 설명이나 구체적인 조건을 제시하지 못한다. 그러나 발표가 너무 길어지면 청중은 잘 집중하지 못할 것이다. 어떤 사람들은 예전에 자신이 학생일 때 경험한 나쁜 기억 때문에 특정 시나리오를 다루는 방식에 반감을 느낄 수도 있다. 강연의 목표에서 벗어난 의견을 말하거나 질문을 던지는 사람도 있을 것이다. 의도하지 않은 메시지를 전달하거나 혼란이 발생할 수도 있다. 하지만 그래도 우리는 학교 훈육을 꾸준히 논의해야 한다. 피터 센게는 그의 공저서에서 "우리는 대체로 검증되지 않고 자연 발생한 신념으로 가득 채워진 세상에 살아간다. 검토되지 않은 정신모형(mental model)이 사람들의 변화 능력을 제한한다."라고 말한다.

강연의 단점을 보완하는 방법으로 독서 학습도 있는데, 이것은 많은 사람에게 좋은 학습 경험을 제공할 수 있다. 독서 학습의 장점 중 하나가 책을 읽는 사람 각자의 시간에 맞춰 시도할 수 있다는 점이다. 더욱이 같은 정보라 할지라도 읽는 사람에 따라 다르게 처리하는데, 각자 새로운 아이디어를 곱씹을 시간을 가질 수 있다. 마음속에 인지부조화가 발생하더라도 안전한 환경에서 위협적이지 않은 방식으로 이것과 싸울 수 있다. 그러고 나서 함께 모여 자신의 생각과 의문점, 함축적 의미 등을 논의할 수 있다. 따라서 나는 교사들의 전문성 개발을 촉진하는 데 이 책을 사용할 것을 권한다. 학교 상황에 맞게 이 책의 일부 또는 전체에 초점을 둘 수 있을 것이다.

이 책은 교사들이 문제 행동을 보이는 학생들의 마음을 얻을 수 있게 돕는 자료이자 안내서로 만들어진 것이다. 따라서 학급운영으로 씨름하거나 문제 행동을 보이는 학생들로 좌절하는 교사들에게 유용한 자료가 될 수 있을 것이다. 교장이나 학교 관리자들에게도 실용적인 교육 자원이 될 수 있다. 예비 교사들이 교실에서 직면하게 될 현실에 대비할 수 있도록 대학 강의에서도 사용할 수 있다. 그들이 실전에 들어가기에 앞서 문제 학생들의 마음을 얻기 위한 준비를 도울 수 있다는 의미다. 또한 대학에서 미래의 교육행정가와 학교 코디네이터를 교육할 때도 유용할 것이다.

앞에서 언급했듯이 이 책은 거의 20년 동안 공교육에서 학생들을 상대하면서 얻은 나의 개인적 경험에 바탕을 둔 것이다. 그러나 '관계 중심의 처벌 없는 학교 훈육'은 해리 왕과 로즈메리 왕의 저서와 세월이 흘러도 변치 않는 데일 카네기Dale Carnegie의 고전 《인간관계론(How to Win Friends and Influence People)》에서 많은 영향을 받았다. 게다가 보이킨과 노구에라의 공저서 《학습기회 창출:성취 격차를 줄이기 위한 이론에서 실천까지(Creating the Opportunity to Learn:Moving from Research to Practice to Close the Achievement Gap)》와도 이론적 맥락을 같이한다.

학생들이 또래 기반의 교육 환경에서 바르게 행동하는 법을 알도록 도와주기 위해서는 간단하고도 유의미한 절차를 정하는 것이 무엇보다 중요하다. 해리 왕과 로즈메리 왕은 학생들에게 바라는 명확한 기대치를 정해야 하며, 좋은 수업은 잘 설계한 질서 있는 교실에서 나온다고 믿는다. 그들은 교사들에게 눈을 감고 마음속으로 '이것이 내가 이루고 싶은 것이다. 이제 학생들이 이 절차대로 할 수 있도록 하면 된다'라고 혼잣말을 해 보라고 제안하며, '계획 있는 훈육'을 장려한다. 준비를 잘 하는 것은 실제 전투를 치르는 것만큼이나 중요한 일이다.

학생에 대한
공감과 이해가 우선이다

카네기의 《인간관계론》은 내가 학생을 가르치는 방식의 이론적 틀이
되었다. 이 책은 대인관계를 다룬 가장 훌륭한 책 중 하나로 잘 알려져
있다. 의사소통에 정서 지능을 적용하는 것을 장려하는 자기계발서가
인기를 끌기 수십 년 전에 출간된 카네기의 책은 싸우는 법보다 사람
의 마음을 얻는 법을 배우기가 훨씬 더 쉽다는 것을 기본 전제로 한다.
그러나 사람의 마음을 얻으려면 겸손과 기술이 모두 필요하다. 카네기
는 강압적인 수단보다 정서적 전술을 사용해야 사람의 마음을 움직일
수 있다는 사실을 자신의 저서를 통해 강조한다.

훈육은 교육적이어야 한다

학생들을 이해하려면 먼저 그들의 다양성부터 인정해야 한다. 보이킨과 노구에라는 "인종에 대한 미국인들의 사고방식을 둘러싼 혼돈에도 불구하고, 인종 문제는 여전히 미국 사회의 일상에 깊은 영향을 미친다."라고 주장한다. 그들은 어바인Irvine과 웨어Ware의 연구를 인용해 '따뜻한 요구자 교수법(warm demander pedagogy, 학생 개개인에게 관심을 두고 학생과 교류하면서 학생의 능력을 믿고 높은 기대치를 유지하는 교사의 교육 방법을 말한다. – 옮긴이)'이라고 알려진 교수법을 주장하며, 이런 접근이 "특히 흑인 학생들에게 효과적일 수 있다."라고 말한다. 보이킨과 노구에라의 설명을 살펴보면 다음과 같다.

> 이 교수법은 기대를 충족하지 못하는 학생을 꾸짖을 수 있는 완고함을 수반하면서도 학생 개개인에 대한 연민, 변함없는 지지, 애정 어린 보살핌을 기반으로 행해진다.

따뜻한 요구자 교수법은 이 책에서 추구하는 훈육 접근법과 맥을 같이한다. 교사들은 다양한 사회 문화적 배경을 지닌 학생들이 교실에 들어온다는 사실을 의식적으로 고려해야 한다. 나의 가치관 형성에 도움을 준 또 다른 훌륭한 책으로는 마틴 하버만의 《빈곤층 아이들의 인기교사(Star Teachers of Children in Poverty)》를 꼽을 수 있다. 책의 뒤표지를 보면 '학생들을 제대로 상대하지 못하는 교사나 교직을 그만둔 교사들과 비교해서, 학생들이 좋아하는 교사들은 과연 어떻게 생각하고 행동하는지 보여 주기 위해 하버만 박사는 1,000건 이상의 인터뷰에서 얻은 복합적인 정보를 공유한다'라고 설명한다. 이 책에서 하버만은 다음과 같이 주장한다.

> 학생들이 좋아하는 교사들은 처벌이 어떤 실질적인 의미로도 교육적일 수 없다고 생각한다. 이들은 그저 마지막 수단으로 이것을 사용하며, 처벌이 교사의 실패를 가리키는 것임을 인정한다. 즉, 교사가 학생을 포기한 것일 수도 있음을 인정한다.

학생을 다룰 때 처벌 조치가 꼭 필요하다고 생각하는 교사라면 받아들이기 어려운 주장일 것이다. 하버만은 처벌에 관해 이야기하면서 학생들이 때때로 못된 행동을 하리라는 것을 인정한다. 하지만 하버만은 처벌에 초점을 두기보다 '교육적(educative) 방식'으로 훈육 상황을 다루는 게 어른의 의무라고 여긴다. 이것이 바로 '인기 교사가 하는 일'이다.

하버만이 강조한 '교육적'이라는 말에 대해 잠시 생각해 보자. 우리는 어떤 것이 교육과 관련 있거나 교육에 기반한 것이라고 종종 이야기하곤 한다. '교육적'이라는 말은 교육학 분야에서 가장 위대한 철학자로 손꼽히는 존 듀이John Dewey에 의해 널리 알려졌다. 그의 저서《경험과 교육(Experience and Education)》에서 듀이는 교육적 가치가 있는 경험과 그러지 못한 경험을 구별하기 위해 반드시 충족해야 하는 조건을 설명했다. 그의 설명은 다음과 같다.

> '진정한 교육은 모두 경험을 통해 이뤄진다'는 말은 모든 경험이 진정으로 교육적이거나 모두 동일한 수준으로 교육적이라는 의미

가 아니다. 추후 경험이 늘어나는 것을 저지하거나 방해하는 효과가 있는 경험은 그게 무엇이든 비교육적(mis-educative)이다.

듀이의 사상은 학생에게 벌을 주는 것은 어른의 실패를 가리킨다는 하버만의 주장과도 일치한다. '추후 경험이 늘어나는 것을 저지하거나 방해하는 경험'이나 '교육적이지 않은 경험'의 집합체는 모두 비교육적일 수 있다. 학교 훈육이 미래의 성장으로 연결되지 못하는 경우가 얼마나 빈번한가? 하지만 반대로 접근하면 학교 훈육이 교육적인 것이 될 수도 있다는 의미이기도 하다. 학생들과 상호작용하면서 나는 이것을 직접 경험했다. 교육자로서 우리는 학생의 모든 상황이 교육적이기를 바란다. 다시 말해서, 학생의 모든 경험이 진정한 배움으로 이어지기를 바란다. 내가 '처벌 없는 학교 훈육'을 강조하는 것도 결국 교육적으로 행동하기 위해서다. 이것이 이 접근법의 목적이다.

《경험과 교육》에서 듀이는 '상황'에 대해서도 이야기한다. 그는 한 사람의 감정과 지성이 외부 대상이나 환경과 상호작용할 때 겪는 '일반적인 경험'을 상황이라고 정의한다. 상황이라는 개념은 교육적 경험의 기본 조건이다. 듀이는 상황에 대해 다음과 같이 강조한다.

'개인이 세상에 살고 있다'는 말은 그들이 일련의 '상황' 속에 살고 있다는 것을 의미한다.

그는 이어서 이렇게 말한다.

현재의 경험에 가치 있는 의미를 부여하는 상황에 우리는 더 세심한 주의를 쏟아야 한다.

예를 들어 책을 읽고 있는 한 소년을 떠올려 보자. 소년이 실제로 책을 읽는다고 가정한다면 이것은 하나의 상황이다. 소년이 책을 읽는 게 아니라 공상에 잠겨 있다면 머릿속에 떠오르는 이미지와 소년 사이에 다른 상황이 존재하는 것이다. 토의나 토론에서 서로 소통하는 두 학생도 하나의 상황 속에 있다. 교실 뒤편에 앉아 수업을 참관하는 학교 관리자도 하나의 상황이다. 시험에 대비해 교사가 설명하는 것을 경청하는 학생도 하나의 상황이다. 못된 행동을 보이는 학생도 상황이다. '상황'은 우리가 교육에서 얻는 경험의 질을 규정한다.

　듀이는 '사회적 상황'이란 용어를 통해 상황의 개념을 자세히 설명한다. 가장 의미 있는 상황, 즉 가장 교육적인 상황은 흔히 사회적 성질을 띤다. 듀이는 '인간의 모든 경험이 궁극적으로는 사회적 경험'이라고 주장한다. 그러므로 학생에게 훈육이 수반되는 상황이 그저 거래적 성격을 띤다면, 즉 X라는 행동의 결과로 Y라는 처벌이 나온다면, 누군가는 이 시나리오가 실제로 듀이가 정의한 사회적 상황이 맞는지 의문이 생길 것이다. '처벌 없는 학교 훈육'은 사회적 상황에서 일어나는 사회적 상호작용을 기반으로 한다. 그러므로 효과적인 학교 훈육은 교육적이어야 하고, 진정한 배움을 초래하는 관계 기반의 경험과 상호작용을 촉진해야 한다. 이 조건을 만족한다면 행동 변화가 일어나리라 기대할 수 있다.

　이 책의 밑바탕이 되는 이론적 관점과 서로 통하는 여러 중요한 사상가와 문헌이 있는데, '회복적 정의(restorative justice)'의 권위자 하워드 제어Howard Zehr와 케이 프라니스Kay Pranis도 이에 포함된다. 이 책의 견해와 일치하는 최근 연구로 학생과의 사회정서적 상호작용을 장려하는 마가렛 시얼Margaret Searle과 루비 페인Ruby Payne의 논문도 들 수 있다. 그런데 무엇보다도 처벌 없는 학교 훈육의 개념과 접근법에 중대한 영향을 미친 문헌은 카네기와 듀이의 저서에 담긴 '사회정서지능'과 하버만의 '학생 우선 심리(student-first mentality)' 개념과 더불어 해리 왕과 로즈메리 왕의 분명하면서 유의미한 경계선에 관한 이론 체계다.

학생들을 진정한 성장으로 이끌 기회를 잡자

나는 교직에 첫발을 담근 이래로 늘 학생들을 가르치는 일을 즐겁게 생각했다. 새로운 업무를 맡을 때마다 학생들과 관련된 역할과 환경, 역학적 요소들도 달라졌다. 중학교에서 근무할 때는 3년 연속 같은 학생들을 가르쳤는데, 학생들의 인격 형성에 매우 중요한 청소년기 초기를 잘 지나도록 도울 수 있었다. 고등학교에서는 학생들이 사회과목에 대한 애정뿐만 아니라 전반적으로 공부의 즐거움을 키워나가는 것을 지켜보면서 '교사 멘토링'에 필요한 기술을 연마했다. 학생들의 자신감이 점점 커지고 한 단계씩 발전하는 것을 지켜보는 것은 더없이 큰 기쁨이었다.

학교 스포츠팀의 코치를 맡았을 때는 경기 시간에 느끼는 긴장감이 무척 좋았다. 하나의 팀이 되어 함께 승리를 경험하고 패배를 통해 배우는 것이 보람 있었다. 지난 10년 동안은 교장으로 지내면서 주로 학생 훈육과 학생 문제를 다루는 일을 맡았다. 교장이라고 해 봤자 항상 궂은 일을 처리하고 아이들을 혼내는 일을 도맡아 하기 때문에 일반적으로 재임 기간이 짧을 수밖에 없다. 하지만 솔직히 말해 나는 이것이 매우 보람 있는 일이라고 생각한다. 훈육을 통해 아이들을 가르치는 일은 아이들에게 새로운 관점과 진정한 성장을 제공할 기회를 끊임없이 만들어 낸다. 게다가 학생들이 자신의 감정과 생각을 있는 그대로 토로할 수 있도록 하고, 삶을 바꾸는 배움을 권유하는 일대일 대화도 가능하다. 이것은 아이들의 성장을 돕는 굉장한 시도다.

윤리와 정의가 일순위다

훈육을 통해 학생들을 가르칠 때는 정의(justice)라는 개념이 중심에 놓여야 한다. 특히 문제 행동을 보이는 학생을 다룰 때는 정의의 개념을 반드시 기억해야 한다. 다시 말해서 책임성을 요구하는 처분이 이뤄져야 하고, 경계선을 유지할 필요가 있다. 진실과 기대를 강화할 필요가 있고, 치료와 회복도 존재해야 한다. 이 모든 것을 애정과 질서 속에서 이룰 수 있다.

훈육을 통해 학생들을 가르칠 때는 교사들 스스로 책임감을 가져야 한다. 학생들은 결코 부당하거나 불필요한 징계를 받아서는 안 된다. 아무런 잘못도 저지르지 않았는데 처벌을 받는다면 얼마나 슬프고 불행한 일이겠는가. 이런 경우, 학생은 얼마나 혼란스럽고 깊은 배신감을 느낄까? 교사에 대해 어떤 불신이 생겨날까? 어떤 반감이 생겨날까? 애석하게도 지금까지 이런 일이 얼마나 자주 일어났을까?

도대체 왜 이런 일이 일어나는 것일까? 나는 진상 조사가 쉽지 않기 때문이라 생각한다. 학교에서 일어난 일을 제대로 조사하려면 많은 시간이 필요하고, 여러 상황이 복잡하게 얽혀서 그 속에 숨은 진실을 파헤치기가 어려울 수도 있다. 또한 어른들도 잘못된 가정을 할 수 있고, 객관성을 가리는 편견을 가질 수 있다. 게다가 학생들은 아직 어려서 스스로 변호하는 법을 잘 모른다. 다른 사람에게 쉽게 조종당하고, 가끔은 상황을 어떻게 이해해야 할지 모를 것이다. 학생들은 권위자의 위협을 받기도 한다. 학생들 중 상당수가 어른과 언쟁을 벌이면 안 된다고 생각한다. 교사나 교장이 말하면 무엇이든 따라야 한다고 생각한다. 종종 학생들은 자신이 아무리 노력해도 학교에서 내린 결정을 뒤집을 수 없다고 느낀다.

이런 이유에서 나는 모든 교사가 학생을 훈육할 때 더욱 신중하게 발을 내딛기를 간절히 바란다. 어른들에게는 사소한 일처럼 보여도 매번 철저한 조사가 필요하다는 사실을 기억하자. 항상 학생의 말을 경청하자. 학생이 말하는 모든 것을 고려하고 학생의 이야기와 주변 사람의 이야기를 재확인하자. 만일 학생이 어떤 잘못을 저질렀다는 확신이 들면 이런 판단을 뒷받침하는 증거가 충분한지도 확인하자. 엉뚱한 학생을 나무라고 처벌하는 것보다는 차라리 잘못을 저지른 학생이 처벌을 피하게 놔두는 편이 낫다.

우리의 사법제도에서는 누구나 '죄가 입증되기 전까지는 무죄다'라는 신념을 기본 바탕으로 삼는다. 물론 경찰이나 법원과 비교하면 학교는 상황을 처리할 때 누군가의 잘못을 입증해야 하는 부담이 적은 편이다. 법률적 관점에서 학교는 증거의 우세함을 중요하게 생각한다. 다시 말해서, 어떤 일이 일어났거나 누군가 어떤 일을 했다고 어느 정도 확신할 수 있으면 된다. 하지만 전문가로서 나의 개인적인 의견을 말하자면, 나는 지나치다 싶을 정도로 윤리적이고 공정하기 위해 항상 어떤 문제든 거의 확실한 증거를 확보해야 한다고 생각한다. 이렇게 해야 학생을 잘못 나무라거나 부당하게 훈육하지 않았음을 확인하고 마음 편히 잠자리에 들 수 있다. 교육에 종사하는 동안 나는 그 누구의 행동도 잘못 비난하거나 부당하게 훈육한 적이 없다고 확신할 수 있다. 맹세코 단 한 번도 없을 것이다. 그러니까 내 말은 엉뚱한 학생을 처벌한 적이 없다는 것이다. 내가 인지하지 못한 경우가 있었을지도 모르겠지만, 그런 일이 없었기를 진심으로 바란다.

만일 당신이 억울하게 처벌을 받은 학생이라면 기분이 어떨지 상상해 보라. 아니면 그게 당신 자녀의 일이라면 어떨지 상상해 보라. 학생을 가르치는 일을 하는 사람이라면 이 문제를 매우 진지하게 받아들여야 한다. 이것은 윤리와 정의에 관한 문제다. 확신하건대 모든 교사가 이 말에 동의할 것이다. 우리의 과제는 누구나 틀릴 수 있고 편견에 치우치기 쉽다는 점을 인정하고, 윤리와 정의를 무엇보다 우선시하는 것이다. 우리는 훈육 결정을 내릴 때 탐정처럼 꼼꼼하고, 판사처럼 현명하고 공평해야 한다. 아이들은 섬세한 관심과 공정한 대우를 받아 마땅한 존재다.

2장. 질서 있는 교실을 만드는 두 번째 원칙

관계 중심 훈육법,
이렇게 실천하라

실천 1

학생과의 관계에서
위치를 설정하는 법

비록 몇 개월 근무한 것뿐이지만 나는 소년교정시설에서 일하며 배운 귀중한 교훈을 앞으로도 절대 잊지 못할 것이다. 대학 졸업 후 교사 발령이 나기 전까지 일이 필요했던 나는 가까운 소년원의 소년 보호관 자리에 지원했다. 교생 실습을 할 때 내가 맡았던 학생 몇 명이 그곳으로 보내지는 것을 보고 이곳을 처음 알았다. 한 주 동안 신입직원 교육이 있었는데, 이때 받은 교육은 내 경력 최고의 직무 연수로 손꼽을 만하다. 청소년의 수업 방해 행동을 효과적으로 다루는 여러 가지 새로운 방법을 배울 수 있었기 때문이다. 연수 담당자는 교사 출신의 소년원 책임자였다. 본격적으로 일을 시작한 후, 나는 정서장애아 사동에 배치된 초등학생부터 감금 사동이라 불리는 곳에 수용된 청소년들까지 다양한 어려움을 겪는 아이들과 노련하게 관계를 맺는 방법을 배울 수 있었다.

나에게 배움의 원천은 주로 케빈이라는 직원이었다. 그의 행동을 관찰하고 그의 말을 들으면서 많은 것을 깨달았다. 케빈은 소방관 출신으로 10년 넘게 이곳에 근무하고 있었다. 케빈과 대조되는 직원도 있었는데, 그녀를 킴이라고 부르겠다. 킴은 매우 자애로운 50대 여성으로 소년원의 아이들을 진심으로 사랑했다. 그런데 문제는 킴이 단호하지 못하다는 것이었다. 그녀는 매일 아이들에게 이용당하기 일쑤였다. 나는 재빨리 케빈을 본으로 삼았고, 킴과는 반대로 하려고 노력했다.

학생과의 관계에서 위치 설정이 중요한 이유

케빈은 아이들에게 목소리를 높이거나 소리치는 법이 절대 없었다. 케빈이나 킴 모두 친절했고, 소년원 아이들과 좋은 관계를 맺고 있었다. 두 사람의 차이는 케빈이 아이들의 행동에 좋은 영향을 미쳤다면, 킴은 아이들에게 동네북 취급을 당했다는 것이다. 케빈이 아이들에게 무엇인가를 지시하면 아이들은 그의 말을 잘 들었다. 만일 아이들이 요구를 따르지 않으면 케빈은 아주 침착하게 공정하고 분명한 후속 결과를 이행했다. 예를 들어, 바닥에 쓰레기를 버리면 이것을 주워야 한다고 조용히 상기시키거나 경고했다. 만약 그래도 말을 듣지 않으면 아이를 일정 시간 동안 방에 들어가 머물게 했다. 이것도 거부하면 더 높은 단계의 조치가 뒤따랐다.

아이들은 케빈이 절대 냉정함을 잃지 않고 끝까지 가는 성격이므로, 체육 시간 같은 특혜가 사라지는 심각한 결과가 발생하지 않도록 주의해야 한다는 사실을 잘 알고 있었다. 아이들이 케빈의 요청에 이의를 제기하는 경우는 드물었다. 케빈은 친절하면서도 일관성이 있었다. 그의 기대와 그가 사용하는 언어 그리고 그가 내리는 결정 역시 항상 명료했다. 아이들은 그를 존경했다.

이와 대조적으로 킴은 아이들 사이에서 겉으로는 케빈보다 인기가 많은 것처럼 보였지만, 사실 아이들이 그녀를 좋아하는 근본적인 이유는 원하는 것을 언제든 얻을 수 있기 때문이었다. 한 예로, 어느 날 한 남자아이가 킴에게 다가와 소년 사동과 소녀 사동 사이에 있는 물품 보관함에 빗자루를 갖다 놓으러 가도 되냐고 물었다. 킴은 차마 안 된다고 할 수 없었다. 일단 허락을 받자, 아이는 소녀 사동으로 몰래 들어 갔다. 이것은 중대한 규칙 위반이었다. 아이는 곧 발각되었고, 그에 합당한 벌을 받았다. 그런데 안타깝게도 이 사건으로 킴도 함께 곤란해 졌다. 그녀가 소년원 아이들에게 당한 건 그때가 처음은 아니었다. 마지막도 아니었다. 아이들은 케빈이나 킴의 곁에 있는 것을 좋아했지만, 이유는 완전히 달랐다.

아이들은 케빈이 무엇을 기대하는지 알고 이것에 맞춰 행동했고, 케빈 곁에 머물고 싶어 했다. 함께 있으면 안전하다고 느끼는 듯했다. 경계선은 분명했고, 경계선을 지켰을 때 그 결과로 건전한 관계가 형성 되었다. 하지만 아이들은 킴에 대해서는 어떤 짓궂은 일을 벌여도 벌을 받지 않고 빠져나갈 수 있다고 생각했다. 킴은 자신의 일을 사랑했지만, 못된 행동을 하는 아이들을 쫓아다니느라 종종 좌절감을 느끼는 것 같았다. 반대로 케빈의 경우, 아이들과의 상호작용이 평온하고 질서 있었기 때문에 출근하는 것을 무척 좋아했다.

내가 케빈을 보면서 배운 것은 교사와 학생의 관계에서 위치를 설정하는 방식이 매우 중요하다는 것이다. 핵심은 '학생을 통제하는 권위자'가 아닌 '조력자 역할을 하는 외부의 힘'으로 위치를 설정하는 것이다. 이렇게 하려면 아이들에게 먼저 공정하고 명확한 기대치를 분명히 말한 다음, 아이들 스스로 선택하고 결정하게 해야 한다. 아동 발달 분야에서 가장 신망이 높은 전문가이자, 수십 년 동안 아이들을 위한 프로그램을 진행한 프레드 로저스는 "아이는 독립적인 개인이 되고자 하는 욕구를 자기가 선택한 일로 해결할 수 있을 때, 외고집을 부릴 가능성이 줄어든다."라고 말했다.

학생이 결정을 내리기 전과 후에 교사가 격려하고 조언하고 충고하는 것도 중요하다. 그러나 더욱 중요한 것은 학생들 스스로 선택하게 하는 것이다. 교사가 해야 할 일은 아이 앞에 놓인 두 갈래의 길을 명확하게 보여 주고, 한쪽 길은 따라가다 보면 좋은 일이 생기고 다른 쪽 길은 나쁜 결과에 이른다는 것을 지속적으로 상기시키는 것이다. 하나는 건강하고 생산적인 결과를 낳고, 다른 하나는 대체로 혼란과 부정적인 결과를 초래하는 길이다. 선택의 결과는 궁극적으로 결정하는 사람, 즉 학생에게 영향을 미친다. 이것은 학생들이 스스로 깨달아야 하는 사실이다. 따라서 학생이 옳은 길을 선택하면 칭찬하고, 만일 학생이 잘못된 길을 선택하면 미리 정해 둔 결과를 일관성 있게 적용해야 한다.

교사가 지나치게 권위적으로 행동하면, 심지어 애정에서 나온 행동이라 할지라도 평범한 학생에게는 교사가 오로지 권위적인 인물로만 느껴질 수 있다. 발달학상으로 아이들은 힘겨루기에 반항하는 경향이 있다. 학생들은 자신 앞에 놓인 두 갈래의 길을 보는 게 아니라, 권위자인 교사를 먼저 보고 그래서 선택의 순간에 적대감이 생겨난다. 어린 학생들은 이런 상황을 '대결형 접근'으로 인식한다. 여기서 확실히 짚고 넘어갈 것이 있다. 이 시나리오에서 교사는 권력에 굶주린 유형의 인간이 아니다. 전형적인 교사는 흔히 진심으로 학생을 돕기 위해 노력한다. 학생의 초점은 학생 자신에게 정말로 중요한 것(즉, 선택하도록 제시된 두 가지 길)에 맞춰져야 하는데, 보살핌을 제공하는 교사가 오히려 이 초점이 흐려지도록 위치를 설정할 수도 있다는 점을 주의해야 한다.

관계형 접근과 대결형 접근의 차이

위치 설정 방식을 바꾼다면, 아이는 잠재의식 속에서 교사를 자신의 행동 결정을 안내하는 조력자로 인식한다. 나는 이런 위치 설정을 가리켜 '관계형 접근'이라고 부른다. 이것은 비처벌적인 접근 방식이기도 하다. 이제 아이는 교사가 분명하고 침착하게 알려 준, 두 가지 길을 바라볼 수 있다. 또한 자신 앞에 주어진 선택권이 공정하다고 인식하기 때문에 긍정적인 결과를 가져오는 길을 선택할 것이다. 인간은 본능적으로 자신에게 이로운 것을 원한다. 좋은 의미로 '이기적인 아이'는 저항이 가장 적은 길을 선택할 것이다. 그러나 그들 또한 인간이기에 잘못된 길을 선택할 때도 있을 것이다. 그래도 괜찮다. 잘못된 길을 선택했기에 결과에 대해 책임지는 법을 배울 수 있다.

대결형 접근은 '교사 대 아이들'이라는 대립 상황으로 나타나고, 관계형 접근은 어디까지나 비개인적인 접근이다. 관계형 접근에서 중요한 것은 교사가 아니라 아이들이다. 교사는 침착하고 투명하고 일관성 있게 행동함으로써 불필요한 힘겨루기를 피할 수 있다. 대결형 접근을 사용하면 학생들은 규칙과 기대가 교사의 것이라고 여길 것이다. 하지만 관계형 접근을 사용하면 규칙과 기대가 학생들의 것이 된다. 대결형 접근법에서 권력을 쥔 것은 교사지만, 관계형 접근법에서는 규칙(즉, 두 가지 길)이 권력을 쥔다. 학생은 두 가지 길을 바꿀 수는 없지만, 원하는 길을 선택해서 자신의 미래를 바꿀 수 있다.

대결형 접근에서 중요한 것은 '학생을 통제하는 것'이고, 관계형 접근에서 중요한 것은 '상황을 통제하는 것'이다. 대결형 접근은 명령으로 인식되고, 관계형 접근은 선택으로 인식된다. 대결형 접근에서 최후통첩 방식은 "너는 이것이나 저것을 할 것이다."이고 관계형 접근의 방식은 "네가 이것을 선택하면 저것을 얻을 것이다."이다. 게다가 관계형 접근은 학생과 학생이 선택해야 하는 길 사이에 '상황'이 존재한다는 점에서 비개인적인 성격을 띤다. 대결형 접근에서는 말하기가 일어나고, 관계형 접근에서는 설명하기(또는 가르치기)가 일어난다. 대결형 접근법은 강요하려고 하고, 관계형 접근법은 설득하려고 한다.

데일 카네기가 쓴 《인간관계론》의 한 대목을 보자.

당신은 말로 표현할 수 있는 것만큼이나 뚜렷하게 표정이나 억양 또는 몸짓으로도 사람들에게 그들이 틀렸다고 말할 수 있다. 만일 그들에게 틀렸다고 말한다면 당신은 그들이 당신 의견에 동의하고 싶게끔 만든 것일까? 절대 아니다. 왜냐하면 당신은 그들의 지성, 판단력, 자부심, 자존감에 타격을 가했기 때문이다. 결국 그들도 반격하고 싶게 만들 것이다. 절대 그들이 생각을 바꾸고 싶게끔 만들지 못할 것이다. 그들이 반박하면 당신은 플라톤이나 이마누엘 칸트의 철학 같은 온갖 논리를 내세울지도 모른다. 그래도 그들의 의견을 바꾸지는 못할 것이다. 이미 그들의 감정을 상하게 했기 때문이다.

카네기는 불필요한 힘겨루기를 피하는 것과 관련해 이렇게 덧붙인다.

어떤 사람이 당신과의 불화와 당신에 대한 악감정으로 마음에 응어리가 있다면 당신은 어떤 기독교적 논리로도 그 사람을 당신의 사고방식에 동조하도록 만들 수 없다. 자꾸 혼내는 부모나 고압적인 상사, 권위적인 남편, 잔소리하는 아내들은 사람들이 절대 자기 생각을 바꾸고 싶어 하지 않는다는 사실부터 깨달아야 한다. 사람들에게 억지로 내 의견에 동조하도록 강요하거나 유도할 수는 없다. 그러나 만일 우리가 다정하고 친절하다면, 그것도 매우 다정하고 매우 친절하다면 다른 사람들의 동조를 끌어낼 수 있을 것이다.

또한 카네기는 이렇게 말한다.

다른 사람이 어떤 일을 하도록 만드는 방법은 이 세상에 하나뿐이다. 이 방법이 무엇인지 곰곰이 생각해 본 적 있는가? 그렇다. 유일한 방법은 상대방이 그것을 진심으로 원하도록 만드는 것이다.

대결형 접근법을 사용할 때 대부분의 교육자는 옳은 선택을 하는 것에만 초점을 맞출 것이다. 하지만 이들의 위치 선정 방식은 자신도 모르게 힘겨루기를 조장하고 만다. 이에 대해 하버만은 이렇게 말한다.

교사의 힘이란 사람들이 대체로 잘 신뢰하려 하지 않는 아동이나 청소년과도 권위를 공유하는 능력으로 발휘되는 내적 자질이다.

교사가 학생에게 두 가지 길을 보여 주는 조력자로 자신의 위치를 설정하고, 관계형 접근법을 취해 학생이 스스로 선택하게 한다면 도전적인 학생도 훨씬 수월하게 다룰 수 있다. 관계형 접근에서 가장 어려운 부분 중 하나는 교사가 자신을 통제하는 것이다. 반항적인 학생이나 미묘한 문제 행동을 보이는 학생을 다룰 때 교사는 자신이 어떤 모습으로 비칠지 의식해야 한다. 관계형 접근법을 사용하는 것은 학생과 소통할 때 자신의 의견을 표현하는 방식에 약간의 의도적 변화를 주는 일이다. 이것은 부부 사이에 어떤 문제가 있을 때 자기 생각을 말하기 전에 먼저 배우자의 의견을 귀 기울여 듣기로 결심하는 것과 크게 다르지 않다. 상황에서 한발 물러서는 것은 비유적으로 말해서 대립각을 세우는 대신, '우산을 나눠 쓰는 기회'가 될 수 있다. 교사는 스스로를 '다른 사람의 행동을 통제하는 권력자가 아닌 다른 사람과 상호작용하는 인간'으로 여겨야 한다. 여기, 교사가 대결 구도 관점에 빠지지 않도록 스스로를 통제하는 비법이 있다.

비대결적 자세 유지를 위한 12가지 비법

• 항상 평정심을 유지하라. 말할 때 목소리를 높이거나, 화를 내거나,

흥분하지 마라.

- 잘못이 정확히 밝혀질 때까지는 아무것도 함부로 추측거나 판단하지 마라. 교사들이 저지를 수 있는 가장 중대한 실수 중 하나가 잘못이 없는 학생을 성급하게 처벌하는 것이다. 항상 사실에 초점을 맞추자. 사실을 근거로 대화하고, 궁극적 판단을 내리고, 훈육에 관한 최종 결정을 내리자.

- 학생들에게 설명할 기회를 주고 질문할 시간도 충분히 줘야 한다. 그들이 자신의 감정을 표현할 수 있게 하자. 그들은 당신이 원하는 것보다 오래 이야기할 수도 있고, 정제되지 않은 생각을 내뱉을 수도 있다. 남을 비난하거나 나쁜 말을 할지도 모른다. 그러나 인내하라. 학생들에게 마음껏 속에 있는 말을 쏟아내도록 허용하면 여러 이점이 있다. 우선, 교사의 경청하는 모습을 통해 그들은 자신이 존중받는다고 느낄 것이다. 교사는 학생들의 말을 통해 귀중한 정보를 얻을 수 있다. 도대체 무슨 일이 일어났는지, 행동의 동기가 어떤 맥락에서 나왔는지, 어떻게 다음 단계를 진행할지 판단할 수 있다. 그런데 대화 중에 학생들의 무례함이 상식을 벗어나는 순간이 올 수도 있다. 이런 상황에서는 대체로 잠깐 휴식을 취하는 것이 도움이 된다. 예를 들어 "로렌, 너 지금 너무 흥분한 것 같구나.(또는 '말이 부적절한 것 같구나') 교실 밖이나 복도에 잠시 나갔다 오면 좋겠어. 그래야 우리 둘 다 진정할 수 있을 것 같다. 잠시 후에 준비되면 차분하게 다시 이야기를 계속하자꾸나."라고 말할 수 있다.

- 학생들과 기꺼이 대화하고, 그들을 존중하며 토론하라. 교사의 목표는 어디까지나 그들의 이해를 돕는 것이다. 다른 관점에서 상황을 볼

수 있게 유도하는 것이다. 학생들이 이해할 준비가 되어 있지 않다면 어떻게 행동하라고 조언부터 하는 것은 피하도록 하자. 종종 교사가 모든 것을 너무 분명하게 말해주는 것보다 조금 모호하게 말했을 때, 학생들은 자기 생각을 더 잘 표현할 것이다.

- 크게 봐서는 시간에 얽매이지 말아야 한다. 좋은 대화를 나누기 위해서는 시간이 필요하다. 대화를 나누고 행동을 바꿀 수 있게 돕는 시간은 때로 수업보다 값질 수도 있다. 물론 교사가 말을 더 많이 하거나, 불필요한 대화를 길게 끄는 것은 아닌지 되돌아볼 필요도 있다.

- 잔소리하거나, 같은 주제를 반복해서 말하거나, 장황하게 설명하지 마라. 교사가 느끼는 좌절감을 되도록 내색하지 마라.

- 학생들이 경청하거나 대화할 마음이 전혀 없는데, 인생 교훈을 늘어놓으면서 억지로 붙잡아 두지 마라.

- 학생들이 시선을 피하거나, 이따금 욕을 하거나, 화를 내거나, 반대 의견을 내놓거나, 입을 삐죽 내밀거나, '세상 슬픔을 혼자 짊어진 듯' 말하거나, 경청하려고 하지 않는다고 해서 기분 나빠하지 마라. 보통 그 나이대에 자연스럽게 나오는 발달학적 특징이다. 이런 행동에 교사의 궁극적 목표(학생이 자신과 상황을 제대로 인식하고, 그래서 자기 행동에 대한 책임을 받아들이고 옳은 길을 선택할 수 있게 돕는 일)가 흔들려서는 안 된다.

- 만일 '받아들이기 어려운 진실'을 말해야 한다면 최대한 애정을 담아 표현하라. 받아들이기 어렵거나, 상대를 공격하거나, 인생 강의처럼 들리는 말을 할 때는 반드시 학생들이 준비되어 있고 기꺼이 들을 자세인지 확인하라. 이런 판단을 내리는 것도 하나의 기술이다. 교사라

면 언제 진실을 말하고 언제 감춰야 하는지, 누가 받아들일 수 있고 누가 그렇지 않은지 파악하는 감각을 키워야 한다. 어떤 교사들은 받아들이기 어려운 진실을 정말 능숙하고 효과적인 방식으로 전달한다. 하지만 어떤 교사들은 진실을 말하려다가 오히려 역효과를 내기도 한다.

- 목소리를 높이거나 엄하게 꾸짖으려 한다면, 반드시 상황에 맞는 분명한 목적이 있을 때만 그렇게 하라. 가끔 이런 접근법이 학생들에게 강력한 영향을 미칠 수도 있다. 하지만 이것 역시 기술이 필요한 접근법이므로 꼭 필요하다고 확신할 수 있는 순간에만 사용해야 한다. 과학적으로 증명된 건 아니지만, 알아두면 유용한 사실 하나를 말하자면, 흔히 차분한 학생은 자신과 대조적으로 단호하고 힘 있는 목소리에 수용적이고, 잘 흥분하는 학생에게는 대체로 차분한 태도로 대응하는 것이 효과가 있다. 이런 방식으로 우리는 서로에게 맞춰가며 변화한다. 바꿔 말하자면, 두 사람 모두 소리를 지르면 화음을 이루기 어렵다.

- 훈육 처분을 발표할 때는 왜 이런 결과가 나왔는지 이유를 설명하라. 학생이 행동의 대가를 치르고 나면 그 후로 어떻게 될지 분명하게 설명하라. 그러면 학생들이 삶에 대한 장기적이고 폭넓은 시야를 갖고 자신의 행동과 결정이 미래에 어떤 영향을 미치는지 이해할 수 있다. 아이들이 어른의 지혜를 배우는 과정 속에 있음을 이해하고 어른으로서 얻은 지혜를 나눠줄 수 있는 좋은 기회이기도 하다. 훈육의 핵심이 가르치고, 배우고, 성장해서 지금보다 나아지는 일임을 상기시킬 수도 있다.

- 학생들이 지루한 것 같은 태도를 보이거나 일부러 딴청을 부리더라도 낙담하지 마라. 아이들이 때때로 어른의 말을 경청하지 않는 것은 당연한 일이다. 아이들은 사회성 기술이나 사회적 의식이 아직 덜 발달해서 대화를 나눌 때 시선을 맞추거나 상대에 대한 존중을 보이는 것이 어려울 수도 있다. 게다가 인간은 다른 사람과 대립할 때, 여간해서는 잘못을 인정하려 들지 않는다. 내가 몇 년 동안 학생들을 상담하면서 알게 된 사실 하나는 그들이 겉으로 보기에는 어른들의 말을 듣지 않는 것 같지만, 실제로는 우리의 생각보다 꽤 진지하게 경청한다는 점이다. 우리는 학생들이 우리에게 보이는 멍한 시선과 무표정한 얼굴에 어느 정도 익숙해질 필요가 있다. 아이들이 어른에게서 지혜를 얻고 싶어 하는 것만큼이나, 이들의 이런 행동도 발달학적으로 자연스러운 것이다.

교사에게 필요한
언어의 기술

교사의 위치 설정 방식과 더불어 관계 중심 훈육에서 중요한 또 다른
비법은 바로 '말하기 기술'이다. 훈육할 때 사용하는 언어는 학생에게
여러 갈래의 길 중 하나를 선택하도록 설득하는, 매우 중요한 역할을
한다. '단어 선택' 또는 가끔 '언어 조절'이라고도 부르는 이 전략이 처
음에는 억지로 꾸민 것처럼 다소 기계적으로 보일 수도 있고, 부자연
스러운 느낌이 들 수도 있다. 하지만 집중해서 연습하다 보면 어느새
습관이 되고, 시간이 지날수록 기술이 향상될 것이다.

　신혼 시절, 아내가 내게 "여보, 때때로 정말 중요한 것은 무엇을 말하
느냐에 있어."라고 이야기한 적이 있다. 우리는 말할 때의 태도가 중요
하다는 말을 자주 듣는다. 하지만 아내는 무엇을 말하는지도 중요하다

고 강조했다. 아내가 집에 들어오면 나는 늘 습관처럼 "어떻게 지냈어?" 또는 "오늘 어땠어?"라고 물었다. 시간이 지나면서 아내는 이것이 너무 뻔한 질문이라고 말했다. 한 마디로 진정성이 없어 보인다는 뜻이었다. 나는 당혹스러워서, "그럼 도대체 뭐라고 물어봐야 해?"라고 볼멘소리로 물었다. 아내는 "당신이 가끔 '오늘 기분은 어때?'라고 물어봐 줬으면 좋겠어."라고 대답했다. 나는 '도대체 뭐가 다르다는 거야?'라고 속으로 생각했다. 하지만 논쟁을 벌일 만한 일이 아니라는 것을 깨닫고는 아내에게 앞으로는 노력하겠다고 말했다. 몇 년 동안 나는 걸핏하면 과장된 목소리로 "당신 오늘 기분이 어때?"라고 물었고, 실제로 이것은 결혼 생활 내내 우리가 즐기는 농담이 되었다. 어쨌든 이때를 계기로 나는 인간관계에서 단어 선택이 정말 중요하다는 사실을 알게 되었다. 비록 당장은 그럴듯하지 않고 어리석어 보일지라도, 지금까지와는 다른 언어 전략으로 접근한다면, 논쟁하거나 감정이 격해지는 순간에 많은 것을 바꿀 수 있을 것이다.

학생들과 대화할 때 유용한 말과 표현

안드레아 가드너Andrea Gardner가 쓴 《말이 달라지면 세상이 달라진다(Change Your Words, Change Your World)》[2]라는 책이 있는데, 나는 이 책의 제목을 참 좋아한다. 내가 언제 이 접근법을 알게 되었는지는 잘 기억나지 않지만, 학생들과 함께 생활하면서 단어 선택과 언어 조절의 힘을 깨달을 수 있었다. 그 후로 훈육 상황에서 학생에게 사용하면 좋

---

2. 우리나라에서는 《자기 대화의 기술》(한정은 역, 판미동, 2015)이라는 제목으로 출판되었다.

은 결과를 기대할 수 있는 표현들을 습득했다. 그중 몇 개는 효과가 정말 좋았다. 특히 교사가 위치를 설정할 때, 관계 중심 훈육법과 연결해서 사용한다면 놀라운 변화를 가져올 수 있다. 어떤 단어와 어구는 다른 것들보다 선율이 더 좋게 느껴지기도 한다. 우리 뇌에서는 특정 단어들의 조합을 더 조화롭다고 인식한다. 어떤 교사들은 이런 어구를 사용해 효과를 볼 것이고, 또 어떤 교사들은 단어를 조정할 것이다. 교사들은 각자 효과적인 말과 효과적이지 않은 말을 찾아낼 것이다. 상황에 맞는 단어와 표현을 사용하는 전략이 얼마나 중요한지 인식하고, 논쟁이 벌어질 수 있는 대화에서 사용하기 좋은 표현과 단어를 찾아내는 것도 중요하다.

아래에 학생들을 훈육하거나 대화할 때 유용한 말과 표현을 소개한다. 언어의 기술이 앞에서 설명한 '조력자로서의 위치 설정'에 얼마나 도움이 되는지 알 수 있을 것이다.

- "선생님은 네 편이지, 너에게 해가 되는 사람이 아니야."
- "너를 돕는 게 나의 일이란다."
- "이게 선생님이 해줄 수 있는 말이야. 받아들이고 말고는 너의 선택이야."(무심하게 말하지 말고 최대한 다정하게 말한다.)
- "선생님은 지금 너에게 부탁하는 거야."
- "물론 계속 이런 식으로 행동해도 돼. 하지만 살면서 계속 벽에 부딪히게 될 거야. 이건 네 인생이야. 너는 네가 원하는 걸 할 수 있어. 선생님은 그저 네가 벽에 부딪히지 않도록 도와주려는 것뿐이야."
- "그런 식으로 말하지 않았으면 좋겠구나. 선생님은 너를 대할 때 항상

예의를 갖출 거야. 너도 나를 그렇게 대해주면 좋겠어."

- "화난 게 아니야. 선생님은 화내지 않아."(당연히 거짓말이다. 그러나 객관적인 내용을 전달하는 데 이 말이 꽤 유용하다. 게다가 교사가 스스로 평정심을 유지하는 데도 도움이 된다.)

- "이건 모든 사람에게 적용되는 것인데, 만일 우리가 좋은 선택을 하면 일반적으로 좋은 일이 일어나고, 나쁜 선택을 하면 일반적으로 나쁜 일이 일어나게 되어 있어."

- "인생에는 보통 두 가지 길이 있어. 좋은 길과 그다지 좋지 않은 길. 어느 쪽으로든 갈 수 있지. 선택은 네 몫이야."

- "설령 선생님 아이가 너와 같은 행동을 저질렀다고 해도, 선생님은 똑같이 징계 절차를 밟을 거야. 그렇게 하는 게 무척 중요하고 윤리적이기 때문이지."

- "선생님이 너를 곤란하게 만들 리가 없잖아. 정해진 행동 수칙을 유지하는 것은 매우 중요하단다. 그게 윤리적이기도 하고."

- "너는 규칙을 따라야 해. 나도 규칙을 따라야 하고. 이건 누구에게나 마찬가지고, 앞으로도 계속 그럴 거야."

- "너에게 징계를 내릴 거야. 그러나 선생님은 네가 네 행동에 책임을 지고 행동의 대가를 치르고, 그러고 나서 과거를 흘려보냈으면 해. 그러니까 이번을 마지막으로 더는 이런 선택을 하거나 이런 식으로 행동하지 않고 앞으로 계속 나아가면 좋겠다."

- "만일 이 상황을 되돌릴 수 있다면 너는 어떻게 행동할 수 있었을까?"(교사가 학생의 입장이 되어 어떤 다른 선택을 할 수 있었을지 이야기한다면 이것도 학생들에게 도움이 될 수 있다. 그들이 아직 얻지 못한 지혜를

교사가 먼저 보여 주는 것이기 때문이다.)

위에 소개한 언어 조절 접근법이 너무 단순해서 미심쩍어 보일 수도 있지만, 나는 교사들에게 이 방법을 꼭 시도하길 권한다. 학생들은 물론, 교사 자신에게도 도움이 되는 언어를 사용하면서 교사들은 놀라운 변화를 경험할 것이다. 때로는 학생에 따라 그리고 독특한 상황에 따라 언어 조절이 필요할 때도 있다. 지금부터는 학생들의 특성에 맞춘 말하기 기술을 살펴보자.

흥분하기 쉬운 학생을 대할 때의 말하기 기술

• 어떤 지시를 할 때는 학생과 적절하게 가까운 거리를 유지하며 눈을 맞추고, 차분하고 정중한 목소리로 "이것 좀 해줄 수 있겠니?"라고 말한다. 학생이 거절하면 "네가 이걸 해주면 좋겠구나."라고 말한다. 그래도 거절한다면 "너에게 한 번 더 기회를 주려고 해. 선생님은 지금까지 너를 존중했어. 네가 선생님의 요구를 들어주지 않으면 그에 따른 결과가 따를 거야."라고 말한다. 때때로 너무 반항적인 학생에게는 몇 분만 교실 밖으로 나갔다 오겠다고 하는 게 효과적일 수도 있다. 교사가 다시 들어올 때면 학생은 지시에 따르거나 아니면 후속 조치를 받을 준비가 되어 있어야 한다. 그래도 여전히 거부한다면 "밖으로 좀 나가 있을래?"(만일 교실 안에 있었다면 "복도로 나가 있을래?")라고 말한다. 그동안 적절한 후속 결과를 정한다. 바로 그 자리에서 결과가 무엇인지 말할 필요는 없다. 그동안 교사가 정한 수칙과 후속 결과에 일관성이 있었다면, 학생은 이미 자신에게 내려질 결과가 무엇인지

짐작하고 있을 것이다.

- "어떤 다른 문제가 있니?"라고 질문해서 문제의 핵심까지 파고들 수 있다. 나는 가끔 학생들에게 가정에서 생긴 트라우마에 대해 질문하곤 한다. 그러면 문제 행동을 유발하는 근본적인 원인을 찾을 수 있다.
- "무엇에 그렇게 화가 났니?"
- "잠시 시간이 필요하니?"
- "여기에서는 이런 식으로 행동하면 안 돼. 마음을 진정시킬 시간은 얼마든지 줄 수 있어. 그 후에는 합리적으로 행동하기를 기대할게."
- 교사와 아이가 힘겨루기를 하는 동안, 아이가 다른 학생들 앞에서 소란을 피운다면, 이런 행동에는 반드시 후속 결과가 뒤따른다는 사실을 전달해야 한다. 하지만 수업이 끝나고 나서 또는 주변에 아무도 없을 때 알려주겠다고 말하는 게 좋다. 이렇게 하면 다른 학생들은 선생님이 상황을 통제하며 문제를 일으킨 학생에게 책임을 지운다는 것을 알 수 있다. 아이와 불필요한 힘겨루기를 계속할 필요가 없다. 교사는 다시 나머지 학생들에게 주의를 기울이고, 수업을 계속하면 된다. 물론 위험한 상황일 때나 학생이 순간적으로 자신이나 다른 학생들을 위험하게 할 수 있는 경우에는 이 방법을 권하지 않는다.

고집불통인 학생을 대할 때의 말하기 기술

- 항상 세심하고 차분하면서도 직설적인 어조로 말한다.
- 학생이 꿈쩍도 하지 않을 것 같다면, "그래, 괜찮아. 선생님은 네가 옳은 선택을 하면 좋겠구나."라고 말한다.
- "선생님의 조언을 원하지 않고 도움이 필요 없다고 해도 괜찮아. 그건

네 선택이고, 선생님은 네 선택을 존중할 거야. 여기에서 대화를 끝내도 돼. 그러나 생각이 바뀌면 언제든 찾아오렴."

- "제이슨, 선생님은 너를 좋아한단다. 네가 그렇게 생각하지 않을지 모르지만, 이건 사실이야." 보통 고집 세고 반항적인 학생들에게는 분명한 어조로 이런 말을 전달할 필요가 있다. 사실, 아이들이 문제 행동을 하는 이유는 단지 관심을 끌고 싶어서거나 자기에게 신경 쓰는 사람이 있는지 확인하고 싶어서인 경우도 많다.

- 행동에는 마땅한 후속 결과가 따른다는 것을 알려준다. 그러고 나서 예상치 못한 자비를 베푸는 전략도 있다. "이번 한 번만 벌을 내리지 않기로 했어."라고 이야기하는 것이다. 내가 고집불통 학생들을 맡았을 때 이렇게 하자, 학생들은 정말 깜짝 놀랐다. 학생들은 먼저 시작한 힘겨루기를 어떻게 끝내야 할지 몰라 당황했고, 완전히 부드러운 태도로 돌변해서 처음으로 적극적으로 대화에 참여했다. 누군가는 이런 방법이 일관성을 저해한다고 우려할지도 모르겠다. 당연히 너무 자주 사용하거나 부주의하게 처리한다면 그럴 수도 있다. 하지만 평소 일관성 있게 행동한 교사라면 학생들도 공정한 선생님이라는 인식을 이미 가지고 있을 것이고, 그러므로 가끔 학생에게 다시 기회를 준다고 해도 교사의 전문성에 부정적인 영향을 미치지는 않을 것이다.

- 때로는 학생에게 "네가 저지른 행동에 대한 처벌을 내려야 하지만 네가 그런 일을 겪는 걸 보고 싶지 않기 때문에 부모님께 전화해서 대신 꾸짖으라고 부탁드릴 예정이야."라고 말하는 게 효과적인 전략이 될 수 있다. 이렇게 말하고 나서 부모에게 전화해서 학생이 저지른 행동과 그 일로 받아야 하는 후속 결과에 관해 설명하고, 학생에게 기회

를 한 번 더 주고 싶고 부모님이 대화를 통해 아이를 설득하고 도와주기를 간곡히 부탁한다고 덧붙인다. 이것은 매우 반항적인 학생들을 다루기 위해 찾아낸 전략인데, 놀랍게도 많은 부모들로부터 엄청난 호응을 얻었다.

감정적인 학생과 죄책감에 휩싸인 학생을 대할 때의 말하기 기술

- "잘 들어봐. 이번 일에 너무 신경 쓰지 마. 어쨌든 삶은 계속될 거야. 이 일로 배우고, 더 나아질 수 있어."라고 말해주자.
- 일을 엉망으로 만들거나 실수했던 경험을 학생들에게 자세히 들려줘도 좋다. 학생들은 기본적으로 선생님을 존경하고, 롤 모델로 생각하는 경우가 많다. 학생들은 교사에게서 자신의 모습을 보고, '와, 선생님도 나처럼 실수했었네. 그런데 지금 모습을 봐'라고 생각할 수도 있다. 나는 이것을 '바보 되기 전략'이라고 부른다.
- "날 믿어. 모든 게 괜찮아질 거야. 약속할게."라고 말해주자.
- 감정적인 학생은 항상 어느 정도의 불안감을 안고 있다. 더 큰 그림을 보고 더 넓은 시야를 가질 수 있게 돕는다면 불안감이 줄어들 것이다.
- 강박 성향이 있거나 한 가지 생각에 사로잡힌 학생을 상대할 때는 새로운 주제, 기분 전환용 이야기 같은 완전히 별개의 것에 관심을 돌리게 함으로써 부정적인 생각의 고리를 끊을 수 있다. 학생들이 집착하던 주제를 머리에서 완전히 지워버릴 수 있게 돕는 것이다.

관계 중심 훈육은 학생들의 마음을 여는 열쇠다

관계 중심 훈육은 단순히 학생을 보살피거나 돌보는 접근법이 아니다.

이것은 일종의 기술이다. 숙달이 가능한 능력이다. 지속적인 사용과 개선을 통해 일종의 과학 기술처럼 발전할 수 있다. 다시 말해서, 훈육 방식은 어느 정도는 습관화할 수 있으므로, 잘못된 행동을 하는 학생들을 가르칠 때도 예측 가능한 결과를 얻을 수 있다. 관계 중심 훈육에는 사고방식의 변화도 필요하다. 교사의 위치를 대결형 접근에서 관계형 접근으로 설정해야 한다.

위치 설정은 대립의 순간, 학생들이 교사를 어떻게 인식하는지와 연관 있다. 교사는 권위를 그대로 유지하지만, 초점이 힘겨루기에서 학생들에게 선택지를 제시하는 것으로 바뀐다. 교사는 분명하고 차분하고 다정한 언어로 학생들이 자신 앞에 놓인 선택지를 더욱 명확하게 볼 수 있도록 도울 수 있다. 게다가 관계 중심 훈육에 말하기 기술까지 더하면 더 효과적이다. 힘겨루기는 가라앉고, 산만함은 사라지고, 명료한 사고체계가 열릴 것이다.

교사는 학생들의 선택을 촉진하고, 학생들을 돕는 조력자로서 그들 앞에 서야 한다. 시간을 투자하여 실천한다면 누구나 관계 중심 훈육을 완전히 익힐 수 있고, 학생들이 더 나은 선택을 하도록 이끌며, 문제 행동을 보이는 학생들의 마음까지 얻을 수 있을 것이다. 만일 교사가 학생들과 계속 대립한다면, 이것은 교사가 일종의 힘겨루기나 자존심 싸움에 사로잡힌 것이거나 아니면 변화를 거부하고 변화할 준비가 안 된 사람을 억지로 고치려고 하면서 슈퍼맨이 되려고 애쓰는 것이다. 교사라고 해서 모든 학생을 제어할 수 있는 건 아니다. 우리는 그저 최선을 다하고, 학생들을 위해 길을 닦고, 그들이 옳은 길을 걸어갈 수 있게 끊임없이 격려할 뿐이다.

학교 훈육에 관한
오해 바로잡기

단호함과 너그러움 중 하나만 선택해야 한다?

많은 상황에서 우리는 스펙트럼의 한쪽 끝에 서려 한다. 아마 이것이 인간의 본성일 것이다. 우리는 종종 사물을 흑백 논리로 바라본다. 이유가 무엇이든 간에 다양한 변수와 무수히 많은 상황이 존재한다는 사실을 쉽게 잊는다. 나중에 사고방식을 바꾸는 새로운 사건을 겪고 나서야 이 사실을 깨닫는다. 아이들은 부모에게 "내가 결혼하거나 아이를 키우면 절대 엄마나 아빠처럼 하지 않을 거야."라고 외칠 것이다. 하지만 막상 결혼하거나 아이를 키울 때면 절대 하지 않겠다고 맹세했던 행동을 그대로 하는 자신을 발견할 것이다. 한편, 아이를 바라보는 어른들 역시 시간이 지나면 아이 스스로 깨달을 거라는 사실을 잘 알기에 그저 조용히 웃을 뿐이다. 우리를 둘러싼 상황은 대부분 이것 아니면 저것이라고 말할 만큼 단순하지 않다. 하지만 우리는 보통 양극단의 어딘가에서 해결책을 찾으려 한다.

훈육을 주제로 한 극단의 논쟁

교육에서 훈육을 주제로 이야기할 때면 흔히 '처벌'과 '가벼운 꾸지람'이라는 두 극단 사이에서 논쟁이 벌어지는 경우가 많다. 학생이 규칙을 어기거나 다른 사람에게 나쁜 짓을 했을 때, 우리에게 일어나는 가장 흔한 반응은 학생에게 내릴 처벌부터 먼저 생각하는 것이다. 우리는 흔히 "행동에는 그에 따른 결과가 필요하다."라고 이야기한다. 여기에서 말하는 행동의 후속 결과(consequence)란 일종의 징벌적 성격을 띤다. 즉, 문제 행동을 한 학생에게 고통을 줄 만한 어떤 것이어야 한다.

논리적으로 봤을 때, 고통을 겪지 않으면 학생은 자기 잘못으로부터 아무것도 배우지 못할 수도 있다. 따라서 행동의 후속 결과는 적당히 고통스러워야 한다. 어린 아기가 두 번 다시 뜨거운 난로를 만지지 않는 것처럼, 한번 고통을 겪은 학생은 앞으로 같은 행동을 하지 않을 것이다. 하지만 이것은 어디까지나 극단적인 입장이며, 항상 맞는 말도 아니다. 가끔은 맞는 말이지만, 대부분은 아니다. 게다가 학생 자신에게 부정적인 결과가 반드시 행동 변화를 보장하지는 않는다. 어떤 경우에는 상황이 더 나빠질 수도 있다.

처벌과 정반대의 접근은 문제를 일으킨 학생을 그저 말로 꾸짖는 것이다. 격리학습(detention)이나 출석중지(suspension) 같은 구체적인 징계를 내리기보다 단순히 말로 꾸짖는 것이다. 이것이 더 쉬운 접근법임은 틀림없다. 그저 말만 하면 되기 때문이다. 많은 사람이 분명하고 의미 있는 꾸지람으로 훈육에서 성공을 거둔다. 또 어떤 사람들은 세심한 배려와 관심을 담아 말하는 능력을 습득해서 상대방의 행동이 도저히 바뀌지 않을 수 없게 만든다. 하지만 이 접근법이 훈육 스펙트럼의 반대편에 있는 접근법보다 더 효과적이라는 보장 역시 확실하진 않다.

왜 교육계에 종사하는 사람들은 이 극단적인 접근법을 두고 끊임없이 논쟁을 벌이는 것일까? 기존의 사고방식에서 한 발짝 물러난다면 둘 사이의 중간 어딘가에서 최선의 접근법을 찾을 수 있지 않을까? 이 질문의 답은 좋은 양육에 대해 우리가 가진 이상적 이미지와도 연관이 있다. 좋은 부모는 자녀를 훈육한다. 이것은 분명 아이의 이익을 위한 것이다. 훈육은 사랑 안에서 행해져야 한다. 그래서 타임아웃 후에 아무런 원망이나 나쁜 감정 없이 모든 것을 훌훌 털고 '새로운 시작'이 일어나야만 한다. 역으로, 타당한 처벌이라 할지라도 그 순간에 꾸지람으로 충분하다고 느낀다면 어느 부모가 굳이 아이를 처벌하려 하겠는가.

나 역시 아들에게 자기가 선택한 행동에 마땅히 결과가 뒤따른다는 것을 가르친 순간이 있었다. 녀석은 불행한 결과를 피할 수 없는, 그야말로 나쁜 결정을 내렸다. 자신의 결정에 대가가 뒤따르리라는 것도 잘 알고 있었다. 나는 아들이 잘못을 저지르기 전에 어떤 후속 결과가 따를지 분명히 알렸다. 그런데도 일은 벌어지고 말았다. 내가 후속 결과를 전달하러 갔을 때, 아들은 이미 깊은 후회와 슬픔으로 눈물을 흘리며 몸을 떨고 있었다. 그 모습을 보니 문득 자비가 처벌보다 더 좋은 가르침이 되리라는 생각이 들었다. 뜻밖의 상황에 얼떨떨해진 아들은 내 품에 안기더니 때 묻지 않은 진심을 담아 사과했다.

지금 생각해 보면, 아이는 다른 종류의 처벌보다 내가 베푼 자비로부터 더 많은 것을 배웠던 것 같다. 내가 무슨 일이 있어도 철저하게 처벌하겠다고 결심했다면 아이의 행동을 지속적으로 변화시킬 기회를 놓쳤을지도 모른다. 그런데 솔직히 시인하지만, 반대로 내가 마땅히 내려야 할 처벌을 내리지 않아서 아이를 망친 적도 여러 번 있었다. 일관성이 없었기 때문에, 가끔 아이에게 어떤 행동을 해도 벌을 받지 않고 잘 넘어갈 수도 있다고 가르친 셈이다.

우리는 흔히 이 두 가지 접근법 중 하나만 선택해야 한다고 오해한다. 하지만 상황에 따라 적절한 대응과 조치를 내리는 것이 중요하다. 대부분의 상황에서는 단호함과 너그러움 사이의 균형이 결정적인 역할을 할 것이다. 둘 중 어느 한쪽이라도 결핍된다면 아이의 행동을 개선하려는 노력이 실패로 끝날 가능성이 크다. 아이의 행동을 개선하려면 단호함과 너그러움 중 어느 하나라도 빠지면 안 된다는 것을 기억하자.

오해 2

규칙은 꼭
긍정문으로 말해야 한다?

규칙을 되도록 긍정문으로 표현해야 더 잘 전달할 수 있다는 말에 동의하지만, 이 말을 절대적인 진리처럼 믿어서는 안 된다고 생각한다. 규칙을 긍정문으로 표현했는지 부정문으로 표현했는지는 사실 크게 중요하지 않다. 더욱 중요한 건 규칙과 기대치가 공정하고 분명해야 한다는 사실이다. 예를 들어, '살인하지 말아야 한다'는 부정문이지만 매우 공정하고 분명한 규칙이다. 왜 굳이 다른 방식으로 말해야 할까?

우리는 강아지에게 "물지 마."라고 단호히 말한다. 부모들은 어린 자녀의 잘못된 요청에 분명한 목소리로 "안 돼."라고 말할 것이다. 우리는 어린 자녀에게 큰 소리로 "멈춰!" 또는 "그만해!"라고 말하는 부모를 주변에서 흔히 목격한다. 가장 중요한 것은 이런 규칙과 기대치가 공정하고 명확하다는 것이다.

어떤 규칙은 부정문으로 표현할 때 의미를 더 명확히 전달할 수 있다. 나의 수업 신조 중 하나는 '학생 한 명 한 명의 학업적 성취를 가장 중요하게 생각하므로, 공부나 수업을 방해하는 어떤 행동도 허용하지 않는다'이다. 나는 이런 기대를 학생들에게 말로 정확하게 표현하고 싶었다. 부정문으로 표현하면 감정을 더 강하게 전달할 수 있기 때문에 일부러 부정적인 어조로 말하고 싶었다. 이렇게 해야 어느 정도 심각성이 전달되는 것처럼 느껴졌다.

학생들의 학습이 무엇보다 중요하므로 이것을 방해하는 어떤 행동도 허용하지 않을 거라는 나의 신조는 매우 투명했고, 학습이라는 학교 교육의 주된 목표를 잘 반영한 것이었다. 그러므로 나는 교사들이 규칙과 기대치를 긍정문으로 말했는지 부정문으로 말했는지를 신경 쓸 게 아니라 이것이 공정하고 명확한지에 초점을 두기를 바란다. 규칙의 목적은 적절한 경계를 가르치고 강화하는 것이다. 이 경계 안에서 학생들은 성장으로 가는 기회를 얻을 것이다. 이에 대한 프레드 로저스의 말을 살펴보자.

> 어떤 틀을 정한다고 해서 아이들의 개성이 사라지는 건 아니다. 사실 '체계적 구조'는 경계를 제공하기 때문에 아이들이 더 자유로워질 수 있도록 한다. 울타리가 있으면 울타리 안에서는 어떤 일이 벌어지더라도 울타리 밖보다 안전할 수 있다는 것과 같은 이치다. 존경심은 투명한 기본 틀 안에서 가장 잘 생겨난다. 아이들이 자신의 진짜 모습을 더 많이 표현할 수 있게 돕는 것이 틀이다.

더욱이 부정어로 표현한 것이라고 해도 공정하고 분명한 규칙은 훌륭한 수업과 진정한 존중, 적절한 재미 그리고 배려하는 마음으로 채워진 교실 환경에 어떤 부정적인 영향도 미치지 않을 것이다. 사실 이런 규칙은 오히려 학생들이 경계를 더 빨리 이해할 수 있도록 하며, 처음부터 중요한 일들을 우선으로 둘 수 있게 가르치는 역할을 한다.

모든 학생에게 두루 적용되는
접근법이 있다?

이 책에서 소개하는 많은 전략은 '일관성이 중요하다'는 사실을 기본 바탕으로 한다. 좋은 학교 문화는 학생들에게 유익한 규칙이 단단히 뿌리 내리도록 돕는다. 하지만 학생 훈육에 관한 한 모든 학생에게 두루 적용되는 방법은 없다는 점을 기억해야 한다. 훈육 방법에 관해 교사들의 의견이 서로 다르면 학교 내에서는 논란이 발생할 수 있다. 어떤 교사는 "피터 선생님은 수업 시간에 학생들을 혼내지 않는데, 이건 온당하지 않습니다. 다른 선생님들은 아이들을 훈육하는데, 그분만 하지 않으면 다른 사람들만 나쁜 사람이 됩니다."라고 불평할 것이다. 교사들이 학교 행정 차원에서 결정한 훈육 방식에 동의하지 않을 수도 있다. 어떤 교사는 출석정지보다 약한 징계를 받은 학생에 대해서 "교장 선생님이 그 학생의 문제를 그렇게 물렁하게 처리하다니 믿을 수가 없군."이라고 말할 수도 있다.

나는 교사들에게 몇 가지 질문하고 싶다. "학부모가 자녀를 훈육하는 모든 방법에 동의하는가?" "엄격하거나 어떤 경우에는 다소 가혹하게 훈육해서 적응력이 좋은 아이를 길러낸 부모를 알고 있지 않은가?" "관대한 양육 태도로 똑같이 적응력이 좋은 아이를 길러낸 부모도 알지 않은가?" "당신이 어릴 때 받고 자란 훈육과 양육 방식을 정확히 그대로 사용해 자신의 자녀를 키우는가?" "훌륭한 자녀를 둔 이웃들은 당신과 똑같은 방식으로 훈육하는가?" 여기 더 어려운 질문이 있다. "자녀들을 훈육할 때 아이에 따라, 때에 따라, 특정한 상황과 성격 차이를 고려해서 훈육하지 않는가?"

내가 아이들을 키울 때도 아들과 딸에게 필요한 훈육법이 완전히 달랐다. 두 아이의 성격은 딴판이었다. 아들에게는 보통 엄격한 후속 결과가 필요했다. 하지만 딸아이는 그저 내가 한 번 조용히 바라보기만 해도 온순하게 행동했고, 함께 의미 있는 대화를 나누다 보면 자신의 잘못을 곧바로 인정하곤 했다. 양육 방식도 이렇게 다양한데, 왜 우리는 모든 교사가 같은 방식으로 학생들을 훈육하기를 기대하는가.

우리는 일률적인 접근법을 추구하는 데 중점을 둘 것이 아니라, 모든 훈육 상황에서 다음의 두 가지 원칙에 초점을 맞추기 위해 노력해야 한다. 첫째 원칙은 문제 행동을 정확히 다루는 것이고, 둘째 원칙은 이것으로부터 진정한 성장을 추구하는 것이다. 문제 행동을 다루는 것은 책임성을 다루는 문제다. 책임을 지우는 것은 정확한 후속 결과에 집착하거나 이것을 두고 논쟁을 벌이는 것보다 훨씬 중요하고, 처벌을 내리는 것보다 분명 더 교육적이다. 건강한 경계를 무너뜨리고 개인이나 공동체의 성장을 방해하는 행동을 보고도 못 본 척하는 것은 결국학생들을(또는 자녀를) 망치는 행위다. 문제가 있으면 이것을 분명히 다뤄야 한다. 문제를 다루는 방식은 매우 다양할 것이다. 아마 어른의 가치관과 아이의 특성, 상황과 관련된 세부 사항에 따라 다를 것이다. 이에 관해서 다시 로저스의 의견을 살펴보자.

> 처벌의 적절성은 부모와 자녀 각각의 고유한 성격과 경험에 달려
> 있고, 무엇보다도 그들 관계의 고유한 성질에 달려 있다.

훈육에는 성장이 동반되어야 한다

잘못된 행동의 후속 결과로 어떤 상황에는 격리학습이 타당하고, 어떤상황에는 출석정지가 타당할 것이다. 어떤 상황에는 마땅히 복원(restitution, 문제 행동을 했을 때 최대한 원상태로 복구하게 강제하는 것으로, 예를 들어 책상을 발로 차서 넘어뜨렸다면 원래대로 일으켜 세우고 정리하게 하는것을 말한다. - 옮긴이) 조처를 내려야 하고, 또 어떤 상황에는 대화만 필요할 수도 있다. 모든 상황에는 회복이 필요하다. 앞에서 언급했듯이어떤 상황은 예상치 못한 자비의 혜택을 받을 수도 있다. 이 모든 상황에서 일단 문제 행동이 다뤄진다. 학생의 문제 행동을 다루는 것은 행동에 대한 책임성(accountability)을 강화한다.

게다가 모든 훈육 상황에는 '성장'이 뒤따라야 한다. 고통스러운 결과를 통해 학생이 한 걸음 성장한다면 아주 좋다. 어른들의 세계에서도 누군가가 법적 처벌을 받고 그 결과로부터 어떤 교훈을 배운다면

이것은 이로운 경험이 될 것이다. 나는 출석정지 처분을 받은 후, 이 경험으로부터 많은 것을 배우고 행동을 바꾼 학생들을 많이 안다. 같은 출석정지 처분이더라도 아무것도 배우지 못한 학생 또한 많이 안다. 이 학생들은 오히려 출석정지를 자신들이 바라던 휴가나 방학쯤으로 생각했다. 우리는 학생들이 자신의 실수로부터 배우기를 바란다. 훈육의 진정한 의의는 '배움'에 있다. 즉, 학생에게 더 나은 삶의 방식을 배우는 계기를 제공하는 것이다. 만약 훈육이 성장을 위한 게 아니라면, 결국 우리는 아이들의 행복이 아닌 다른 것을 위해 일하고 있는 셈이다.

훈육이라는 주제는 다양한 함축적 의미를 불러일으키는 단어를 포함한다. 때로는 하나의 단어에 정반대의 의미가 있어서 비슷한 관점을 지닌 두 사람도 같은 단어를 반대의 의미로 사용할 수 있다. 예를 들어, '벌(punishment)'이라는 단어를 사용할 때도 오해가 생길 수 있다. 한 교사가 "제이슨은 그 일에 대한 벌을 받아야 합니다."라고 이야기한다. 그러면 다른 교사가 "벌을 받아야 한다고요? 훈육은 학생이 변화하도록 도우면서 학생을 가르치는 일입니다. 중요한 것은 성장이지 처벌이 아닙니다."라고 대답할 수도 있다.

여기에서 우리는 첫 번째 교사가 의미하는 벌이 무엇인지 제대로 파악해야 한다. 이 교사가 두 번째 교사가 말한 의미와 같은 의미로 말했다면, 두 교사는 같은 관점을 가진 것이다. 차이가 있다면 한 사람은 벌이라는 단어를 편안하게 사용하고, 다른 교사는 이 단어에 거부감을 느낀다는 것뿐이다. 하지만 첫 번째 교사가 학생에게 고통을 안겨 주기를 바라면서 이 단어를 사용한다면, 두 번째 교사와는 매우 다른 방식으로 훈육을 개념화하는 것이다.

'훈육'이라는 단어도 여러 의미로 해석할 수 있다. 어떤 교사들은 "메건에게 훈육이 필요합니다."라고 이야기하며 격리학습 같은 구체적인 조치가 취해지기를 기대한다. 하지만 문제 행동을 다루는 것 자체가 훈육이라고 생각하는 교사들도 있다. 일단 상황이 제대로 다뤄지기를 원하는 교사들은 단순히 말로 꾸짖으면 된다고 생각할 수도 있다. 그들에게는 꾸지람도 훈육이다. 반면 어떤 교사들은 말로만 하는 꾸지람은 훈육이 아니라고 생각한다.

이처럼 의미의 차이로 혼동을 일으키는 경우를 우리는 어떻게 받아들여야 할까? 훈육을 주제로 이야기할 때는 '여러 의미로 해석할 수 있는 단어'가 들어간 대화에 주의해야 한다. 한 교사가 "메건에겐 훈육이 필요한 것 같습니다."라고 제안하면 교장은 "선생님 생각은 어떻습니까? 어떤 훈육 조치가 필요하다고 생각합니까?"라고 분명하게 질문해야 한다. 또한 교장은 교사와 충분히 의논하는 시간을 가진 다음, "그학생이 기꺼이 사과할 생각이 있는지 궁금합니다. 만일 그럴 생각이 있다면 선생님은 이 문제를 이렇게 마무리 지어도 괜찮습니까? 아니면 추가 조치가 따로 필요하다고 생각합니까?"라고 물어서 의견을 공유할 수도 있다.

우리는 서로에게 "기억합시다. 우리의 목표는 행동 변화입니다. 이학생을 변화시키는 데 도움이 되는 것은 무엇일까요?"라고 자주 질문해야 한다. 소통은 많은 문제를 해결하고 오해를 없애기 때문이다.

훈육이면 충분하다?

이 책을 읽는 일부 독자들은 내가 훈육을 반대하고, 관계 하나만으로 모든 상황을 해결할 수 있다는 믿음을 강조한다고 느낄 수도 있을 것이다. 학생들을 가르칠 때, 특히 교사 생활을 하면서 직접 발견한 전략적 접근법과 자원을 적용할 때, '관계의 중요성'을 강조하는 것은 맞다. 그러나 나는 학교 훈육을 전적으로 지지하는 사람이다. 실제로 학교 훈육이 꼭 필요하다고 믿는다. 이 책에서 나는 주로 '훈육을 위한 훈육'보다 '관계 중심 훈육'에 중점을 두려고 한다.

나의 목표 중 하나는 교사들이 훈육에 대한 인식을 바꿀 수 있도록 돕는 것이다. 교사들이 학생과의 관계에서 위치를 설정하는 방식을 바꾸고, 학생과 긍정적인 관계를 유지하면서 훈육을 실행하는 방법을 더 잘 알게 하는 것이다. 바로 다음에 소개할 오해에 대해 읽어 보면 알겠지만, 나는 출석정지는 물론, 심지어 퇴학 조치도 여전히 학교에 필요하다고 믿는다. 모든 학생이 경계를 배워야 하고, 자신의 행동에 책임을 질 줄 알아야 하기 때문이다. 또한 교사들은 확고하고 명확하고 일관성이 있어야 한다. 다시 말하지만, 우리는 모두 공정하고 친절하고 온화하면서도, 확고하고 명확하고 일관성 있는 교사가 될 수 있다.

훈육은 꼭 필요하다. 두말할 것 없이 꼭 필요하다. 하지만 훈육만으로는 충분하지 않다. 그렇기에 나는 모든 훈육 상황에 대해 훈육과 그 후에 이어질 '또 다른 무엇'을 생각하기에 이르렀다. 교사들은 단지 어떤 행동에 대한 처분을 내리는 것에 머물러서는 안 된다. 훈육에 뒤따르거나 수반되는 것이 아무것도 없는 상태로 훈육을 끝내서도 안 된다. 훈육은 성장을 촉진하기 위한 일종의 지원 메커니즘 같은 다음 단계와 결합해야 한다. 이것은 어쩌면 '회복적 생활지도'와도 비슷하다. 책임성과 성장 사이의 균형을 찾기 위한 것이고, 훈육과 관계 사이의 균형을 유지하기 위한 것이다.

훈육에는 학습적 요소가 반드시 뒤따라야 한다

고전적인 시나리오를 하나 살펴보자. 한 학생이 수업 규칙을 위반했다. 교사는 미리 세워 둔 훈육 계획에 따라 학생이 격리학습을 하도록 하거나 교장실로 보냈다. 교사는 훈육 계획을 철저히 이행했다. 그는 확고하고 명확하고 일관성을 갖췄다. 학생에게 행동에 대한 책임을 묻고, 행동의 경계를 존중해야 할 필요성을 암묵적으로 강화한 것이다. 보통 교사들은 여기에서 멈추기 쉽다. 그러나 만일 여기에서 멈춘다면 이것은 교사가 훈육만으로 충분하다고 생각한다는 증거가 될 것이다. 그러나 훈육만으로 충분한 경우는 거의 없다. 학생은 행동의 후속 결과와 더불어 일종의 명시적 가르침도 얻어야 한다. 학생에게 학습적 요소가 필요하다는 뜻이다. 이 시나리오에서 교사는 격리학습과 함께 '또 다른 무엇'을 제공해야 한다. 격리학습 처분과 함께 문제 행동을 한 근본적인 이유, 이 일로 배운 점, 앞으로 더 나은 선택을 하는 법 등에 관해 이야기를 나눌 수도 있다. 격리학습을 하는 동안 대화를 나눌 수 없다면, 교사는 잊지 말고 다음 날이나 수업 종료 후에 학생의 이야기를 다시 들어봐야 한다.

다른 선택지는 교사가 후속 결과를 할당하고, 그런 다음 학생에게 '자기성찰 기록지'를 작성하게 하는 것이다.(자기성찰 기록지에 대한 자세한 설명은 208쪽을 참고하자.) 이런 서식을 이용하면 일대일 면담에서 나오는 선형적인 실문에 대한 답을 더 쉽게 얻을 수 있다. 징계를 내려도 학생이 변하지 않는 경우도 많을 것이다. 사실, 징계를 받으면 학생들은 당장은 화가 나고 억울하다고 느낄 것이고, 그래서 문제 행동을 더 많이 일으킬 수도 있다. 그렇다면 교사는 훈육을 보류해야 할까? 아니다. 교사는 확고하고 명확하면서 일관성이 있어야 하고, 훈육을 제공하면서 추가 학습의 길도 함께 제시해야 한다.

후속 결과를 적용하고 위반 사항을 바로잡을 수 있는 길을 제시할 수도 있다. 예를 들어, 학생이 진심으로 반성한다면 교사는 격리학습 처분을 결정한 후, 처분을 취소하거나 유예할 기회를 줄 수도 있다. 사과 편지쓰기나 자기성찰 기록지 작성하기, 교사나 다른 학생과 화해하기가 좋은 예다. 이 학생의 문제 행동이 다른 학생들에게도 영향을 미쳤다면 반 전체와 화해하기를 제시할 수도 있다. 이것은 일종의 복원 조치이기도 하다.

훈육에 필요한 '상생 시나리오'

이런 맥락으로 볼 때, '대체 처벌'을 사용하는 것은 훌륭한 회복적 접근 방식이다. 대체 처벌이란 훈육 처분을 내리기는 하지만 다른 일을 하면 처벌을 줄여 주거나, 때로는 이것으로 완전히 대체하는 것을 말한다. 내가 근무했던 학교에서는 전자담배가 한창 유행했을 때, 이 접근법을 사용했다. 그 결과는 믿을 수 없을 만큼 성공적이었다. 학교에서는 전자담배를 피운 학생에게 기본적으로 6일 출석정지 처분을 내렸다. 그런데 3일 출석정지 후, 니코틴과 전자담배 흡연의 위험성을 알려주는 온라인 교육을 받으면 출석정지 기간이 3일로 줄어들었다. 그래서 교육을 마치면 학생들은 곧바로 학교로 돌아올 수 있었다. 출석정지가 자동으로 절반이나 줄어든 것이다. 학생들은 자신의 행동에 책임을 졌고, 훈육을 받았다. 하지만 이와 동시에 교육을 받는 것에 동의하면 징계가 줄어드는 기회도 주어졌다. 이것이 '상생 시나리오'의 진정한 정의다.

'훈육과 또 다른 무엇'에서 또 다른 무엇이 훈육 이후의 적절한 조정을 뜻할 때도 있다. 훈육이 이뤄진 다음, 학교와 학급의 환경을 바꿀 수도 있다. 행동 성향을 수정하거나 환경에 순응하게 함으로써 학생을 돕는 것이다. 예를 들어, 훈육 처분이 내려졌던 학생이 학급으로 돌아왔을 때 다른 자리에 앉게 하는 방법도 있다. 만일 급식실에서 교칙 위반이 일어났다면 문제의 학생은 훈육을 받은 후, 행동이 개선될 때까지 제한된 장소에서 점심을 먹게 될 것이다. 훈육 조치가 끝나면 새로운 행동 계획을 논의하기 위한 회의에 학생을 의무적으로 참석시킬 수도 있다. 이런 개입은 처벌을 위한 처벌이 아니라, 학생이 앞으로 잘못된 행동을 반복하지 않도록 지도하는 것이다.

행동 계획은 어디까지나 학생을 지원하기 위한 것이다. 교사들이 반드시 기억해야 할 점은 단지 훈육을 받았다고 해서 학생들이 바뀌는 일은 거의 없다는 사실이다. 훈육에 덧붙여 다른 과정이 반드시 수반되어야 한다. 문제가 심각한 경우가 아니라면, 간단한 대화나 면담만으로도 충분할 것이다. 이와 관련한 센게 및 다른 이들의 주장을 살펴보자.

무조건 권위에 복종하고 규칙을 따르도록 교육하는 학교는 학생들에게 점점 복잡해지고 상호의존적으로 변하는 세상에 대한 준비를 제대로 시켜주지 못하는 것이다.

학생들마다 정도는 다르겠지만 때때로 아이들이 못된 행동을 저지르는 것이 당연하다는 사실을 기억하자. 이것이 발달의 일면이고, 성장과정의 한 부분이다. 아이들이 무례하게 행동한다는 것은 결국 아이들의 문제 해결 능력이 아직은 부족하고, 더 공손하게 행동하는 방법을 모른다는 의미일 뿐이다. 하버만에 따르면 인기 교사들은 '문제가 있다는 것은 곧 숙련된 교육자가 필요한 이유'라고 생각한다. 교육자로서 우리는 훈육 과정을 통해 학생들이 성장할 수 있다는 가능성을 가장 우선으로 삼아야 한다. 로저스의 '사랑이 모든 건강한 훈육의 원천이다'라는 말을 항상 기억하자.

오해 5

출석정지는
효과적이지 않다?

'출석정지'는 언론과 국회에서 늘 뜨거운 쟁점이 되곤 했다. 특히 고등
학교를 졸업하지 못할 위기에 처한 아이들을 포함해 학생 대부분에 대
해 출석정지의 효과를 뒷받침할 증거가 거의 없다는 게 논란이 일어나
는 가장 큰 이유였다. UCLA 시민권 프로젝트 및 학습정책 연구소인
'시민권구제센터(Center for Civil Rights Remedies)'에서 미국 내 거의 모
든 교육구에 대한 2015~2016학년도 연방 자료를 분석한 연구 결과를
발표했다. 이 연구를 기반으로 해서 〈U.S. 뉴스〉는 "한 학년도 동안 학
생들이 출석정지로 놓친 수업일수는 1,100만 일에 달한다."라고 보도
했다. 이 연구는 또한 흑인 학생과 유색인종 학생들의 출석정지로 인
한 수업 결손율이 백인 학생에 비해 현저히 높다는 점도 발견했다.

'출석정지가 감옥행으로 이어지는 경로가 될 수 있다'는 것은 이미 쉽게 짐작할 수 있는 현실이다. 출석정지 비율이 미래의 범법 행위를 예측하는 지표가 될 수 있다는 뜻이다. 학교에서 감옥으로 이어지는 파이프라인(school-prison pipeline)이라는 이 개념은 부정적인 후속 결과가 어떤 청소년들에게는 행동 변화를 일으키지 못하고, 이 아이들이 결국 감옥에 갇힐 때까지 바람직하지 않은 행동을 계속한다는 것을 시사한다. 이와 관련해서 플래너리Flannery는 다음과 같이 말한다.

> 학교에 나오지 않으면 제대로 배우지 못하고 학습 중단이 일어나지만, 학생들에게 출석정지는 단순히 학습 중단만을 의미하는 게 아니다. 사실, 출석정지가 인생을 바꿀 수도 있다. 출석정지는 아이들이 학교를 중퇴하고, 일자리를 얻지 못하고, 사회복지프로그램에 의존하고, 감옥에 들어갈 확률이 더 높은 길을 걸을 것인지 예측하는 가장 중요한 지표이다. 빈곤보다 더 강력한 예측 지표다.

만일 출석정지 처분이 학생의 행동을 바꾸지 못한다면 우리는 이 아이에게 적합한 다른 방법을 모색해야 한다. '모든 학생에게 통하는 보편적 법칙은 없다'라는 사실을 항상 기억하라. 그렇지만 내가 출석정지를 완전히 폐지해야 한다는 의견에 동의하는 것은 아니다. 물론 출석정지가 항상 나쁘다는 의견에도 동의하지 않는다. 출석정지는 학교에 필요한 경계와 기준을 유지하는 데 매우 중요한 역할을 하는 처벌이다. 출석정지 처분은 학생의 행동이 학교 환경에 매우 심각한 지장을 주고 해로우므로, 해당 학생을 학교에서 제외하는 것이 알맞은 조치라는 메시지를 전달한다. 출석정지를 비롯해 전반적으로 모든 훈육 조치는 학생들에게 어떤 행동이 허용되지 않는지 확실히 알려주는 역할을 한다.

출석정지는 아이가 얌전히 있질 않아서 가족 행사에서 배제하는 것이나 음식을 계속 던질 게 뻔하므로 아이를 저녁 식탁에 앉지 못하도록 하는 것, 다른 선수에게 위험한 타격을 가하는 미식축구 선수를 게임에서 미리 제외시키는 것과 비슷한 조치다. 사법제도에서 범법자를 구치소나 교도소에 가두는 것과도 비슷하다. 당연히 수감 그 자체를 위해 사람을 가두려는 게 아니다. 하지만 범죄의 종류에 따라 어떤 경우에는 행위자를 특정 환경에서 완전히 분리하는 후속 결과를 적용해야 마땅한 경우도 있다.

분리 기간은 범법 행위의 강도에 따라 달라진다. 어떤 범법 행위에는 벌금, 보호관찰, 배상, 사회봉사 또는 다른 중재 방법이 뒤따른다. 어떤 범죄 행위는 징역형으로 이어진다. 중대한 위반일 경우 범법자는 감옥에 들어간다. 어떤 범법자는 잠깐 동안 대중과 분리되고, 또 어떤 범법자는 여러 해 동안 사회로부터 격리된다. 중범죄자는 사회와 평생 격리되기도 한다. 이건 어디까지나 비유일 뿐 학생들이 범죄를 저지르고 있다는 의미는 절대 아니다. 하지만 학교도 학생들의 특정 행동에 대해 대중으로부터(즉 학교로부터) 격리 조치(즉 출석정지나 때에 따라 퇴학 조치)를 적용해야 마땅한지 결정해야 하는 순간을 마주할 것이다.

출석정지는 안전하고, 질서 있고, 교육적인 학교 환경을 조성하기 위해 학교에 존재해야 하는 경계선을 매우 진지한 방식으로 강화한다. 로저스에 따르면 행복하고 건강한 가정생활은 가정의 경계선에 큰 영향을 받는다고 한다. 어떤 경계선은 계획표에 따라 가족생활이 이뤄지게 하고, 어떤 경계선은 사생활과 재산을 보호하는 역할을 한다. 학교에서도 이와 마찬가지로 경계선이 필요하다. 비록 '계획표에 따라 이뤄지는 생활'을 방해하지 않는 행동에 대해서는 출석정지가 적절하지 않을 수도 있지만, 기본 권리와 안전 문제를 위태롭게 하는 행동으로부터 나머지 학생들을 보호하기 위해서는 때때로 출석정지가 필요할 것이다.

출석정지 후에는 건강하게 복원되어야 한다

어쩌면 누군가는 출석정지로부터 아무것도 배우지 못할 수도 있다. 심지어 집에 있으면 원하는 것을 실컷 할 수 있으므로, 오히려 등교하지 못하는 시간을 즐길 수도 있다. 그렇더라도 출석정지 조치는 학생 본인과 그 가족들은 물론, 학교 공동체의 나머지 구성원들에게도 절대 용납되지 않는 행동이 있다는 점을 상기시킨다. 출석정지는 특정 행동을 다룰 때 학교 차원에서 사용할 수 있는 가장 엄격한 처벌 방법 중 하나일 것이다. 어떤 학생들은 출석정지를 통해 배우고 나아지지만, 어떤 학생들은 배우는 게 거의 없이 오히려 더 나빠지기도 한다. 어느 쪽이든 학교는 안전하고 질서 있는 환경 운영에 필수적인 경계선을 양보할 수 없다.

하지만 학생들의 성장이라는 측면을 고려하면 출석정지 처분은 매우 신중하게 내려져야 한다. 학습 환경을 위태롭게 만드는 문제 행동에 대해서만 이 처벌이 내려져야 한다. 예를 들면, 마약의 소지나 사용 및 판매, 싸움과 난폭한 행동, 범죄 행위, 심각한 소동 등이다. 또한 출석정지 처분을 내릴 때는 교육적인 방안과 지원도 뒤따라야 한다. 이것이 앞에서 말한 '훈육과 또 다른 무엇'에서 '또 다른 무엇'에 해당하는 개념이다. 약물 관련 위반 행위에 대해서는 멘토링이나 상담, 외부 전문가의 도움이 필요하고, 싸움과 난폭한 행동에 대해서는 학생이 학교로 다시 돌아오면 적절한 환경 조정이 필요할 것이다. 또한 가능하다면 건전한 복원도 이뤄져야 한다. 심각한 소동에 대해서는 특정 행동과 상황을 촉발하는 요인을 줄이거나 피하기 위한 새로운 전략을 마련해야 할 것이다.

모든 출석정지 처분에는 교사와 학생 간의 건강한 대화와 멘토링이 이어져야 하는데, 처분을 내릴 때뿐만 아니라 그 이후에도 이 과정은 꼭 필요하다. 만약 학생이 출석정지를 여러 차례 받는다면, 교사와 가족은 다른 방법을 찾아야 한다. 이때 가능한 방법으로는 학교 조정, 자원 및 도움 추가, 대안교육 배치(alternative education placement, 학습 장애나 문제 행동을 보이는 학생에게 전통적인 교육 환경 대신에 다른 학습 환경을 제공하고, 동일한 주제의 다른 교육 활동을 제공하는 것을 말한다. – 옮긴이) 등의 행동 전략이 있다. 만약 학생이 출석정지를 받아도 그로부터 아무것도 배우지 못한 채 학교에서 허용하지 않는 행동을 반복하고 그래서 다시 출석정지를 받는다면, 학교는 잠시 멈추고 다른 방법을 찾아봐야 한다. 다시 말하지만, 훈육할 때는 성장, 즉 학생의 행동 변화에 초점을 맞춰야 한다. 따라서 이런 학생에게는 학교나 외부 기관 차원의 매우 큰 변화가 필요할 것이다.

비록 나는 출석정지가 학교에서 적절한 역할을 한다고 믿지만, 출석정지를 남용해서는 안 된다고 생각한다. 학교는 학생들 간에 존재할 수 있는 차이를 인지하고, 소외 계층 학생들이 출석정지를 더 많이 받거나 더 무거운 징계를 받지 않도록 특히 주의해야 한다. 학교뿐만 아니라 교육자들이 속한 모든 조직에도 편견이 존재한다. 교사들과 교사들이 속한 조직은 어느 한 아이도 빠짐없이 소중히 다뤄질 수 있도록 혹시 가지고 있을지도 모를 편견을 진단하고 공평함을 추구해야 한다.

교사들은 학생에게 내린 출석정지 처분이 타당한가에 대해서도 심사숙고해야 한다. 어떤 행동은 당장은 수업에 지장을 주는 것처럼 보일지라도 여러 대안적 조치로 충분히 다룰 수 있는 것이기 때문이다. 게다가 이처럼 수업 방해 행동 중 어떤 것들은 교사의 능숙한 관계 중심 접근만으로 빠르게 진정시키거나 해결하거나 예방할 수 있다. 이런 접근이 바로 이 책에서 말하고자 하는 핵심이다.

최근 들어 출석정지 기간에 또는 출석정지 처분을 받았다는 이유로 학업적 불이익을 겪어서는 안 된다는 목소리가 점차 커지고 있다. 수년 전에는 일부 교사들 사이에서 출석정지 기간에 과제 점수를 '0점 처리'하는 것도 응당한 벌이라고 보는 인식이 있었다. 출석정지 처분을 통지하기 위해 학부모에게 전화하면 흔히 학부모들은 이 기간 동안 아이가 과제를 제출하는 것도 허용되지 않을 거라 생각한다. 하지만 내가 근무했던 학교에서는 출석정지 기간 동안이나 그 이후에도 과제를 제출할 수 있도록 허용했다. 출석정지 기간에도 학교 공부를 이어 나갈 수 있도록 장려한 것이다. 어떤 사람들은 "그렇다면 출석정지 처분을 내리는 게 무슨 의미가 있습니까? 문제를 일으킨 학생들이 학업적 불이익을 받지 않는다면 그냥 자유롭게 방학을 보내는 게 아닙니까?"라고 반박할 수도 있다.

학업적 불이익에 대한 내 의견을 물어본다면 그 대답은 "학업적 불이익이 없어야 한다."이다. 출석정지는 학생의 행동에 관한 처분이지 학업과 관련된 처분이 아니다. 앞에서 언급했듯이 출석정지 처분이 학생의 행동 변화를 반드시 보장하는 것은 아니다. 하지만 학교 환경에서 용납할 수 없는 행동의 기준을 분명하게 유지시켜 준다. 또한 출석정지는 매우 중요한 경계선이 무엇인지 보여 주는 역할도 한다. 어떤 학생은 학교 공부를 피하려고 출석정지를 원할 수도 있다. 그래도 괜찮다. 여전히 학교는 문제 행동에 대한 기준과 기대치를 적용해야 한다. 그러나 학생이 추가적인 출석정지 조치를 받는 행동을 반복한다면 그때는 다른 방식의 개입을 검토해야 할 것이다.

　그래서 결론적으로 출석정지가 효과가 없을까? 어쩌면 몇몇 학생들에게는 그럴지도 모른다. 하지만 그만큼 예외도 중요하다. 학교의 출석정지 조치로 긍정적인 결과를 얻으려면 빈곤, 가정 문제, 트라우마 등 다른 제도적, 사회적 문제들을 먼저 다뤄야 할 수도 있다. 예를 들어, 학교에서는 소외감을 느끼는 학생이 집에서는 아무런 제약을 받지 않는다면, 이 학생은 출석정지를 즐길 수도 있다. 그러나 학교에 대한 소속감이 확실하고, 학교가 자신의 미래에 제공하는 잠재력을 느끼는 학생에게는 출석정지가 큰 역할을 할 것이다. 또한 가정에서도 부모들이 학교의 기대를 강화하기 위해 별도의 후속 결과를 적용한다면 학생들이 자신의 행동을 반성할 가능성도 커질 것이다. 출석정지는 학교의 안전과 질서에 필요한 경계선을 지탱하는 역할을 한다. 이것이 학교 안전과 질서를 해치는 상황에 대해서만 출석정지를 내려야 하는 이유다.

오해 6

후속 결과를 항상
철저히 이행해야 한다?

자신의 말이나 약속을 끝까지 지키는 일관성이 좋은 리더십을 위한 필수요건이라는 데는 의문의 여지가 없다. 특히 청소년을 가르치는 일과 관련해서는 더욱 그렇다. 훈육을 철저히 이행하는 것은 매우 섬세한 과정이며, 교사 입장에서는 마음을 단단히 먹어야 하는 일이기도 하다. 훈육 처분을 발표하기에 앞서 무엇이 허용되고 무엇이 허용되지 않는지, 왜 이런 기준이 존재하는지, 만일 재량권을 적용한다면 어떻게 이것을 정당화할 수 있는지에 대한 철학적 이해도 필요하다. 이에 대해 프레드 로저스는 다음과 같이 말한다.

부모로서 우리는 아이들이 원하는 대로 하게 내버려 두지 않으면 아이들의 사랑을 잃을까 두려워한다. 그래서 부모와 자녀 사이라도 항상 서로의 행동을 좋아할 수는 없고, '친구'가 될 수 없을 때도 가끔 있을 것이며, 정말 화가 날 때도 있을 것이라는 사실을 받아들이기 위해 우리 자신에게서 확신을 찾으려고 노력해야 한다.

'후속 결과를 철저하게 이행한다'는 말을 전통적인 후속 결과를 항상 적용한다는 의미로 볼 필요는 없다. 어떤 조치든 일단 취하는 문제라고 생각하면 훈육 조치의 일관성을 지금까지와는 다른 방식으로 이해할 수 있을 것이다. 교사라면 당연히 모든 상황에서 일관성 있게 행동해야 하겠지만, 학생들을 훈육하는 상황에서 일관성을 유지하는 것이 무엇보다 중요하다. 다시 말해서, 문제 행동을 보이는 학생이 있다면 절대 가만히 두고 보지는 말라는 뜻이다. 하지만 교사가 무언가를 한다는 것이 늘 '처벌적 후속 결과를 내린다'는 의미도 아니라는 점을 깨달아야 한다.

앞에서도 언급했듯이, 중요한 것은 문제 행동을 다루고 문제 행동을 한 학생에게 책임을 지게 하는 것이다. 그래서 학생이 이 경험을 통해 성장할 수 있도록 돕는 것이다. 조치를 취하는 것은 단순한 경고나 대화 형식으로도 가능하다. 경고나 대화는 학생들에게 '고통을 주거나 아프게 하지 않으므로' 이런 접근을 비웃는 사람들도 있을 것이다. 그러나 그들은 이 책의 전체적인 요점을 놓친 것이다. 때에 따라 후속 결과를 적용하려는 시도가 더 많은 문제와 반항을 불러일으키기도 한다. 그렇다면 반대로 학생들에게 후속 결과 적용을 면제해 줘야 할까? 물론 그래야 할 때도 있을 것이다. 그런데 책임도 면제해 줘야 할까? 절대 아니다. 넓은 의미에서는 학생과 면담하는 것도 일종의 후속 결과로 볼 수 있다. 물론 징벌적 성격을 띠지 않으므로 우리가 흔히 말하는 후속 결과라고는 볼 수 없을 것이다.

교사들은 다양한 방법으로 학생들의 문제 행동을 다룰 수 있다. 중요한 것은 '문제 행동을 반드시 다룬다'는 것이다. 이 책의 후반부에서 이야기하겠지만, 나는 교사와 학생 모두에게 일관성과 투명성을 유지하도록 도와주는 점진적 훈육 단계와 훈육 수준 체계가 있어야 한다고 생각한다. 그러나 상황에 따라 비전형적인 조치와 유연한 사고도 필요하다. 문제 행동이 다뤄지기만 한다면, 훈육 모델에 이미 일관성과 충실성이 생기기 때문이다.

때로는 법원도 거래한다는 사실을 생각해 보라. 범죄자가 재판 시간을 단축할 수 있도록 먼저 자백한다면 그 대가로 형량 거래를 할 수도 있다. 어떤 사람은 분명 법을 어겼는데도 보호관찰로 끝나기도 한다. 정해진 시간 동안 문제를 일으키지 않으면 더 이상의 처벌을 받지 않는 것이다. 모범적인 수감 생활을 한 죄수는 가석방되고, 민사 소송은 대개 합의로 마무리된다는 점도 생각해 보라.

퇴학 처분 심의에서도 학생들은 퇴학 유예 합의를 통해 한 번 더 기회를 얻을 수 있다. 다시 말해서 퇴학 처분이 보류된 후, 학생이 앞으로 규정을 잘 지키기만 한다면 퇴학은 일어나지 않을 것이다. 학생은 퇴학을 받아 마땅했지만, 그 대신 거래 제의를 받은 것이다. 그렇다면 이 학생의 문제 행동은 제대로 다뤄진 것일까? 그렇다. 학생은 초조한 마음으로 퇴학 청문회를 기다려야 했고, 출석정지 기간을 이미 다 채웠고, 학교에 돌아가면 관찰 대상자가 될 것이다. 앞으로 다른 실수를 한다면 퇴학 처분이 다시 실행될 수 있으므로, 결과적으로 이 학생은 지금보다 더 강화된 규칙과 기준에 맞춰 행동할 것이다.

나는 교사들이 훈육 스펙트럼의 양극을 계속 번갈아 오가거나 모호한 결정을 내려야 한다고 주장하는 게 아니다. 오히려 교사들이 배려와 또 한 번의 기회, 처분 완화를 구체화한 사려 깊고 목적성 있고 전략적인 훈육 방법을 자유롭게 사용해야 한다고 강조하려는 것이다. '전략적 유연성이 있는 확고하고 일관된 훈육'은 생각보다 큰 혜택을 가져다줄 것이다. 교칙을 어긴 학생에게 심한 패배감이나 당혹감을 주기보다 배우고 성장할 수 있다는 희망과 용기를 줄 것이다. 특히 고집이 세거나 반항적인 학생의 경우, 징계를 완화하면 오히려 학교에 소속감을 느끼기도 하고, 교사에게 친밀감을 느낄 수도 있다.

은혜를 입는다는 것은 생각보다 매우 강력한 경험이다. 도로 위를 달리다가 과속했다는 이유로 경찰관에게 차를 세우라는 지시를 받은 적이 있는가? 경찰관이 당신의 차를 세우는 것이 마땅했는가? 과속 딱지를 떼는 게 당연했는가? 실제로 과속했다면 당연하다. 그런데 경찰관이 천천히 다가오는 동안, "좋습니다. 이번에는 경고로 끝내겠습니다. 앞으로는 과속하지 않도록 조심하세요."라고 말하길 기도하지는 않았는가? 만약 과속 딱지를 받았다면 법정에 출두해서 더 높은 벌금을 낼 위험을 감수하기보다 조금이라도 벌금을 적게 내려고 날짜를 정확히 지켜 송금하지는 않았는가?

훈육할 때도 거래할 수 있다

교사와 학교는 훈육할 때 학생과 거래하는 것을 두려워하면 안 된다.

공정성과 일관성을 유지하면서도 거래를 할 수 있다. 이 거래 전략을 공식화하는 방법이 있다. 격리학습이나 출석정지 같은 즉각적인 징계를 내리는 대신, 학생의 최근 문제 행동과 수업 규칙, 향후 기대하는 행동을 요약한 정식 '행동 계약서'를 작성하는 것이다(197쪽 참고). 특정 행동을 했을 때 앞으로 적용될 수 있는 후속 결과가 무엇인지 알린 다음, 학생에게 계약서에 서명하게 하고, 학부모도 서명하게 한다. 이런 문서는 학생과 그 가족에게 매우 강한 인상을 심어 줄 수 있다. 상황의 심각성을 느끼도록 하는 효과가 있으며, 훈육 과정이 매우 공식적이고 구속력 있는 과정처럼 보이게 하는 효과도 있다.

내가 맡았던 다루기 몹시 어려운 학생들은 행동 계약서에 서명한 후에 완전히 달라지기도 했다. 여러 학교와 교육청에서는 무단결석을 지나치게 많이 한 학생의 부모에게 정식 경고 문서를 보낸다. 단순한 경고장이지만 이 문서가 지닌 공식적인 성격이 대개 학부모의 주의를 사로잡는다. 법률회사의 이름과 주소가 인쇄된, 변호사가 작성한 공식 문서를 받을 때와 비슷하다.

다른 방법은 공식 면담을 하는 것이다. 문제 행동이 발생했을 때 그 자리에서 바로 야단치기보다 정식 면담 일정을 다시 잡는다. 면담에 학부모나 보호자를 초대한다. 학교 관리자나 청소년 복지사 같은 교내 구성원을 초대할 수도 있다. 면담에서 논의한 내용과 앞으로의 기대 사항을 문서로 기록한다. 법원에서 하는 방식을 본보기 삼아 합의를 끌어낸다. "네가 이 규칙을 어겼으니 이런 후속 결과가 마땅하다. 하지만 X를 수행한다면 Z 대신에 Y 처분만 받게 될 것이다."라는 식이다.

예를 들어, 학생이 학교에 담배를 가져왔다면, 이 행동의 후속 결과로 출석정지 6일을 받아 마땅하다. 하지만 니코틴의 위험성에 관한 온라인 교육을 받는다면 출석정지 기간을 3일로 줄일 수 있다. 만일 수업을 방해하는 행동을 한다면, 이 학생은 격리학습을 해야 할 것이다. 하지만 같은 반 친구들에게 사과 편지를 쓰고 선생님과 면담한다면 처음한 번은 격리학습을 면할 수 있다. 교사와 학교는 이처럼 정식 처벌을 감면할 수 있는 교육적인 대체 처벌을 제공함으로써 학생과 학부모가 처벌적 후속 결과 대신 회복적 생활지도에 참여하도록 유도할 수 있다.

그렇다면 후속 결과를 아예 없애야 할까? 아니다. 그렇게 생각하지는 않는다. 좋은 훈육 계획이란 효과적인 후속 결과까지 계획 안에 포함하는 것이다. 하지만 교사들이 처벌보다 책임성을 더 중시하는 훈육 철학을 채택하고 다양한 '영업 비결'을 마련한다면, 문제 행동을 저지르는 학생들을 효과적으로 지도할 수 있다. 처벌과 과도한 훈육에 대해 하버만은 이렇게 말한다.

> 학생들이 좋아하는 교사들은 후속 결과를 마지막 수단으로만 사용한다. 그들은 처벌이란 곧 교사로서 실패했음을 가리키는 것이며, 교사가 학생을 포기한 것일 수도 있다는 의미라고 인정한다.

우리는 처벌에 초점을 맞추는 훈육에서 책임성을 촉진하는 훈육으로 이동해야 한다. 두 가지 모두 후속 결과를 포함하지만, 후자가 관계를 보존하고 성장을 위한 발판을 만들 가능성이 더 크다. 책임이 고통스러울 수 있을까? 물론이다. 책임을 진다는 건 절대 편한 일이 아니다. 그만큼 성장에 이롭다. 책임성(훈육으로서의 책임성)의 진정한 의미는 처벌을 내리는 게 아니라, 훈육의 대상을 가르치는 것이어야 한다. 그래야 학생들이 경계선을 더 잘 이해하고, 다음에 같은 상황에 직면했을 때도 행동을 바꾸기에 더 좋은 위치에 설 수 있다.

대화나 창의적인 형태의 훈육을 통해 학생의 행동 변화를 이끌 수 있다면 왜 굳이 학생에게 처벌이나 징벌을 내려야 할까? 단순히 출석정지 일수를 조금 줄여줌으로써 약물 상담 같은 전에는 절대 하지 않았을 일을 하도록 유도할 수 있다면, 이런 거래를 하려고 노력하지 않을 이유가 없다. 학생들은 여전히 자기 행동에 대한 책임을 지는 것이며, 단지 출석정지 일수가 줄어든 것뿐이다. 교사는 학생에게 책임을 가르쳤고, 성장할 기회를 제공한 것이다. 학생의 동의와 합의를 끌어내면서 규율을 유지한 것이다. 확고하면서도 창의적인 조율은 얼마든지 가능하다.

나는 절대
비호감 교사가 아니다?

어떤 교사도 자신이 '비호감 교사'라고 쉽게 인정하지 않을 것이다. 대부분의 비호감 교사들은 자신이 비호감이라는 사실조차 깨닫지 못한다. 하지만 냉정한 현실을 말하자면, 어떤 교사들은 실제로 정말 비호감일 수도 있다. 비호감 교사들은 학생들의 마음을 얻는 데 애를 먹을 가능성이 크다. 학급을 운영하는 일에 아무리 숙련된 교사라고 해도, 훈육 문제로 힘들어할 것이다. 훈육을 힘들어하지 않는다고 해도, 학생들이 교사가 무서워서 바르게 행동하는 것일 가능성이 크다.

　강압적인 접근은 학생의 반감을 사거나, 그보다 정도가 덜한 부정적인 감정을 불러일으킬 것이다. 학생들은 좋아하지 않는 사람에게서 절대 배우려고 하지 않는다. 배우긴 하더라도 잠재력을 최대한 발휘하지는 못한다.

　나는 호감이 가지 않는 사람들을 모두 싸잡아 하나의 고정된 틀에 집어넣으려는 게 아니다. 많은 사람에게 비호감인 사람이라면 결국 모든 사람에게 비호감일 거라고 말하려는 것도 아니다. 학생 대부분이 싫어하지만 몇몇 학생은 좋아하는 교사들도 쉽게 찾을 수 있지 않은가. 거의 모든 교사가 자신을 싫어하는 학생 한두 명쯤은 떠올릴 것이다. 사실, 대개는 한 명이 아니라 여럿일 것이다. 흔히 말하듯이 모든 사람의 마음을 얻을 수는 없다. 하지만 내가 말하는 비호감 교사는 거의 모든 학생이 싫어하는 교사를 의미한다.

　"호감을 얻는 게 중요한 게 아니라 존경을 받는 게 중요합니다."라고 반박하는 사람도 있을 것이다. 하지만 '호감을 얻는다'는 것은 곧 '존경을 받는다'는 의미와 다르지 않다. 전문가답지 못하게 학생들과 마치 친구처럼 지내려고 하는 교사를 말하는 게 아니다. 여기에서 호감 가는 교사란 학생들이 전적으로 사랑하고 신뢰하는 교사다. 함께 있으면 학생들이 즐거워하는 교사다. 이런 교사 옆에 있으면 학생들은 자연스럽게 안정감을 느낀다.

　내가 말하는 호감 교사는 학생들끼리 있을 때 "맞아. 그분은 정말 좋은 선생님이야. 난 그 선생님이 좋더라."라는 말을 듣는 교사다. 이런 교사에 대해 어떤 학생은 "내가 좋아하는 타입은 아니지만, 훌륭한 선생님인 건 맞아."라고 이야기할 수도 있다. 다시 말하지만 호감을 얻는다는 건 곧 존경을 받는다는 것이다. 이 논리대로라면 호감을 얻지 못하는 교사는 존경도 얻을 수 없다.

안정감은 학습 능력과 밀접하게 연결된다

어떤 교사는 "학생들이 나를 좋아하지 않을지는 모르지만, 내 수업에서 많은 걸 배웁니다."라고 주장할지도 모르겠다. 어느 정도는 맞는 말일 수도 있다. 그러나 대개는 그렇지 않을 가능성이 크다. 다시 말하지만, 학생들은 좋아하지 않는 교사에게서 배우려고 하지 않는 경향이 있다. 나는 이것이 안정을 추구하는 인간의 자연스러운 욕구나 사람 간의 신뢰 문제와 관련 있다고 믿는다. 만일 학생이 안정을 느끼지 못한다면, 즉 불안하고 초조하면 배우는 데 잠재력을 최대한 발휘할 수 없을 것이다. 진정한 배움이란 학습자가 배운 내용을 깊이 있게 이해하는 것을 의미하는데, 그러려면 일단 안전한 환경이 필요하다. 마음의 안정과 학습 능력은 밀접하게 연결된다.

사실 주변의 동료 교사들도 비호감 교사가 별로 호감 가는 사람이 아니라는 사실을 잘 알고 있을 것이다. 학생들과 학부모, 다른 교사들까지 종종 뒤에서 "저 선생님은 아이들을 좋아하지 않는 것 같아요."라고 말할 가능성이 크다. 그리고 "아이들을 좋아하지도 않으면서 왜 교직을 선택한 걸까요?"라고 이야기할 것이다. 물론 아이들을 좋아하지 않는 교사가 있을 수도 있다. 그러나 나는 거의 모든 교사가 겉으로는 그렇게 보이지 않을지라도, 마음속 깊은 곳에서는 학생들을 진심으로 신경 쓴다고 믿는다.

어떤 교사들은 수년간 교직 생활을 하며 너무 많은 좌절을 겪어서 처음의 애정과 열정이 서서히 사라졌을지도 모른다. 어떤 교사들은 교직에 종사하는 동안 점점 성격이 삐뚤어졌는지도 모른다. 심지어 개인적인 문제로 고통받다가 애초에 자신이 왜 교사가 되기로 했는지 잊은 사람도 있을 것이다. 그러나 솔직히 나는 그들이 학생들을 싫어한다고 는 생각하지 않는다.

아이들을 좋아하지 않는다는 것이 단지 오해라면, 왜 그들에게는 호 감이 가지 않는 것일까? 우리는 흔히 말하는 비호감 교사가 되는 상황 이나 심리 상태 같은 요인을 정확히 이해해야 한다. 비호감 교사와 관 련해서 내가 주의 깊게 관찰한 몇 가지 요인을 공유하려 한다. 나 역시 다양한 학생들에게 비호감 교사였던 적이 있을 것이다. 하지만 다행히 도 실수를 통해 배우고 달라질 수 있었다. 나는 실수를 저질렀던 부끄 러운 순간을 인정했다. 그리고 내 행동이 학생들에게 어떻게 비치는지, 어떤 부분에서 변해야 하는지를 깨달았다. 나는 이 책을 읽는 교사들 또한 경계심을 버리고, 자신이 호감 가는 교사인지 아닌지 곰곰이 생 각해 보기를 바란다. 진정한 자기성찰을 통해 진실을 인정할 수 있기 를 바란다. 아이들을 진정으로 좋아하는 교사라면 자신이 아이들에게 어떻게 비치는지 고민하고 바뀔 수 있어야 한다.

비호감 교사가 되는 이유는 무엇일까?

비호감 교사가 되는 요인들은 무엇일까? 이유는 하나일 수도 있고 여 러 개일 수도 있다. 흔히 비호감 교사의 특징 중 하나가 너무 까다롭다 는 것이다. 그렇다고 학급운영이나 수업에 자유방임적 접근 방식을 써 야 한다고 주장하는 건 아니다. 나는 오히려 정반대여야 한다고 믿는 사람이다. 내가 말하는 건 중요하지도 않은 일에 지나치게 까다롭게 굴거나, 아무것도 아닌 일인데 학생들이 짜증 날 정도로 엄격하게 구 는 것이다. 이것은 '가려가면서 혼내라'라는 개념과도 관련 있다.

정말로 중요한 일이 아니라면 야단법석을 떨지 말자. 사소한 일을 계속 지적한다면 잔소리처럼 들릴 것이다. 학생들에게(또는 누구에게든) 자유재량을 줬을 때, 그 대가로 얼마나 많은 이득을 얻을 수 있는지 안다면 분명 놀랄 것이다. 나이가 어린 학생들은 특히 더 그렇다. 학교에서 집에 돌아오면서 "엄마, 존스 선생님이 신나는 금요일마다 자기가 앉고 싶은 자리에 앉아도 된다고 했어요!"라고 소리치는 3학년 아이나 "스미스 선생님은 정말 멋져요! 껌 씹을 때 얌전히 씹고, 다 씹은 껌을 휴지통에 버리기만 하면 괜찮다고 했어요!"라고 말하는 6학년 아이를 생각해 보라.

내가 근무했던 한 고등학교에서는 학생들이 평소 모자와 후드티를 착용하는 것을 허용하기로 교칙을 수정했다. 모자와 후드티의 교내 착용을 금지했을 때도 학생 대부분이 그냥 입고 다녔고, 복장 규정은 사실 사소해 보이지만 제대로 실행하려면 많은 노력이 필요했기 때문이다. 게다가 설문 조사 결과, 교사들 대부분이 이 규정을 별로 중요하게 생각하지 않았다. 그래서 학교에서는 '모자와 후드티 착용이 학생들 공부에 영향을 미치지 않는다'라는 결론을 내렸다.

어떤 교사들은 "우리는 학생들에게 진짜 세상에 나갈 준비를 시켜줘야 합니다."라고 주장했다. 아마도 많은 학생이 모자를 착용하는 업계에서 일하게 될 거라는 의미였다. 여러 종류의 서비스업이나 경찰, 비행기 조종사를 떠올려 보라. 또한 실내에서 모자를 착용하는 것을 모든 사람이 무례하다고 여기는 것도 아니다. 어떤 사람에게는 무례하게 느껴질 수도 있지만, 다른 사람에게는 전혀 문제가 되지 않을 것이다. 내 조부는 평소 가장 좋아하던 모자를 쓰고 땅에 묻히셨다. 이상하다고 느껴지는가? 어쩌면 그럴지도 모르겠다. 그러나 우리 가족들에게는 이 것이 전혀 이상한 일이 아니었다.

우리 학교는 학생들의 모자 착용을 허용했지만, 그래도 대부분의 학생은 여전히 모자를 쓰지 않았다. 하지만 원하는 학생은 얼마든지 쓰고 다녔다. 그 덕분에 학생들과 대화하는 게 오히려 수월해졌다. 예를 들어 "마크야, 그 셔츠의 그림이 너무 폭력적이어서 학교에는 입고 다니지 않았으면 좋겠구나."라고 했을 때, 마크가 따지고 들면 "마크야, 선생님은 복장에 대해서 까다롭게 굴려는 게 아니야. 너도 알잖아. 모자 착용은 허용한다는 거. 하지만 그 셔츠는 허락할 수 없어."라고 대답할 수 있었다.

복장 규정은 거의 모든 학교에서 논쟁거리가 될 것이다. 수십 년 전부터 과거 세대들도 똑같이 겪은 일이다. 근본적으로 학교 공동체는 무엇이든 신중하게 결성해야 하지만, 복장 규정은 '옳고 그름'의 문제가 아니므로 결국은 하나로 의견이 모아질 것이다. 게다가 개인의 가치관이나 문화적 선호, 세대별 선호에 따라 의견의 스펙트럼이 달라질 것이다.

학교 행정 차원의 복장 단속을 경찰관의 과속 단속에 비유할 수 있다. 사실상 속도위반을 완전히 근절하기란 거의 불가능하다. 우선, 넓은 관할지에 비해 배치되는 경찰관의 수가 턱없이 모자란다. 게다가 근무 중인 경찰관은 다양한 상황을 처리해야 한다. 모든 신경을 속도위반에만 쏟을 수는 없다. 더욱이 속도 규정을 위반한 모든 차를 길 한쪽으로 멈춰 세울 수도 없는 일이다. 경찰은 언제 과속에 집중해서 차량을 확인하고 처리할지 정해야 한다. 그들은 어떤 때는 경고로 끝내고, 또 어떤 때는 딱지를 뗄 것이다. 단속하는 경찰이 없으면 많은 운전자가 속도 규정을 위반한다. 특히 규정 속도를 조금 넘기는 건 문제가 되지 않는다고 생각하는 사람이 많다면, 소수의 경찰관으로 어떻게 전체 운전자의 과속을 막을 수 있겠는가?

교내 복장 단속도 마찬가지다. 많은 학생이 외모의 평준화를 반대하는 요즘, 어떻게 전교생이 복장 규정을 어기지 않도록 단속할 수 있겠는가? 많은 운전자가 경찰이 보이지 않을 때 규정 속도를 넘어 달리듯이, 학교에서도 관리자가 보이지 않으면 많은 학생이 복장 규정을 어길 것이다. 단속 구간을 지나 경찰관의 시야에서 완전히 벗어나면 속도를 높이듯이, 학교 복도에서 관리자가 지나가고 나면 학생들은 유행하는 패션스타일에 따라 어깨나 배꼽을 드러낼 것이다.

일관성은 당연히 중요하다. 그러나 학생이 규정을 어기는 것을 목격했다고 해서 학생들이 규정을 완전히 무시한다거나 관리자가 제대로 단속하지 않는 것처럼 이야기해서는 안 된다. 마찬가지로 과속하는 운전자가 아무리 많다고 해도 경찰관이 도로를 안전하게 유지하려는 목표를 성취하기 위해 노력하지 않는 건 아니다. 자유를 줄 수 있는 영역에서는 일정 부분 자유를 허용하는 것이 크게 보면 오히려 이로울 수도 있다. 학생들이 학교와 교사를 좋아하고 신뢰하면, 교사도 학생들이 어려운 시기를 잘 헤쳐나갈 수 있도록 더 가깝고 친밀하게 지도할 수 있기 때문이다.

학생들에게 비호감 교사가 되는 또 다른 요인은 교사가 쉽게 좌절하는 태도를 보이는 것이다. 학생들은 '살얼음판을 걷는 것'을 별로 좋아하지 않는다. 특히 스트레스와 불화가 많은 가정환경에서 자란 경우라면 더욱 그럴 것이다. 어린 학생들은 물론, 고등학생들조차도 아직은 타인의 입장이나 감정을 이해하는 능력이 덜 발달한 상태다. 그러므로 교사가 항상 강한 어조로 말하거나 소리를 지른다면, 쉽게 불안을 느낄 수밖에 없다. 가끔은 교사의 행동을 통해 늘 소리를 지르는 아버지나 끊임없이 잔소리하는 어머니처럼 주변 인물들과의 불쾌한 상호작용이나 기분 나쁜 기억을 떠올릴 수도 있다.

학생들이 좋아하는 교사의 특징

그렇다면 해결책은 무엇일까? 일단 교사는 스트레스에 주의해야 한다. 스트레스는 항상 교문 앞에 던져두고 교실로 들어간다고 생각해야 한다. 필요하다면 학교에서는 훌륭한 연극배우가 되어야 한다. 물론 쉬운 일은 아니지만, 평정심을 유지해야 하는 경찰관이나 도로에서 계속 집중해야 하는 트럭 운전사와 다를 게 없다. 말투도 신경 쓰고, 많이 웃고, 인내심을 가지자. 대체로 학생들은 교사나 주변의 어른들이 기뻐하는 행동을 하고 싶어 한다는 사실을 기억하자. 의도는 순수할지라도 교사의 몸짓이나 말투가 학생들을 오해하게 만들 수도 있다. 스스로 인지하지 못하는 사이에 호감 가지 않는 교사가 될 수도 있다.

　비호감 교사가 되는 요인들이 많지만, 세 번째로 가장 치명적인 요인을 이야기하려고 한다. 그것은 바로 자존심(ego)이다. 교사가 자존심을 교실로 가져가면 거의 예외 없이 학생들의 마음을 얻는 데 실패할 가능성이 크다. 사실 많은 갈등의 중심에는 늘 자존심이 있다. 자존심 문제가 있는 사람이 학생이 아니라 교사일 때가 가장 유감스럽다. 따라서 교사들은 다음과 같은 질문을 자신에게 자주 해야 한다.

'이 논쟁에서 가장 중요한 것이 나의 통제 욕구를 실현하는 것일까?' '이 상황에서 나는 왜 아이들의 마음을 얻어야 한다고 느끼는가? 그게 그렇게 중요할까?' '내가 잘못 판단한 것일 수도 있지 않을까?' '학생들이 아직 어리다는 이유로 내가 모든 전투에서 우위에 서야 할 자격이 있다고 느끼는 건 아닐까?' '내 관점이 학생들의 관점보다 항상 더 타당하고 우월하다고 할 수 있을까?' '이런 상황에서 내가 학생이라면 어떨까? 어떤 기분이고, 무엇을 원할까?'

또한 우리는 다음과 같이 질문하며 자신에게 솔직해질 필요가 있다. '내가 바보같이 굴고 있지는 않은가?' '나는 정말 일관성 있고 공정하게 행동하는가?'

자존심의 반대는 겸손(humility)이다. 우리가 평소 자존심을 내세우는 사람인지 아닌지 점검할 수 있는 방법이 하나 있다. 바로 '내 관점이 네 관점보다 더 중요하다'라고 생각하는 건 아닌지 확인하는 것이다. 가장 끔찍한 일은 자존심 때문에 자신의 결점도 잘 보지 못한다는 것이다. 자존심은 진실을 보지 못하게 우리의 눈을 가리고, 더 나은 사람이 될 수 있는 기회를 가로막는다. 마틴 하버만은 수많은 교사를 인터뷰한 내용을 기반으로 《빈곤층 아이들의 인기 교사》라는 멋진 책을 썼다. 그는 책의 끝부분에 학생들이 좋아하는 교사의 특징을 다음과 같이 소개한다.

- 개인적 판단을 거의 하지 않는다. 학교에서 학생이나 다른 교직원들과 상호작용할 때, 그들이 가장 먼저 생각하는 것은 어떤 일의 좋은 점이나 나쁜 점을 판단하는 게 아니라, 사건의 인과관계와 의사소통을 이해하는 것이다.

- 도덕주의자처럼 굴지 않는다. 설교가 곧 가르침이라고 믿지 않는다.
- 끔찍하고 불행한 사건에도 쉽게 충격받지 않는다. 이런 순간에도 자신이 할 수 있는 일이 무엇인지 스스로에게 묻는다. 자신이 도울 수 있는 일이라면 기꺼이 나서서 돕고, 그렇지 않으면 원래의 일과 생활을 충실히 이어간다.
- 상대방의 말에 귀를 기울일 뿐만 아니라, 주변의 소리도 주의 깊게 듣는다. 누구든 진심으로 이해하려고 노력한다. 학생, 학부모 또는 학교 공동체와 관련된 그 누구라도 유용한 정보를 얻을 수 있는 잠재적 조력자라 여기고, 그들의 말에 귀를 기울인다.
- 자신에게 증오심, 선입견, 편견이 있다는 사실을 인정하고, 이것을 극복하기 위해 노력한다.
- 자신을 학교나 학생을 구하는 구원자라고 생각하지 않는다. 학교가 크게 바뀌리라 기대하지도 않는다.
- 자신이 혼자라고 생각하지 않는다. 주변 사람들과 네트워크를 형성한다.
- 자신에게 '사람의 마음을 끄는 힘'이 있다고 생각한다. 물론 자신이 학생들에게 미치는 모든 영향력을 통틀어도 사회와 학생 주변의 사람들, 친구 무리가 미치는 영향력에는 훨씬 못 미친다는 사실도 인정한다.
- 어린이나 청소년과의 상호작용을 매우 좋아하므로, 이것을 위해서라면 학교 시스템의 불합리한 요구도 기꺼이 견딘다.
- 교사가 학생들에게 미칠 수 있는 가장 큰 영향은 그들이 더 인간적이고 쉽게 좌절하지 않는 사람이 되게 하는 것, 다시 말해 학생들의 자존감을 높여주는 것이라고 믿는다.

• 빈곤층 어린이들이나 청소년들을 가르치는 데서 큰 만족감을 얻는다. 교사로 생활하며 권력을 얻으려 하지 않는다.

하버만이 정리한 학생들이 좋아하는 교사들의 특징을 요약하면 그들은 인내심 있고, 쉽게 개인적 판단을 내리지 않고, 주제넘지 않으며, 늘 낙관적이고, 학생들의 성장에 관심이 많다. 또한 자존심 대신 겸손을 내세우고, 항상 현실에 기반을 두며, 학생들에게 매우 헌신적이다.

학생들의 평가는
늘 정직하다?

내가 교장으로 일하면서 좌절감을 느낄 때는 나와 상담한 학생의 거짓
말을 교사들이 곧이곧대로 믿을 때다. 교사에게 화가 난다는 의미가
아니다. 다만 학생들이 선의를 가진 어른 사이를 쉽게 이간질할 수 있
다는 사실이 안타깝다. 예를 들면 이런 식이다. 한 교사가 수업 시간에
문제를 일으킨 학생을 나에게 보냈다. 나는 학생을 엄하게 대했고, 앞
으로 어떻게 행동해야 하는지 명확한 행동 기대치를 이야기했다. 이
학생은 학교가 정한 공식적인 훈육 절차를 거칠 수도 있는 상황이었
다. 그런데 학생이 교실로 돌아가자마자 친구에게 말하는 것처럼(또는
특별히 누구에게 하는 말은 아니더라도) 큰소리로 "교장 선생님은 날 혼내
지도 않았어."라고 말했다. 학생들은 실제로는 아니더라도 이렇게 말할

수 있다. 아니면 "교장 선생님이 방과 후에 학교에 남으라고 했지만, 나는 그렇게 하지 않을 거야."라는 식으로 말할 수도 있다. 이런 말은 교사들에게 교장의 훈육이 아무런 효과도 없다는 인상을 줄 것이다. 다시 말해, 교사들은 교장이 학생의 문제 행동을 개선하지 못했다고 느낄 수밖에 없다.

학생들은 때때로 "교장 선생님이 아놀드 선생님이 정한 규칙이 바보 같은 규칙이지만 그래도 잘 따라야 한다고 말했어."라며 거짓말할 것이다. 수업 시간에 문제 행동을 저지른 학생에게 교장실로 가라고 하면, 다른 학생들 앞에서 체면을 세우려고 "상관없어요. 어차피 교장 선생님은 절 혼내지도 않을 텐데요. 교장 선생님은 절 좋아한다고요."라고 말하기도 할 것이다. 물론 나는 아이들을 좋아한다. 그중에 더 호감 가고 덜 호감 가는 아이들도 있지만, 어쨌든 모든 학생을 좋아한다. 하지만 학생을 좋아하는 것과 그 학생을 꾸짖을지 말지 결정하는 건 전혀 다른 문제다.

교사들을 이간질하는 아이들

학생들은 혼날 것 같을 때나 꾸지람을 들은 후에 왜 거짓말을 하는 걸까? 이유는 간단하다. 이것이 발달학적으로 정상적인 인간의 전형적인 반응이기 때문이다. 아이들은 친구들 앞에서 자존심을 세우고 싶어 한다. 누구도 다른 학생들 앞에서 교장실로 불려 가거나 당황하는 모습을 보이고 싶어 하지 않는다. 만일 교실에서 인기가 있거나 힘 좀 쓰는 아이라면, 학교 훈육에 끄떡없다는 인상을 남기려고 더욱 열을 올릴 것이다. 또한 교사를 화나게 만들고 싶은 것일지도 모른다. 학생들은 일반적으로 교사와의 관계에서 우위에 설 수 없다. 그래서 일부러 신랄한 말을 해서 자기가 가진 무기를 최대한 휘두르려 할 것이다.

안타깝게도 많은 교사가 학생들의 말에 속아 넘어간다. 이런 상황을 내가 어떻게 알 수 있었을까? 많은 경우 교사들에게 직접 들었기에 잘 알고 있다. 믿기 어려울 수도 있지만, 지금도 글을 쓰다가 잠시 쉬는 동안, 이와 비슷한 문제로 한 교사의 연락을 받았다. 교사가 수업 도중 한 학생을 꾸짖은 지 얼마 지나지 않았을 때였다. 나는 교사의 부탁대로 이 학생을 복도로 불러 훈계했다. 학생은 순순히 태도를 바꾸고 교실로 돌아갔고, 수업이 끝날 때까지 얌전히 있었다. 그런데 수업 종료를 알리는 종이 울리자 교실 밖으로 나가면서 친구들에게 "교장 선생님이 그러는데, 그거 학교에서 정한 규칙이 아니라 그냥 선생님이 혼자 정해 놓은 규칙이래."라고 말했다.

교장이 교사의 규칙을 바보 같은 규칙이라 생각한다는 뉘앙스를 풍기며 말한 것이다. 그리고 이 말을 들은 교사도 같은 의미로 받아들이고는, 단단히 화가 났다. 그는 이 상황을 의논하려고 내게 전화했는데, 통화가 거의 끝나갈 때쯤 "그 학생이 교실 밖으로 나가면서 무슨 말을 했는지 아십니까?"라고 물었다. 감사하게도 그가 먼저 말을 꺼내줘서 나는 분명하게 내 생각을 전달하고 오해를 바로잡을 수 있었다. 그래도 여전히 불신이 남았을까? 물론 그랬을 수도 있다. 그저 그렇지 않기만을 바랄 뿐이다.

이처럼 학생의 말이나 행동이 교사와 관리자 사이의 신뢰를 무너뜨릴 수 있다. 학생의 말을 사실이라고 믿든 믿지 않든 간에 만약 교사가 이미 기분이 상했는데도 교장에게 사실대로 말하지 않는다면, 분명 이로 인해 교사와 관리자 사이가 멀어질 수 있다. 학교에서 실제로 이런 일이 얼마나 자주 일어나고 있을까?

연기 피우기 전략을 눈치채야 한다

학생들의 이런 행동을 가리켜 뭐라고 불러야 할까? 발달학적 측면에서 흔히 볼 수 있는 행동이지만 절대 용납할 수 없는 이 고약한 이간질을 가리켜, 나는 '연기 피우기(blowing smoke) 전략'이라 부른다. '연기를 피운다'는 표현은 상황을 혼동하게 하거나 정확한 이해를 방해하려는 의도로 하는 말과 행동을 묘사할 때 사용한다. 그렇다면 아이들은 왜 연기를 피우는 것일까? 앞에서도 말했지만, 친구들 앞에서 체면을 세우고 교사를 화나게 해서 앙갚음하기 위해서다. 왜 많은 교사가 이 전략에 희생되는 것일까? 확신할 수는 없지만, 아마 교사와 학생의 관계가 얼마나 친밀한지와 관련 있을 것이다.(물론 교사와 학생이 친밀한 관계를 유지하는 것은 좋은 일이다.)

교사나 수업에 대한 반항적인 태도나 문제 행동이 매우 고의적이고 빈번하게 일어난다면 교사는 평정심을 유지하기가 힘들 것이다. 교사와 학생들은 매일 함께 생활한다. 교사는 학생들이 잘 배우고, 바르게 행동하고, 더 나은 사람이 될 수 있게 열심히 노력한다. 그러다가 어느 순간 '펑!' 하고 풍선이 터지고 만다. 어떤 학생들은 교사의 가치를 깎아내리고 교사를 무능한 존재처럼 느끼게 만든다. 더욱이 연기 피우기 전략은 학교 관리자까지 끌어들여 교사와 대립하게 만들고, 이런 과정을 겪는 동안 교사의 좌절감과 스트레스는 더욱 커진다.

어떤 교사들은 '피어오르는 연기'를 간파하지만, 내가 보기에 많은 교사가 연기의 희생자가 되고 만다. 아이들은 생각보다 영리하다. 아이들은 태어나면서부터 울음소리를 무기로 한밤중이라도 우리를 침대 밖으로 얼마든지 끌어낼 수 있고, 우리를 짜증 나게 만들 수도 있다. 아이들은 성장하면서 자기가 원하거나 필요한 것을 얻기 위해 알게 모르게 온갖 종류의 전략을 사용할 것이다. 연기 피우기 전략은 실제로 교장에 대한 교사의 신뢰를 무너뜨릴 수 있다. 교사와 교장의 관계가 완전히 무너지지는 않더라도, 분명 균열이 생기거나 흔들릴 수 있다.

교사들은 연기 피우기 전략으로 생기는 오해를 간파할 수 있어야 한다. 아이들이 자주 사용하는 이 전략을 늘 염두에 두고 신경 써야 한다. 또한 교장은 교사들에게 학생들이 연기를 피우려고 한다는 사실을 알려야 한다. 이것은 아이들의 자연스러운 행동이므로 예상하고 간파해야 한다. 교장은 지속적으로 교사들과 열린 대화를 나눌 수 있는 분위기를 조성하고, 교사들은 교장과 편안하게 대화를 나누려고 노력해야 한다.

어떤 일에 의문이 생긴다면, 이 상황의 중심에 있는 사람을 직접 찾아가는 문화도 필요하다. 교사들은 교장을 찾아가서 "아무개 학생이 말하기를 교장 선생님이 이렇게 말씀하셨다고 하는데, 사실입니까?"라고 질문해야 한다. 교사들 간의 열린 의사소통 문화는 혼란을 일으키고 불신을 조장할 의도로 피워진 연기를 뚫고 제대로 앞을 볼 수 있는 길을 열어줄 것이다. 이런 학교 문화를 조성하는 것이야말로 학교 관리자가 꼭 해야 할 일이다.

교사가 먼저 숙이고 들어가면
신뢰를 잃는다?

'고개를 먼저 숙이고 들어가면 신뢰를 잃는다'라는 말이 반드시 사실은 아니다. 물론 매번 고개를 먼저 숙이고 들어간다면 신뢰를 잃을 수도 있다. 하지만 결국 긍정적인 면이 부정적인 면을 능가한다면, 도덕적으로 크게 문제가 되지 않는 선에서 어떤 행동은 그냥 무시할 수도 있다. 예를 들어, 현명한 부모는 청소년기 자녀가 반항적인 눈빛을 보내거나 걸음마기 아기가 떼를 써도 대부분 그냥 넘어간다. 미국의 유명 코미디언 빌 머레이Bill Murray는 아버지로서의 경험을 이야기하면서 "만일 아이들이 던지는 모든 미끼를 덥석 문다면 당신은 계속 고통받게 될 것입니다. 어떤 것들은 그냥 무시해야 합니다."라고 말했다. 우리 모두 이 말을 기억해야 할 것이다.

때로는 학생들의 체면을 살려주는 것도 좋다

우리는 때로 문제를 일으킨 학생들에게 또 한 번의 기회를 주거나 경고만으로 후속 조치를 끝낼 수도 있다. 앞에서도 말했듯이 교사가 훈육을 철저하게 이행하지 않는다면 교사는 신뢰를 잃을 것이다. 하지만 가끔은 너그럽게 봐주는 것이 학생들의 마음을 얻는 기회를 제공한다. 이것을 가리켜 나는 좋은 의미로 학생을 '손아귀에 넣는다'라고 말한다.

예를 들어, 최근 급식실에서 한 학생이 간단한 지시에도 따르지 않으면서 나에게 무례하게 행동했다. 주변에 있던 많은 학생이 이 상황을 목격했다. 나는 침착함을 유지하면서 이 상황을 해결하려고 노력했다. 그러나 학생은 여전히 반항했다. 마침내 나는 이 학생에게 교장실로 함께 가자고 제안했다. 내가 걸어 나가자, 다행히 학생은 곧바로 내 뒤를 따랐다. 하지만 이 학생이 꿈쩍도 하지 않을 수 있지 않은가? 물론이다. 그러면 나는 아마도 "좋아. 그냥 여기 앉아 있어도 돼. 그럼 다음 수업이 시작되기 전에 데리러 오마."라고 말했을 것이다. 이런 접근은 학생에게 약간의 여유 시간을 주는 동시에, 내가 문제 행동을 절대 그냥 넘기지 않는다는 사실을 보여 주는 것이다.

문제 행동이 너무 노골적인데다, 다른 학생들이 보는 앞에서 일어났기 때문에 도저히 그냥 넘길 수는 없었다. 나는 학생들이 학교가 질서 있는 곳이라는 희망을 잃게 하고 싶지 않았다. 내 전략은 통했다. 교장실에 도착하자, 나는 아이에게 진심을 담아 조언했다. 절대 그런 식으로 행동하면 안 되고, 앞으로 간단한 지시에 응할 줄 알고 협조하는 법을 배운다면 학교가 훨씬 더 즐겁고 좋은 곳이 될 거라고 설득했다. 문제의 학생은 신입생이었고, 아직 모르는 게 더 많았다. 교장실에 있는 동안 아이는 매우 협조적이었다. 그래서 다른 학생들 앞에서 벌을 내리지 않기로 결정했으며, 급식실로 돌아가도 좋다고 말했다. 못된 행동을 저질렀을 때 교장이 그냥 간과하지 않는다는 점을 확실히 보여 주면서도 체면을 살려줬기 때문에 아이는 내게 무척 고마워했다. 아이가 급식실로 되돌아가면 다른 학생들은 내가 대화로 문제를 해결했다고 생각할 것이다. 문제의 학생은 성숙하게 행동하고 원래의 상태로 돌아갈 기회를 얻었다. 덕분에 나는 학생들의 존경을 잃지 않을 수 있었다.

나는 내 사무실을 거쳐 간 학생들이 대부분 같은 문제를 일으키지 않을 거라고 장담할 수 있다. 그 이유는 내가 아이들의 마음을 얻었기 때문이다. 일단 누군가의 마음을 얻으면, 앞으로 비슷한 상황을 다룰 때도 고생할 이유가 없을 것이다. 정말 놀라운 일이지 않은가.

학생들이 나를 속이고 계속 반항한다고 가정해 보자. 그래도 괜찮다. 기회가 있다면 여전히 나는 학생들의 행동을 바로 잡을 것이며, 징계 처분을 내릴 것이다. 나는 아무런 신뢰도 잃지 않았다. 변함없이 이성적으로 학생들을 다루려고 노력했고, 그들의 마음을 얻으려 시도했다. 이 전략이 통하지 않았다고 해서 시도의 중요성마저 부정할 수는 없다. 이런 마음가짐은 '한 번 속으면 네 잘못이고, 두 번 속으면 내 잘못이다'라는 유명한 속담과도 일맥상통한다. 그러므로 처음에는 약간의 자비를 베풀어도 괜찮다. 내가 장담하건대, 잃는 것보다 얻는 게 훨씬 많을 것이다.

모든 학생이 학교에서
학업적 성취를 이룰 수 있다?

인간은 모두 배움의 잠재력을 가지고 있다. 모든 학생은 자신에게 알맞는 교육을 받아야 할 권리를 가진다. 하지만 모든 학생들에게 같은 교육과정을 계속해서 일률적으로 제공한다면, 어떤 학생들은 절대 자신의 잠재력을 발휘하지 못할 것이다. 관계를 기반으로 한 능숙하고 효과적인 훈육은 분명 문제를 일으키는 많은 학생의 행동을 바꾸고 엄청난 변화를 가져올 수 있다. 그러나 어떤 학생에게는 처음부터 완전히 다른 교육과정이 필요할지도 모른다. 어떤 학생들에게는 완전히 다른 환경이 필요하고, 또 어떤 학생들에게는 완전히 다른 목표가 필요하다.

대안교육의 가치에 대한 나의 믿음을 잘 나타내는 유명한 명언이 있다. "모두가 천재다. 그러나 만약에 나무를 오르는 능력으로 물고기를 평가한다면 물고기는 평생 자신이 바보라고 믿으면서 살아갈 것이다." 이다. 나는 만화에서 우연히 이 말을 봤는데, 만화 속 교사는 책상에 앉아서 "공정한 선발을 위해 동일한 시험을 봐야 하니, 모두 저 나무로 올라가세요."라고 말한다. 교사의 책상 건너편에는 원숭이, 새, 펭귄, 코끼리, 어항 안 물고기, 물개 그리고 개가 있고, 동물들 뒤로는 커다란 나무 한 그루가 서 있다.

오늘날의 학교는 여러 면에서 이 만화처럼 학생들을 교육한다. 학생들에게 부과하는 학업과 행동에 대한 기대치는 새가 물속에서 헤엄치기를 기대하는 것과 비슷하다. 새가 물고기처럼 헤엄치지 못하면 새에게 창피를 준다. 새는 잘못된 환경에 놓여 있다. 자신에게 익숙하지 않고, 자신의 관심사와 거리가 멀고, 실패할 게 뻔한 곳에 있다. 이와 마찬가지로 어떤 학생들에게는 자신의 흥미와 장래 희망에 어울리는 새로운 교육 환경이 필요하다.

학생들의 다양성을 인정해야 한다

어떤 학생들은 전통적인 학교 교육 안에서도 탁월한 성과를 낼 것이다. 현재의 교육 환경이 그들에게 효과적이기 때문이다. 학교 공부에 뛰어나진 않지만, 그래도 여전히 학교 교육을 잘 따라오는 학생들도 있을 것이다. 반대로 다른 환경이나 다른 교육과정에서라면 더 잘할 수 있지만, 전통적인 학습 환경에서는 어른들의 적절한 개입과 지원을 받아야 잠재력을 발휘할 수 있는 학생들도 있다. 학교를 싫어하지만 그래도 어떤 식으로든 자신에게 유익한 곳으로 만드는 법을 터득한 학생들도 있다. 이런 학생들은 대부분 책 읽는 것을 싫어하고 종일 책상에 앉아있는 것을 경멸하며, 빨리 정식 교육을 마치고 졸업하고 싶어 안달이지만 용케 끝까지 버틴다. 이들보다 더 다루기 어렵고 훨씬 더 관심을 기울이고 보살펴야 하는 학생들도 있다. 이 학생들은 끊임없이 문제를 일으키고, 매우 저항적일 수 있다. 그러나 이 책에서 소개하는 전략과 접근법을 사용한다면 이런 학생들도 도울 수 있다.

이렇게 다양한 학생들이 존재하는데도 우리는 모든 학생에게 동일한 교육과정과 동일한 교육 환경을 제공한다. 그 결과 일부 학생들은 손해를 볼 수밖에 없다. 이들 중 상당수가 문제를 일으킬 수도 있다. 물론 아직 이론에 불과하지만, 나는 새로운 훈육법이나 색다른 교수법이 아니라 그저 대안교육 방식의 접근만으로도 반항적인 행동을 사라지게 할 수 있다고 믿는다. 어떤 학생에게는 지금과는 완전히 다른 교육과정과 새로운 학습 환경이 필요할 것이다. 일종의 행동주의적 접근 (behavioral school, 환경적, 사회적 요인에 의해 행동이 어떻게 형성되는지에 초점을 맞추는 접근이다. - 옮긴이)을 이야기하는 게 아니다. 학생들의 흥미와 요구에 맞는 환경과 교육과정을 이야기하는 것이다. 앞서 언급한 만화를 생각해 보라. 학생들 가운데는 분명히 물고기도 있을 것이다. 그들은 나무를 오를 게 아니라 물에서 자유롭게 헤엄쳐야 한다.

이와 관련해서 몇 가지 일화를 소개하겠다. 내가 교장으로 근무한 고등학교에는 걸핏하면 문제 행동을 일으키지만, 좋은 성적을 유지하려고 노력하면서 자기관리를 꽤 잘하는 여학생이 있었다. 이 학생은 복도에서 나와 마주치자 잠깐 대화를 요청했다. 그러고는 아주 자신감 있으면서도 예의 바른 태도로 "선생님, 제가 우리 학교에 대해 어떻게 생각하는지 아세요? 저는 우리가 강제로 학교에 나오고, 하고 싶지도 않은 공부를 하고 있다고 생각해요. 우리가 공부하려고 학교에 다니는 것은 맞지만, 정말 배우고 싶은 걸 배워야 한다고 생각해요. 수학과 국어가 아니라 직업훈련학교에서 배우는 그런 것 말이에요."라고 이야기했다. 아이들의 순수한 진정성이 너무 사랑스럽지 않은가? 아이들은 대체로 어른들이라면 쉽게 꺼내지 못할 진실을 때 묻지 않은 순수한 태도로 이야기할 때가 많다.

내가 많은 학생에게서 자주 목격하는 현상이 있는데, 학교에서는 끔찍하게 행동하면서도 아르바이트하는 곳에서는 훌륭한 직업의식과 예의 있는 태도를 보이는 학생들도 꽤 많다는 점이다. 이 학생들은 학교에서 중대한 교칙 위반으로 여러 차례 출석정지를 당한 경험이 있는 아이들이다. 이들 중 일부는 패스트푸드점 같은 곳에서 일하면서 수업 시수를 인정받을 수 있다. 이 아이들은 학교에 있을 때와는 다르게 일할 때는 매우 의욕적이다. 돈을 벌면서 미래에 필요한 기술을 배울 수 있기 때문이다.

이 아이들은 학교에서 가르치는 전통적인 교과목은 자신에게 무의미하다고 생각하지만, 직장에서 요구하는 여러 필요조건은 제대로 인식한다. 지각하지 않고 등교하는 것은 어리석은 짓이라고 생각하지만, 출근 시간에 늦는 법은 절대 없다. 학교 복도를 걸어가다가 바지를 올려 입으라는 말을 들으면 몹시 싫은 기색을 내비치지만, 패스트푸드점 드라이브스루 창구에서 일할 때는 알아서 셔츠를 바지 속에 단정하게 집어넣는다. 도대체 무슨 차이 때문일까? 그들에게는 학교보다 그곳이 더 분명한 의미가 있다는 뜻이다. 마침내 물속의 물고기가 된 것이다.

개인의 고유함과 장점에 주목하는 교육

내가 지금 일에만 관심이 있고 학교 교육에는 전혀 흥미를 느끼지 못하는 학생들도 있다고 이야기하는 것일까? 내가 지금 어떤 학생들은 수학과 국어 그리고 다른 전통적인 교과목을 공부하지 말아야 한다고 주장하는 것일까? 그렇기도 하고 아니기도 하다. 박사 학위를 받은 사람으로서 나는 당연히 교육을 매우 귀중하게 여긴다. 그러나 사람에 따라 교육도 달라져야 한다고 생각한다.

내가 대학원 박사 프로그램에 등록했을 때 수강했던 교육과정은 내가 관심을 둔 교과목들로만 이루어져 있었다. 학위 논문을 쓸 연구 분야와 구체적인 주제도 내가 직접 선택할 수 있었다. 이와 마찬가지로 나는 모든 학생에게 개인의 요구에 맞춘 교육이 제공되어야 한다고 믿는다. 최선의 전략은 학생들의 고유한 관심사와 요구에 맞춘 특수한 학습 경험을 제공하는 것이라고 믿는다. 교육과정이 여전히 과거와 같은 교과목으로 구성되어 있더라도 교과목의 본질은 달라져야 한다고 생각한다. 우리가 지금까지와는 다른 교육과정을 제공한다면 학생들이 학교에 등교하기를 즐기고, 심지어 학교생활에서 큰 성과를 얻을 것이다.

이 책이 대안교육과 개별화 교육이라는 주제와 관련해서 모든 해답을 제공하고 있을까? 분명 그렇지는 않다. 그러나 문제 행동을 보이는 학생들의 마음을 얻는 전략을 이야기할 때, 나는 일부 학생에게는 대안교육이 꼭 필요하다는 점을 알리려고 최대한 노력한다. 어떤 학생들에게는 대안교육이 행동을 변화시킬 수 있는 훌륭한 맞춤 전략이 될 것이다.

우리 주변에 대안교육을 제공하는 교육 시스템이 존재하는가? 그렇다. 이 시대가 개별화 프로그램을 지향하는 흐름 속에 있는가? 그런 것으로 보인다. 그렇지만 아직 부족하다. 대안교육과 개별화 교육은 공교육에 대한 철학적 접근에서 더욱 특징적인 요소가 되어야만 하고, 실질적인 프로그램 변화로 나타나야 한다. 이 주제에 대해 길게 이야기할 생각은 없지만, 일반적으로 말하자면 맞춤식 대안교육이 시작되는 시기는 일부 학생에게는 10대 초반이고, 더 폭넓은 학생 집단의 확실한 시작 시기는 고등학교 초기로 추정된다.

대안교육은 학생들의 문제 행동을 줄이는 부차적 효과를 낳을 뿐만 아니라, 많은 학생에게 중요한 변화를 가져오는 원인이 될 수 있다. 개인의 관심사와 장점을 기반으로 교육과정을 선택할 수 있는 폭을 확장한다면 학생들의 잠재된 재능을 드러나게 하는 것은 물론, 긍정적인 행동 변화를 유도할 수 있을 것이다. "갓난아기를 안았을 때 우리 눈에 보이는 것은 똑똑한 아이 또는 멍청한 아이가 아니다. 우리는 삶이 만들어 낸 기적 그 자체를 보는 것이다."라는 센게의 유명한 말을 생각해 보라.

이것은 곧 다른 중요한 주제로 이어진다. 행동은 그 자체로 매우 주관적일 수 있다. 그러므로 '학생 행동 규범'을 만들 때나 결과적으로 훈육 결정에 영향을 미치는 학교 목표를 설정할 때, 다양한 문화 규범과 기대치를 신중히 고려해야 한다. 인간은 "이것이 옳고, 저것은 틀렸어."라고 말하면서 포괄적인 일반화를 하기 쉬운 존재다. 그 적절한 예가 복장 규정이다. 어떤 학교는 모자를 쓰는 것을 나쁜 행동으로 규정할 것이다. 이 학교에서 학생이 모자를 쓰면 잘못을 저지른 것이다. 하지만 앞서 말한 내 조부의 경우를 생각해 보라. 모자를 쓴 채로 땅속에 묻히지 않았던가. 교사와 교육자들은 문제의 본질이 윤리나 도덕과 관련이 없다면, 하나의 가치를 다른 가치보다 우위에 올려놓고 강요하는 일이 없도록 주의해야 한다. 학교에서 어떤 행동은 허용하고 어떤 행동은 허용하지 말아야 할지 결정할 때 매우 유용한 기준이 하나 있다. 바로 '이 행동이 옳고 그름이란 도덕적 문제와 관련 있는가? 안전하지 않거나 해를 끼칠 가능성이 있는가? 학습 환경을 해치는가?'를 따지는 것이다. 이 질문에 자신 있게 '아니오'라고 대답할 수 있는 문제들에 관해서는 대부분 규칙으로 정하거나 제한할 필요가 없다.

4장. 질서 있는 교실을 만드는 네 번째 원칙

전략적으로
학생들의 마음을 얻어라

전략 1

교사의 경험을
학생들과 공유하라

앞에서도 언급했듯이 학생을 면담할 때 가끔은 '바보 되기 전략'이 매우 효과적이다. 발달 상태와 경험의 부족을 고려할 때, 청소년들은 넓은 관점에서 상황을 보기가 어려운 상태이기 때문이다. 교사가 자신의 경험담을 들려주는 전략을 사용하면 학생들이 앞으로 성장해서 어떤 사람이 될 수 있을지 스스로 생각해 보는 기회를 제공할 수 있다. 학생들은 대부분 교사를 존경하는 경향이 있다. 부모나 보호자를 제외하면 교사가 그들의 삶에 가장 큰 영향력을 미치는 어른이기 때문이다.

학생들에게 교사는 일종의 롤 모델과 같다. 학생들은 교사가 인생을 잘 안다고 믿는다. 그러니 학생들이 일을 망치거나, 스스로 어리석다고 느끼거나, 자신이 저지른 잘못을 후회하거나, 나쁜 선택을 하려 할 때 교사가 자신의 인생 경험담을 들려준다면, 이 효과가 얼마나 강력하겠는가? 교사는 군이 지금까지 살면서 성취한 것들을 말하지 않아도 된다. 교사라는 지위를 가진 사람으로서 학생 앞에 서 있기만 해도 충분하다. 학생이 고민하는 상황과 크게 다르지 않은 상황 속에서 어떻게 대처했는지 말해주기만 하면 된다.

만약 학생이 부모의 무관심 때문에 슬퍼한다면 교사는 자신의 부모가 어떤 면에서 실망스러웠고, 자신이 어떻게 고등학교를 졸업하고 스스로 삶을 개척했는지 들려줄 수 있다. 아이를 낳으면 자신이 성장한 환경과는 다른 방식으로 기르겠노라 다짐했었다는 이야기도 덧붙일 수 있다. 학생이 최근 저지른 실수와 그로 인한 처벌로 좌절한다면 교사는 자신이 저지른 비슷한 실수담을 들려주고, 처벌을 받은 후 어떻게 회복하고 더 현명하고 강해졌는지 말해줄 수 있다.

이 전략은 문제 행동을 보이는 학생뿐만 아니라, 모든 학생에게 잘 통하는 전략이다. 학생들은 자신을 가르치는 교사가 어릴 때 친구들 사이에서 놀림을 당하기도 했지만, 이것을 잘 이겨내고 훌륭한 교사가 되었다는 이야기를 통해 희망을 얻을 것이다. 교사는 수줍음 많은 아이였던 자신이 사람들과 어울려야 하는 상황을 불편하게 여겼지만, 어쨌든 그 상황에서 능숙하게 대처하는 법을 어떻게 배웠는지 들려줄 수 있다.

바보 되기 전략은 학생들이 교사에게 유대감을 느끼고, 교사를 통해 어렴풋이 자신의 미래를 상상하게 하는 기회를 제공한다는 점에서 신뢰와 유대관계를 촉진하는 아주 강력한 전략이 될 것이다.

권위자에 대한 인식을 바꾸는 전략이다

최고의 교사 중에는 학생들과의 유대관계를 형성하는 기술이 뛰어난 사람들이 많다. 긍정적인 유대관계 형성이 학생들과 라포르를 형성하는 데 필수요소라는 사실은 이미 잘 알려져 있다. 그런데도 내가 계속해서 관계 형성을 언급하는 이유는, 문제 행동을 보이는 학생들을 상대할 때 유대관계 형성을 최우선으로 삼는 것이 매우 중요하기 때문이다. 문제를 일으키는 학생과 유대감을 한 번만 제대로 형성해도 관계의 전체 궤적을 바꿀 수 있다. '진실한 유대가 느끼지는 단 한 번의 순간'이 학생과 교사 사이의 갈등을 완전히 사라지게 할 수도 있다.

심하게 반항하는 아이일수록 유대관계를 형성하는 시간이 오래 걸리고 어쩌면 관계 형성 자체가 불가능해 보일 것이다. 하지만 교사의 꾸준한 노력과 친절로 마침내 마음속 장벽을 무너뜨리고 취약한 부분을 드러내게 할 수 있다. 그 이유는 인간의 본성에서 찾을 수 있다. 모든 인간은 관계 맺기를 원하며, 나이가 어릴수록 유대감을 더욱 간절히 원한다. 인간은 모두 누군가에게 필요한 사람이 되고 싶어 한다.

의도적으로 교사의 경험을 공유하며 관계를 형성하는 전략을 펼친다면 다루기 어려운 학생들과의 관계도 완전히 새롭게 바꿀 수 있다. 내가 교장으로 근무했던 고등학교에는 자신을 잠깐이라도 처다보는 어른이라면 그게 누구든 충동적으로 심한 욕설을 퍼붓는 여학생이 있었다. 마침 교장으로 새로 부임했던 터라, 이 학생은 내가 어떤 사람인지 전혀 알지 못했다. 우리에게는 아직 서로에 대한 신뢰가 없었다. 사실 시작도 별로 좋지 않았다. 학기 초에 이 학생의 문제 행동을 처리하면서 어려운 상황을 여러 번 겪어야 했기 때문이다.

그녀는 몇 주 동안 그 어떤 것도 나와 함께 하려고 하지 않았다. 이점에 대해선 생각이 아주 확고해 보였다. 그러다가 우리가 우연히 뭔가를 함께 바라보며 동시에 웃음을 터트린 순간이 있었다. 그때 나는 그녀의 마음을 사로잡을 수 있었고, 그 뒤로 모든 것이 달라지기 시작했다. 우리가 무엇을 보고 웃었는지는 잘 기억나지 않는다. 그저 함께 웃었던 순간만 기억한다. 이렇게 사소한 순간이 나를 대하는 학생의 태도를 완전히 바꿔놓았다. 우리 사이에 약간의 유대가 생겼기 때문이다.

사실 이건 우연히 일어난 일이 아니다. 그 전부터 나는 이 학생과 유대를 형성할 순간을 계속 찾고 있었다. 기억은 나지 않지만, 어쩌면 이때 내 웃음소리가 약간 과장되었는지도 모르겠다. 가까워지기 어려운 상대와 친해질 수 있는 순간을 포착하기 위해서라면 약간의 과장도 나쁘지 않다. 함께 웃음을 터트린 순간, 그녀는 나를 그녀와 다르지 않은 평범한 사람으로 느꼈을 것이다.

아무리 애를 써도 전혀 호응하지 않는 반항적인 학생에게는 친구를 이용하는 전략을 펼쳐도 좋다. 내가 신경 쓰는 학생의 친구들 중에 나와 관계가 좋은 학생이 있다면 두 학생이 복도에서 놀고 있거나 함께 점심을 먹고 있을 때 일부러 찾아가는 것이다. 그러고는 나와 사이가 좋은 학생에게 다가가서 농담을 건네거나 최근의 관심사에 관해 묻는다. 나의 목적은 옆에 있던 문제의 학생이 친구와 교장 사이의 긍정적인 소통을 직접 목격하는 것이다. 아마도 내가 자리를 뜨고 나면 문제의 학생은 "저 선생님 너무 싫어!"라고 말할 것이고, 이 말에 친구는 "나는 저분이 좋은데. 꽤 괜찮은 분이야."라고 반응할 수도 있다. 친한 친구의 긍정적인 반응이 반항적인 학생이 권위자에 대해 갖는 인식을 바꿔놓을 수도 있다. 이 방법은 분명 효과가 있다.

아이들의 마음을 얻는 다양한 전략

수년 전 소년원에서 일할 때 그곳의 교사였던 케빈에게 배운 방법도 소개한다. 케빈은 내게 이렇게 조언했다. "가장 나쁜 아이, 즉 '일진'을 찾으세요. 모두가 우러러보거나 모두가 두려워하는 아이 있잖아요. 설령 두려움 때문이더라도 다른 학생들이 따르는 그런 아이를 찾으세요. 누구인지 알아내서 이 아이와 좋은 관계를 형성하는 겁니다. 이 아이의 신뢰를 얻을 수 있다면 주변 아이들 모두 당신을 신뢰할 겁니다."

또 다른 간단한 접근법은 아이들의 관심사에 관해 묻는 것이다. 아이가 음악을 좋아한다면 음악에 관해 이야기한다. 이때는 주로 학생이 말하게 해야 한다. 교사는 자기 이야기를 너무 많이 하지 말고, 학생에게 질문하는 데 집중해야 한다. 사람들은 누구나 자신이 좋아하는 것에 관해 이야기하고 싶어 한다. 그래서 자신의 말에 귀 기울여 주고 자신의 농담에 웃어주는 사람을 좋아한다. 학생들에게 요즘 완전히 빠져 있는 취미나 관심사에 관해 물어보자. 수업하는 중간에도 한 번씩 최근의 축구 경기 결과나 대중문화에 관해 물어보자.

학생과 교사가 둘만 아는 농담이나 비밀스러운 표현을 만드는 것도 좋은 방법이다. 체육관에서 나와 함께 농구공 드리블을 즐기는 학생들이 있었다. 어쩌다 보니 우연히 그렇게 된 경우였다. 나는 평소 농구를 즐겨 하는 편이라, 그날도 드리블하며 학생들 옆을 지나갔는데, 학생들이 이 모습을 멋지다고 생각한 것 같다. 그들은 '와, 넥타이 맨 아저씨가 양손으로 드리블하며 내 앞을 지나갔어!'라고 생각했을 것이다. 학생들은 당시 아이들 사이에서 유행하던 일종의 비밀 악수 같은 복잡한 악수 방법을 나에게도 알려줬다. 그때부터 복도에서 나와 마주치면 아이들은 항상 악수를 청했다. 그들이 이른바 '일진'이라 불리는 아이들이었기 때문에 다른 반항적인 학생들도 나를 부담스럽게 느끼지 않았다. 심지어 졸업식 날 무대에서 걸어 내려올 때도 나는 그들과 우리만의 멋진 악수를 나눴다.

또 다른 반항적인 학생 하나는 복도에서 나를 볼 때마다 항상 습관처럼 어색하게 손을 흔들었다. 그래서 나도 답례로 손을 흔들었다. 이 학생은 자신과 교장 선생님만 아는 재미있는 비밀이 생겼다고 생각했을 것이다. 어쩌면 다른 학생들은 모르는 특별한 방식으로 자신이 소중한 사람으로 대우받는 느낌이었을지도 모르겠다. 주변 학생들도 우리를 목격했고, 이 학생도 이른바 '일진'이었기 때문인지 다른 학생들과도 자연스럽게 친해질 수 있었다.

이제까지 이야기한 전략들은 무척 간단한 것들이다. 교사의 경험과 취약점을 무기로 학생들도 자신의 취약점을 자연스럽게 드러낼 수 있게 하는 전략들이다. 이 전략들을 잘 이용하면 학생과 교사 사이의 라포르를 형성하고 신뢰를 쌓을 수 있다. 진심으로 누군가의 마음을 얻는다면 그 사람은 거의 항상 완벽한 내 편이 된다고 믿는다. 만일 누군가와 진정한 유대관계를 형성했다면, 이것을 일부러 끊는 것이 오히려 더 어려울 거라 장담한다.

부정적인 관계를 끝내고
다시 다리를 만들어라

'부정적인 관계의 고리를 끊는 전략'은 내가 교직 생활을 하면서 배운 최고의 전략 중 하나다. 소년원에서 신입직원 연수를 받을 때 이 전략을 배울 수 있었다. 연수를 진행한 강사는 모든 부정적 관계의 고리를 끊는 것이 왜 중요한지 설명했다. 이 개념은 "우리는 보통 우리의 기분을 상하게 하는 사람에 대해 나쁜 감정을 품으며, '혐오감'이라는 붓을 휘둘러 자신을 표현한다."라는 카네기의 주장에 근거한 것이다. 자신은 누군가에게 쉽게 앙심을 품는 성격이 아니라고 생각할 수도 있지만, 일단 감정을 다친 후에는 상대방에 대한 친밀감이 전보다 약해지기 마련이다. 이 개념의 기본 전제에 동의한다면 교육자로서 우리는 마땅히 부정적인 상호작용으로 이어지는 관계의 고리를 끊어내야 한다.

방법은 이렇다. 그 순간 바로 알았든 나중에 알았든 간에, 일단 누군가의 기분을 상하게 한 사실을 눈치챘다면 이 문제를 꼭 다뤄야 한다. 경영자가 맡은 업무를 제대로 끝내지 못한 직원을 나무라거나, 부모가 아이를 훈육할 때처럼 잘못된 행동을 바로잡기 위해 '옳은 일'을 했더라도 이 일로 다른 사람의 기분을 상하게 했다면 이것을 반드시 기억해야 한다. 관계의 조화가 깨지거나 어긋날 때 '관계의 고리'는 끊어진다. 때로는 살짝 끊어질 수도 있고, 때로는 완전히 끊어질 수도 있다. 따라서 관계의 고리가 끊어졌음을 인정하고, 적당한 때라 느껴질 때 상대방을 찾아가야 한다. 다시 말해 이전의 나쁜 관계를 끝내고, 관계를 다시 연결해서 균형을 회복하는 것이다.

저절로 개선되는 관계는 없다

관계의 고리를 끝내고 다시 연결하는 일은 생각보다 간단하다. 고리가 끊어졌다는 것을 인정하고, 이것을 다시 연결하기 위해 의식적으로 노력하면 된다. 예를 들어, 당신이 학생에게 빈정대는 말을 했고, 이것이 학생의 기분을 몹시 상하게 했다는 것을 눈치챘다고 하자. 학생과의 고리가 끊어졌을 때, 교사는 "미안하구나. 그런 의미로 한 말은 아니었단다."라고 사과하거나 "선생님이 미안해. 그런 식으로 말하면 안 되는 건데."라고 이야기해야 한다.

또 다른 예는 학생에게 징계를 내릴 때인데, 엄하게 꾸짖었든 격려 학습을 시켰든 심지어 출석정지를 내렸든 간에 일단 징계를 내렸다면 학생의 기분을 잘 살펴야 한다. 처벌 직후도 괜찮고 하루나 일주일 후도 괜찮다. 주변 상황과 학생의 특성에 따라, 그 시기는 달라질 것이다.

그러나 항상 경과를 관찰하고, 나쁜 고리를 끊어내라. 나중에 이 학생을 만났을 때 어떻게 지내는지 물어보는 일처럼 간단한 방법을 사용할 수도 있고, 가벼운 농담을 건네거나 함께 웃으면서 관계를 다시 형성할 수도 있다. 복도에서 만났을 때 어깨를 토닥이거나 하이파이브를 해도 좋다. 만약 관계의 고리가 끊어진 상황이 매우 감정적이었거나 지나치게 과열되었다면 고리를 다시 연결하기 위해 더욱 세심하고 지속적인 노력이 필요할 것이다.

가끔은 어떤 식으로든 고리를 다시 연결하는 것으로 교사가 여전히 학생을 신경 쓴다는 사실을 알릴 수 있다. 과거는 과거일 뿐이며, 여전히 학생에게 관심과 애정이 있다는 것을 표현하는 것이다. 어떤 학생들은 교사를 피하고 거리를 두려고 할 것이다. 여전히 화가 나 있고, 교사를 직접 대면하기가 어색하기 때문이다. 하지만 아이들은 내심 교사가 다가와 모든 게 괜찮다고 말해주기를 기다린다. 교사의 잘못으로 관계의 고리가 끊어졌더라도 대부분은 간단한 사과만으로 고리가 다시 연결될 것이다. 아이들은 우리 생각보다 훨씬 관대하기 때문이다.

이 전략의 핵심은 '끊어진 관계의 고리가 저절로 고쳐지는 경우는 없다'는 사실을 인식하는 데 있다. 아주 사소한 일이라 할지라도, 반드시 고리를 다시 이을 기회를 만들어야 한다. 건강한 관계를 유지하기 위해 꼭 필요한 과정이다. 이것은 또한 '관계의 다리(relational bridge)'로 바꿔 생각할 수도 있다. 관계의 다리가 불타버렸다면 적절한 순간으로 다시 돌아가 다시 다리를 만들어야 한다. 이것은 단지 교사와 학생 관계에만 적용할 수 있는 전략은 아닐 것이다. 모든 인간관계에서 이 전략은 유용하다.

전략 3

시각적 이미지와 비유를
최대한 활용하라

내가 시각적 자료로 공부한 사람은 아니다 보니, 평소 수업할 때도 시각적 교구를 잘 사용하지 않는 편이었다. 그러나 교사로서 나는 다중감각 학습법을 이용하는 것이 얼마나 중요한지 잘 알고 있다. 최근 몇 년 동안 나는 인생의 교훈이나 가치에 관해 설명할 때, 시각적 이미지가 얼마나 큰 역할을 하는지 깨달을 수 있었다. 나는 몇 년 동안 학생들에게 교훈적인 내용을 전달할 때 대부분 말로만 설명해 왔다. 그러던 어느 날, 한 한생과 상담하면서 자연스럽게 종이에 그림을 그려 설명하는 나 자신을 발견했다.

방법은 아주 간단했다. 먼저 종이 위에 긴 선을 그렸다. 아마 7인치 정도였을 것이다. 그런 다음, 이 직선의 0.5인치 되는 지점에 수직선을 그렸다. 나는 학생에게 이 수직선까지가 현재 10대인 그녀의 삶을 나타내고, 7인치 직선 전체가 그녀의 삶 전체를 나타내는 것이라고 설명했다. 그러고 나서 10대 이후의 삶을 나타내는 부분에 들어맞도록 커다란 원을 그렸다. 학생에게 이 원이 얼마나 큰지 보라고 이야기하면서 앞으로 얼마나 많은 시간이 남아 있는지 이야기했다. "네 앞에는 아주 많은 가능성이 열려 있고, 살아갈 날이 아주 많이 남아 있고, 남은 인생을 원하는 대로 바꿀 수 있어."라고 이야기했다. 그림은 아주 단순했지만, 아이의 눈이 휘둥그레지는 것을 보고 나 역시 놀랐다.

아이는 여러 어른들로부터 이와 비슷한 조언을 수백 번도 넘게 들었을 것이다. 하지만 이번에는 자기 앞에 놓인 미래의 가능성을 정말 이해했다는 눈빛을 보였다. 청소년들은 발달학상으로 단기 표상적 사고를 하는 경향이 있으므로, 사실 이것은 놀라운 일이 아니다. 이 학생은 말로는 깨닫지 못한 개념을 시각적 이미지를 통해 쉽게 이해했다. 때론 작은 그림 하나가 천 마디 말보다 나을 때가 있다.

내 사무실에는 기다란 네모 두 개가 그려진 그림이 있다. 네모 하나에는 완전히 곧게 뻗은 길을 따라 자전거를 타고 가는 사람이 막대 그림(stick figure, 머리는 원으로, 몸과 팔다리는 직선으로 그린 그림을 말한다. - 옮긴이)으로 그려져 있다. 길 끝에는 종료를 알리는 깃발이 있다. 그림 아래에는 '당신의 계획'이라는 제목이 붙어 있다. 다른 네모에는 여러 개의 언덕과 계곡이 있고, 길을 따라 자전거를 타고 가는 사람이 있다. 계곡마다 여러 종류의 장애물이 그려져 있다. 어떤 계곡에는 곧 무너질 듯한 다리가 있다. 다른 계곡 아래에는 거친 물결 위에 보트가 떠 있고, 보트 위에 사람이 있다. 또 다른 계곡 위에는 금세 폭우가 쏟아질 것처럼 짙은 구름이 가득하다. 계곡 다음으로 이어지는 언덕에는 깃발이 꽂혀 있다. 이 여정을 이어가는 동안 여러 개의 깃발을 만난다. 높고 낮은 계곡이 이어지지만, 전체적으로 보면 진행 정도를 나타내는 선(삶의 여정을 나타내는 선)은 세로축을 따라 서서히 올라간다. 울퉁불퉁한 계곡(살면서 겪는 난관과 어려움)이 이어짐에도 불구하고, '인생의 길'은 항상 좋아지고 있다는 의미다.

자전거를 탄 사람은 점점 성장한다. 계곡 안에 있을 때는 삶이 나아지는 것처럼 보이지 않을 수도 있다. 그러나 더 큰 그림을 보면 인생을 배우면서 완성을 향해 가고 있다는 사실을 알 수 있다. 이 여정에서 끈기 있게 계곡을 하나씩 통과한다면 언덕의 꼭대기에서 깃발을 발견할 수 있다. 그리고 마침내 마지막 깃발에 도달한다. 이 두 번째 네모 그림 아래에는 '신의 계획'이라는 제목이 붙어 있다.

학생들이 신을 믿든 믿지 않든 간에 나는 두 번째 네모가 우리의 삶을 나타내는 것이라고 설명한다. 종이 한 장에 그려진 두 그림이 그 자체로 너무나 강력해서 나는 그저 그림을 보여 주기만 하면 된다. 학생이 그림에 담긴 교훈을 이해하지 못하거나, 현재 상황에 어떤 교훈을 적용해야 할지 모른다면 나는 그림을 설명하기 위해 몇 마디 덧붙일 것이다. 그러나 대부분 단지 그림을 보여 주기만 해도 학생들이 알아서 그 안에 담긴 진실을 이해한다. 그림 안에 담긴 진실만 이해하는 게 아니라, 희망도 함께 찾는다.

은유를 담은 이야기를 들려줘라

은유적 표현을 잘 활용한다면, 때로는 말로도 이미지를 잘 전달할 수 있다. 나는 우화에 나오는 은유적 표현을 참 좋아한다. 그래서 드라마나 친구와의 갈등, 난폭한 행동을 주제로 대화할 때, 학생들에게 이렇게 말해주곤 한다. "그건 이런 원리야. 떠돌이 개나 길고양이가 너희 집에 왔어. 네가 그 녀석들에게 먹이를 주면 어떻게 되겠니? 계속 찾아오겠지. 그런데 먹이를 그만 주면 어떻게 될까? 녀석들은 그냥 사라져 버려!" 이어서 이렇게 말한다. "게임도(예를 들어, 게임 이야기를 하고 있을 때) 마찬가지야. 네가 계속 먹이를 주면 계속 찾아오는 거야. 먹이를 중단하면 대개는 사라지는 것이고." 그러고 나서 "실제로 다른 집으로 가버리겠지!" 하고 농담을 곁들인다.

이 이미지 기법을 여러 번 사용했기 때문에 몇 달이 지나서도 "떠돌이 개에 비유했던 이야기 기억나지?"라고 물으면 자동으로 연상작용이 일어났다. 학생들은 매번 어떻게 그걸 잊을 수 있겠느냐는 표정으로 어깨를 으쓱하면서 "네, 알아요."라고 대답했다. 어떤 학생은 "개에 관한 이야기요!"라고 대답했다. 사실, 수업 중에 제시한 것까지 포함해서 내가 이야기한 많은 예시 중에서 이 이야기만큼 몇 달이 지나도 학생들이 잊지 않고 기억하는 것은 별로 없었다. 이미지가 얼마나 지속적인 영향을 미치는지 잘 보여 주는 예다.

내가 학생들에게 종종 써먹는 이야기가 하나 더 있다. 어느 목사에게서 들은 이야기인데, 내용은 이렇다. "한 남자가 길을 걸어가고 있었지. 도로 한복판에 커다란 구멍이 나 있어서 남자는 구멍에 빠지고 말았어. 구멍은 정말 컸지. 구멍으로 떨어지면서 다리를 다쳤기 때문에 구멍 밖으로 나가는 데 한참 걸렸어. 정말 끔찍한 경험이었지. 다음날, 남자는 같은 길을 걸어갔어. 그는 같은 구멍에 또 빠졌어. 이번에도 구멍은 컸고, 남자는 다쳤고, 구멍 밖으로 빠져나오기까지 한참 걸렸지. 며칠 지나 남자는 이번에도 같은 길을 걸었어. 그리고 다시 같은 구멍에 빠졌어. 다음날이 되어서야 그는 다른 길을 찾아 돌아갔어."

학생들은 곧바로 자신이 계속해서 같은 유혹의 길을 걷는다거나 매번 같은 부정적인 상황을 마주한다는 사실과 이 이야기를 연결했다. 계속 같은 친구들에 둘러싸여 있고, 어떤 일에 대해 늘 똑같은 방식으로 반응하거나, 계속해서 말대꾸하거나, 자기주장을 내세우는 것과도 연관 지었다.

마지막으로 소개할 이야기는 '구멍 파기와 언덕 만들기' 이야기다. 나는 학생들에게 살아가는 동안 스스로에게 해롭거나 어리석은 선택을 할 때마다 자기가 떨어질 구멍을 직접 파는 것과 같다고 설명한다. 형편없는 선택을 할수록 구멍은 더 깊어진다. 물론 구멍에서 빠져나올 수는 있지만 그때마다 엄청난 노력이 필요하다. 절대 쉽지 않은 일이다. 구멍이 자꾸만 깊어지기 때문이다. 땅 위로 다시 올라오려면 매번 피나는 노력이 필요하다. 반면에 긍정적이거나 생산적인 선택을 하는 것은 언덕에 오를 준비를 하는 것과 같다. 좋은 선택을 할수록 언덕은 점점 높아지고 우리는 예전보다 높은 곳에 설 수 있다. 혹시 실수로 굴러떨어지더라도 여전히 언덕 아래 평지보다 훨씬 높은 곳에 설 수 있다. 그러므로 아래로 떨어지는 경험도 우리에게 크게 해롭지 않다. 이렇게 서서히 자신을 성장시키면 삶은 더 편안해지고, 언덕은 머물기 좋은 장소가 된다.

'이미지 기법'은 추상적인 가치를 전달하면서 시각적 이미지의 힘을 이용하는 것이다. 이야기는 자연스럽게 상상을 불러일으키며, 우리의 가슴과 머리를 자극하는 최고의 도구가 될 것이다. 여기에서 소개한 이야기를 교실에서 잘 활용해 보자.

학생들의 상황에 맞는 비유를 들어라
학생들에게 비유적 표현을 들어 설명할 때는 무엇을 예로 들지 세심하게 신경 써야 한다. 지난 몇 년 동안 관찰한 바에 따르면 학생들은 어른들이 제시한 비유 중 상당 부분을 잘 이해하지 못했다. 그도 그럴 것이 어른들은 대체로 자신과 관련 있는 비유를 예로 들기 때문이다. 학생들에게 필요한 것은 청소년들과 관련 있는 비유다.

예를 들어, 나중에 좋은 일자리를 얻으려면 열심히 공부해야 한다는 말을 어른들이 얼마나 자주 하는지 생각해 보라. 대부분의 학생은, 심지어 대학 입시를 앞둔 고등학생이라 할지라도 어른이 되었을 때의 삶을 구체적으로 그리지 못한다. 정규직으로 일하는 것이 어떤 것인지에 대한 짐작도 전혀 없을 것이다. 실제로 일을 하는 청소년이라 할지라도 가족을 부양하고, 삶에 중대한 영향을 미치는 결정을 내려야 하는 부담을 모두 이해하지는 못할 것이다. 또한 청소년들은 단기적으로 사고하기 때문에 공과금을 내고, 정리해고를 당하고, 자녀를 돌봐야 하는 것이 어떤 삶인지 예상하지 못한다.

따라서 학생들이 자신과 연결해서 생각할 수 있는 적절한 비유를 들어야 한다. 예를 들어, 고등학생들에게 돈을 벌 때의 이점을 설명한다고 가정해 보자. 나라면 어른이 되었을 때 비싼 음식을 사 먹을 돈이 충분하다는 것과 늘 패스트푸드점에서 햄버거 하나로 끼니를 때우는 상황을 대조시켜 설명할 것이다. 어째서 보수 좋은 직업을 갖지 못하면 인스턴트 음식조차 마음껏 사 먹기 어려울 수도 있는지 이야기할 것이다. 돈을 충분히 벌면 마음껏 자신을 위해 근사한 것을 살 수 있다고도 조언할 것이다. 마음에 쏙 드는 예쁜 구두를 살 수도 있고, 멋진 휴가를 떠날 수 있다는 말도 꺼낼 것이다. 교육을 받고 졸업장을 타는 것의 중요성을 연결 지으며 계속 대화를 이어갈 것이다.

열심히 일하고 다른 사람과 좋은 관계를 유지하는 법을 아는 사람들에게 일반적으로 따라오는 혜택에 관해서도 알려줄 것이다. 또한 학생들에게 어떻게 인생이 힘들어지거나 편안해질 수 있는지, 어떻게 인생이 끝없는 오르막길이 되거나 완만한 내리막길이 될 수 있는지 이야기할 것이다. 돈이 행복을 보장하지는 않지만, 조금 더 편안한 삶을 제공할 수 있음을 일깨워 줄 것이다. 그런 다음, 학교에서 열심히 공부하고, 모범적으로 행동하고, 규칙을 따르는 것에 초점을 맞추면서 이야기를 끝낼 것이다.

전략 4

마인드 컨트롤을
가르쳐라

불안감과 우울증은 청소년기에 흔히 나타나는 문제다. 교사들은 종종 정신적인 문제로 무력해진 학생들을 가르치기도 한다. 소셜미디어의 영향으로 상대적 박탈감, 자존감 상실 같은 마음의 병이 늘고 있다. 우리의 뇌는 좋은 쪽으로든 나쁜 쪽으로든 힘이 센 근육이다. 비록 심리학자는 아니지만, 나는 심리학의 많은 부분이 인간의 사고 자체를 재구성하는 것과 관련되어 있음을 잘 알고 있다. 그래서 언제부터인지는 모르겠지만, 학생들에게 '마인드 컨트롤'에 대해 자주 이야기하곤 한다.

마인드 컨트롤은 '인식의 틀'을 다루는 훈련이다. 우리의 생각을 더 건강하게 지배하기 위한 전략이다. 우리의 감정은 대부분 생각에서 비롯되므로 이 방법은 생각보다 효과적일 수 있다. 마인드 컨트롤의 시작은 주변 상황이나 다른 사람이 아닌 '자기 마음을 제어하는 법'을 배우는 것이다. 이것이 기본 전제다. 설명하자면 이렇다. 어떤 상황이나 문제에 대해 우리의 뇌는 종종 부정적이거나 원시적인 방식으로 반응한다. 생각을 통제하지 못하거나 다른 것으로 대체하지 못하면 우리는 대부분 비생산적인 방식으로 느끼고 행동하고 만다.

자신과의 대화 시도하기

여기, 마인드 컨트롤을 실행할 수 있는 유용한 방법 두 가지가 있다.(다른 방법도 분명 많을 것이다.) 첫 번째는 '자신과의 대화'를 시도하는 것이다. 자신과의 대화는 지금까지의 방식과는 조금 다르게 나에게 유용하고 유익한 이야기를 건네는 것이다. 그동안 가졌던 부정적이고 충동적인 생각을 긍정적인 생각으로 바꾸는 과정이다. 기존의 생각을 대체하는 새로운 생각은 더 넓고 희망적인 시각을 분명하게 표현한 것이어야 한다. 예를 들어, '나에겐 친구가 한 명도 없어'라고 생각하는 학생이 있다면, '나에겐 좋은 친구 사만다가 있어'라고 바꿔 생각하거나, 이렇게 자신에게 말하는 것이다. 아니면 '지금 당장은 좋은 친구가 없어도 괜찮아. 앞으로 계속해서 좋은 친구를 찾으려고 노력할 거야. 지금 내 곁에는 나를 사랑해 주는 가족이 있어'라고 자신에게 이야기하는 것이다.

영감을 주는 명언도 유용하다. "친구를 사귀는 가장 좋은 방법은 먼저 누군가의 친구가 되는 것이다."와 같은 명언을 기억해도 좋을 것이다. 어떤 학생들은 또래 친구들과 어울리고 싶지만, 용기가 나지 않아서 고민할 수도 있다. 이런 학생들은 미국 대학 농구계의 우상인 존 우든John Wooden 코치의 "먼저 자신에게 충실하라."라는 조언을 되뇌며 자신과의 대화를 시도해 볼 수 있다. 나는 자신과의 대화에 유용하게 써먹을 수 있는 명언을 수백 개는 모았다. 그리고 이것이 실제로 내 삶을 변화시켰다.

부정적인 생각을 긍정적인 생각으로 대체하기

두 번째로 유용한 마인드 컨트롤 방법은 '생각 떨쳐내기'다. 충동적이고 부정적인 생각은 습관처럼 우리 머릿속을 떠돌 것이다. 이런 생각을 떨쳐내고 새로운 생각으로 머리를 채우는 것은 간단하면서도 도움이 되는 방법이다. 예를 들어, 우울한 생각이 밀물처럼 밀려올 때는 의식적으로 그 생각(사실, 생각이라기보다 감정)을 멈추고, 당신을 즐겁게 하고 흥분시키는 다른 무언가를 생각해 보라. 그러면 어느새 관점 전체가 바뀔 것이다.

부정적인 생각이나 감정적인 반응들은 긍정적인 생각으로 대체하더라도 종종 다시 밀려올 수 있다. 이건 당연한 일이다. 이럴 때도 대처 방법은 간단하다. 다시 생각을 떨쳐내면 된다. 특히 부정적인 생각의 원천이 매우 현실적인 상황이나 과거의 경험에서 비롯된 것이라면, 이과정을 여러 번 시도해야 할 것이다. 생각 떨쳐내기 전략과 자신과의 대화 시도하기 전략을 함께 사용한다면 마인드 컨트롤의 힘은 몇 배나커질 수 있다.

마인드 컨트롤에도 끊임없는 노력이 필요하다는 점을 기억하자. 지금 우리 머릿속에서 여러 생각이 전투를 벌이고 있더라도, 마인드 컨트롤로 생각의 틀을 바꾸고 감정을 조절할 수 있다. 긍정적인 생각이 머릿속에 채워지면 이 생각이 머리에서 떠나지 못하도록 막는 데 집중하라. 자신과의 대화를 지속하고, 계속 생각을 떨쳐내고, 새로운 생각으로 채운다면 부정적인 마음을 이길 수 있을 것이다.

마인드 컨트롤에 필요한 또 다른 요소는 '실현 가능성'이다. 이것은 앞서 소개한, '길을 걷다 구멍에 빠진 남자'의 이야기와도 관련 있다. 때로는 자신과의 대화와 생각 떨쳐내기에 덧붙여 실행 가능한 조치를 마련해야 할 때도 있다. 예를 들어, 어떤 학생이 교사나 또래 친구와 갈등을 겪는다면 나는 간단한 대처 방법을 추천할 것이다. 그것은 '일단 그 상황에서 벗어나라(즉, 잠시 쉬는 시간을 가져라)' '호흡해라' '어떤 기분인지 차분하게 말하라' '정중하고 합당한 요청을 하라(요구가 아닌 요청이다)'이다. 이 방법은 여러 갈등 상황에 적용할 수 있다.

학생들이 경험하는 부정적인 생각과 좌절감은 대부분 대인관계에서 시작된 것일 가능성이 크다. 청소년들은 갈등 처리에 필요한 기술을 아직 익히지 못했다. 따라서 실현 가능성이 높고 믿을수 있는 이 대처 기술은 머릿속에서 부정적인 생각들의 전투가 벌어지는 순간에도 그 가치를 입증할 것이다.

전략 5

힘든 상황에서 잠시
벗어날 수 있도록 허락하자

학생들이 견디기 힘든 상황에서 잠시 탈출하도록 허용하는 것은 문제 상황을 처리하거나 예방하는 가장 쉽고 효과적인 전략 중 하나이다. 그런데도 학교 현장에서 이 방법을 자주 사용하지 않는 이유는 아마 관리 문제 때문일 것이다. 어쩌면 교사와 학생이 힘겨루기를 한창 벌이는 동안에는 교사가 뒤로 한 걸음 물러서는 것이 힘들다고 생각해서 일 수도 있다. 아니면 흔히 사용하는 생활지도 방법이 아니기 때문일 수도 있다.

지난 50~70여 년 동안 우리 사회는 많은 분야에서 '순종'을 기본 가치로 삼았다. 권위 있는 사람이 지시하면 아랫사람은 순종했다. 하지만 수십 년 사이에 사회는 완전히 달라졌다. 이제는 권위에 이의를 제기하는 모습을 주변에서 흔히 볼 수 있다. 권위를 가진 일부 사람들이 저지른 범죄와 부패는 우리가 늘 지도자를 신뢰하고 명령에 따라야 하는 건 아니라는 사실을 가르쳤다. 우리 사회는 점점 소리 높여 항의하고 독립적으로 행동하는 사람들로 채워지고 있다. 이렇게 된 데는 의견을 말하고 싶은 사람이라면 누구나 사용할 수 있는 소셜미디어 플랫폼의 공이 클 것이다. 소셜미디어에 공유하는 것이 무엇이든 대중은 여기에 계속해서 주의를 기울일 것이다.

가정의 기능 장애가 흔한 문제가 된 요즘, 존중이 무엇인지 제대로 배울 수 없는 환경 속에서 자란 청소년들이 점점 거리낌 없이 권위자에게 저항한다는 사실을 교사들은 이미 잘 알고 있다. 일부 학생들에게서 목격할 수 있는 감정 분출 문제 역시 교사들이 감당해야 할 새로운 문제로 떠올랐다. 따라서 교사는 학생들의 감정 분출 문제를 정확히 인식하고, 학생들이 감정적 폭발로 더 큰 문제를 일으키기 전에 잠시 이런 상황에서 탈출할 수 있게 해야 한다. 이 전략은 아주 간단하다. 누구에게나 사용할 수 있고, 특정 학생에게 집중할 수도 있다. 만일 학생이 모욕적인 말을 하거나, 수업을 방해하거나, 너무 심한 좌절감에 적대적인 행동을 보일 것 같다면 이런 반응이 나오기 전에, 즉 감정이 폭발하기 전에 '교실 밖으로 나가도 된다'는 것을 미리 알려주는 것이다.

이 전략은 체계적이고 계획적으로 사용해야 한다. 학생이 어떤 상황에서 밖으로 나가도 되는지, 어떻게 나가야 하는지(예를 들어, 큰소리 내지 않고 욕설하지 않고 수업 방해하지 않으며 나가기), 어디로 가야 하는지(예를 들어, 복도나 교장실, 상담실, 특별활동실), 얼마나 오랫동안 나가 있어야 하는지, 나가 있는 동안 무엇을 해야 하는지 미리 알아야 한다.

누구에게나 탈출의 시간이 필요하다

교사와 학교는 적절한 '상황 탈출 절차(예를 들어, 교장실에 알리기, 담당 교사가 확인하기, 문서로 작성하기, 후속 계획 세우기)'를 마련해야 한다. 이것이 마련되면 학생이 흥분을 가라앉히고 마음을 가다듬을 수 있게 하거나, 그저 호흡을 가다듬기 위해 잠시 탈출을 허용하는 전략을 효과적으로 사용할 수 있다. 생각해 보라. 결혼한 부부 사이에서 가장 좋은 생활 습관 중 하나가 서로 너무 화가 났을 때는 두 사람 모두 또는 어느 한 사람이라도 잠시 떨어져 보는 것이다.

극도로 화가 났을 때 침착함을 유지할 수 있는 사람도 있지만, 대부분은 그러지 못한다. 대부분 화가 난 상태에서는 감정을 조절하지 못하고, 갈등이 일어난 시간과 장소에 완전히 몰입해 버린다. 물론 문제 해결을 등한시하고 다시 이야기하지 못하게 완전히 사라져 버리는 것은 바람직하지 않다. 그러나 일시적이라 할지라도 두 사람이 잠시 떨어져 있다면 최소한 한 사람이라도 흥분을 가라앉히고, 생각의 틀을 바꿀 수 있다. 그러므로 언제든 이런 방식의 탈출을 허용할 수 있다는 것을 미리 의논하고 합의해야 한다. 그렇지 않으면 상대방은 잠깐 휴식이 필요한 것뿐인데, 그냥 나가버린 것으로 오해해서 상황이 더 나빠질 수도 있다. "지금 화가 나서 그러는데, 밖에 잠깐 나갔다가 올게."라고 직접 말하는 것도 좋다.

이 전략을 학생에게도 적용할 수 있다. 사실 이것은 강렬한 감정이 일어나는 상황을 다룰 수 있는 건전한 방법이다. 어른 중에서도 자신의 감정을 즉각적으로 제어할 수 있는 사람은 드물다. 청소년들은 더 말할 것도 없다. 감정을 마음에 담아두고 처리하지 않는 것은 정신 건강에 좋지 않다. 화가 났는데도 조용히 앉아 씩씩대는 것은 아무런 도움도 되지 않는다. 정반대로 욕을 하거나, 소리를 지르거나, 물건을 발로 차거나 던지는 것도 크게 도움이 되진 않는다. 따라서 통제 불가능한 행동이나 감정적 반응이 나타날 것 같다면 차라리 밖으로 나가는 것을 허용하는 것이 좋다. 이렇게 함으로써 심각한 징계나 갈등으로 이어질 수도 있는 수업 방해나 문제 행동을 피할 수 있을 것이다.

일부 학교에서는 학생들이 흥분을 가라앉히거나 마음을 가다듬기 위해 찾아가는 '특별 교실'을 만들었다. 전문 사회복지사와 멘토가 이곳에 상주했다. 학생들이 이곳을 이용하려면 행정실의 허가를 먼저 받아야 했다. 이곳은 감각 조절 문제, 또래와의 갈등, 감정 폭발에 이르기까지 특별한 상황 속에 놓인 학생들을 위한 공간이었다. 보통 파괴적이거나 위험한 감정 폭발로 이미 한 차례 이상 출석정지 처분이나 퇴학 권고를 받은 적 있는 학생들이 이곳을 주로 이용했다.

이곳을 이용하는 학생 중 상당수가 스스로 행동을 제어할 수 없는 지경에 이르기 전에 교실에서 탈출할 수 있었기 때문에, 재징계를 받는 일이 크게 줄어들었다. 일단 특별 교실에 들어가면 학생들은 전문 사회복지사의 숙련된 안내와 관리를 받으며 제어력을 모두 잃어버리지 않고도 감정을 솔직히 털어놓을 수 있었다. 일부 교사들은 이곳을 가리켜 마음을 가다듬는 '마음 쉼터'라고 불렀고, 편하게 '휴게실'이라 부르기도 했다.

감정의 소용돌이에서 벗어날 시간을 제공하라

아이들에게 마음 쉼터 같은 특별한 공간이 필요한 다른 이유를 한 수학 교사가 확실하게 설명한 적이 있다. 그는 다음과 같은 현명한 의견을 내놓았다. "알다시피 어떤 학생들은 집에서 정신적으로 매우 힘든 경험을 합니다. 아버지가 술에 취해 밤새 어머니와 싸우고, 그래서 밤에 잠을 못 자는 그런 상황 말입니다. 그런데도 이 아이들이 학교에 왔을 때 정말로 수학을 공부하고 싶을 거라 기대할 수 있을까요?"

특별 교실은 이런 상황에 놓인 학생들이 하루 중 가장 절박한 시간에 내면에 소용돌이치는 감정을 다스릴 기회를 제공했다. 수학 수업 한 시간쯤 빼먹는다고 해도 무슨 상관 있겠는가? 학생들은 대부분 몇 분 동안 특별 교실에 머물거나, 이곳에서 점심을 먹거나, 쉬는 시간에 잠깐 들르곤 했다. 수업 시간 내내 이곳에서 보내는 학생들도 있었고, 일주일에 두어 번 정도 방문하는 학생도 더러 있었다. 때때로 어떤 학생들은 너무 심한 트라우마나 극도로 불편한 감정 문제를 겪고 있어서 종일 특별 교실에 머무르기도 했다. 그래도 괜찮다. 궁극적으로는 흥분을 가라앉히고 자신의 경험을 털어놓고 마음을 가다듬은 후에 원래의 교실로 돌아가는 것이 목표이기 때문이다. 때로는 수업의 90퍼센트를 놓친다고 해도, 그 결과로 남은 10퍼센트를 몰입할 수 있다면 이것 역시 대단한 성취로 볼 수 있다.

아이들에게 편안한 공간을 제공하고, 흥분을 가라앉히고 마음을 가다듬을 시간을 허용하는 데는 따로 비용이 들지 않는다. 이 방법은 완전히 공짜지만, 여러 문제로 고통스러워하는 아이들에게는 돈으로 따질 수 없는 큰 혜택을 제공하는 셈이다. 우리 모두에게 가끔은 휴식이 필요하다. 어른들도 때때로 자기만의 공간을 원한다. 우리에겐 원하지 않는 상황에서 탈출할 자유가 있다. 따라서 학생들도 때로는 상황이 더 나빠지기 전에 탈출할 수 있도록 허락해야 한다.

탈출을 허용하는 전략은 학생에게 진실을 확인할 때도 사용할 수 있다. 문제 행동에 대해 질문했을 때, 아이가 거짓말하는 것은 자연스러운 반응이다. 누구나 거짓말을 한다는 뜻은 아니다. 하지만 행동의 후속 결과를 피하려고 거짓말을 하는 건 분명 인간의 본성이다. 진실을 숨기려고 하다가 종종 더 많은 거짓말과 더 큰 곤경의 구멍 속으로 깊이 파고 들어갈 수 있지만, 아이들은 자신 앞에 놓인 상황을 넓게 보지 못한다. 특히 사춘기 학생들은 문제 행동에 대해 질문하면 학교에서의 징계를 피하기에 급급해 거짓말을 하기도 하고, 가정에서 받게 될 후속 결과의 강도를 낮추려고 거짓을 꾸며내는 데 집중하기도 한다.

이런 상황에서 학생에게 접근하는 가장 효과적인 방법은 모든 후속 결과를 확실히 설명한 후에 잠시 혼자 생각할 수 있는 시간을 허락하는 것이다. 잠깐의 탈출을 허락하기 전에 먼저 처음엔 거짓말을 했더라도 진실을 말한다면 그 결과는 대체로 더 회복적이고 생산적인 시나리오로 이어진다는 점을 잘 설명해야 한다. 그런 다음, 몇 분의 여유 시간을 준다. 복도로 나가거나 자기 자리로 돌아가서 잠시 생각할 수 있게 하는 것이다. 학생들은 일단 부담스러운 상황에서 벗어난 후에야 좀 더 명확하게 자신의 생각을 정리할 수 있다. 학생들에게는 구멍 속으로 더 깊이 파고 들어가는 거짓말의 악순환에서 벗어날 기회가 필요하다. 만일 이때 교사가 쉬지 않고 질문하거나 계속 몰아세운다면, 학생은 자신을 방어하려고 장벽을 세우고 더 완강하게 고집을 부릴 수도 있다.

몇 년 전 내가 근무하던 고등학교에서 아주 심각한 문제 상황에 관해 조사를 받는 학생이 있었다. 교사들이 의심하던 상황이 사실로 밝혀진다면, 후속 결과는 퇴학 권고였다. 여러 관리자로부터 한꺼번에 많은 질문을 받은 후, 이 학생은 두 가지 방향 중 하나를 선택할 준비를 마친 듯했다. 나는 이 학생이 어떤 대가를 치르든 거짓말을 고수할까 봐 매우 걱정스러웠다. 그래서 모든 가능성을 빠짐없이 설명하려고 노력했다.(이것은 나중에 설명할 '사실을 근거로 앞으로 일어날 일을 전달하라' 전략과 비슷하다.) 그러자 학생은 갑자기 "저 잠깐 화장실에 다녀와도 되나요?"라고 물었다. 정말 화장실에 가고 싶어서 물어보는 것 같진 않았다. 그저 마음을 비우고, 솔직하게 털어놓고, 후속 결과를 받아들일지 말지 결정할 수 있는 시간이 필요한 듯했다. 그래서 근처에 있는 교직원 화장실을 사용하라고 했다. 아니나 다를까 화장실에 다녀온 아이는 자리에 앉자마자 이전과는 다른 태도로 편안하고 진지하게 "모두 제가 그랬어요."라고 이야기했다. 나는 고맙다고 인사하고 차분히 면담을 진행했다. 아이가 자신이 저지른 모든 잘못을 솔직하게 이야기했기 때문에 다행스럽게도 퇴학 조치에 이르지는 않았다. 결국 정직하게 말하기로 한 결정이 아이의 미래에 큰 역할을 한 것이다.

전략 6

형세를 역전시키고
왜인지 질문하라

교사들은 내가 소개하는 많은 전략이 학생과의 문제 상황을 역전시키는 것이었으면 하고 바랄 것이다. 아직 발견하지 못한 새로운 전략이 있다면 모를까, 학생이 갑자기 올바른 길을 걷도록 형세를 역전시키는 전략은 현실에 없다. 학생에 대한 '형세를 역전시키는 것'은 교사가 잠시 권위를 내려놓는다는 뜻이다. 여기까지 읽고 실망한 독자들의 한숨 소리가 들리는 것 같다. 하지만 아직 실망하기엔 이르다.

어른과 청소년 사이에서 오가는 대화가 마치 법정에서 일어나는 팽팽한 설전처럼 이어지는 경우가 있다. 어른의 질문과 다그침이 이어진다. 청소년은 질문에 대답하고 자신의 행동에 관해 설명하도록 요구받는다. 그러다 보면 아이들 또한 변론에 점점 익숙해져 어른이 주장하는 모든 논점에 능숙한 반론을 펼칠지도 모른다. 사실 청소년들은 "내가 옳고, 당신은 틀렸다." 또는 "당신은 절대 이해하지 못한다."라는 화법으로 어른들을 자극할 것이다. 발달학상으로도 논쟁은 청소년들의 주특기라 할 수 있다.

교사는 아무런 이득도 얻지 못한 채 끝나고 마는 이 논쟁의 고리를 어떻게 끊어낼 수 있을까? 한 가지 방법은 "좋아. 혹시 네가 잘못한 일은 없니?"라고 질문해서 형세를 역전시키는 것이다. "네가 한 행동 중에 그때와 다르게 행동하거나 더 잘할 수도 있었던 일은 뭐라고 생각하니?"라고 물을 수도 있다. 아니면 "네가 잘못한 일을 하나쯤 말해줬으면 좋겠다."라고 좀 더 직접적으로 이야기할 수도 있다. 물론 이런 질문에 아이는 "아니오. 전혀 없어요."라고 말할 가능성이 크다. 대부분의 사춘기 학생에게 예상할 수 있는 전형적인 반응이다.

학생이 자신의 잘못을 계속 부인한다면 인내심을 가지고 객관적인 위치를 설정하고, 언어를 조절하며 관계 중심 훈육을 계속 실천해야 한다. "그러니까 아무 잘못도 저지르지 않았다는 거지? 지금까지와는 다르게 행동할 수도 있었던 게 아무것도 없다고?"라고 다시 질문하자. 보통 두 가지 이상의 질문을 연속으로 하면 좋다. 여전히 "나는 아무 잘못도 하지 않았어요."라고 대답한다면 잠시 멈추고, 교사와 학생 사이에 불필요한 힘겨루기가 일어난 게 아닌지, 학생이 지나치게 방어적인 태도를 보이는 게 아닌지, 즉 궁지에 몰렸다고 느끼는 게 아닌지 살펴보자.

질문은 편안하고 차분한 분위기 속에서 오고 가야 한다. 지금까지 소개한 관계 중심 훈육의 전략들을 효과적으로 실행한다면 두 사람이 함께 추는 탱고처럼 조화로운 면담 환경이 만들어질 것이다. 과도한 긴장감을 가라앉혔다면, 이제 아이가 차분하게 생각할 수 있는 환경을 조성해야 한다. 이런 환경에서 '형세 역전시키기 전략'이 어떻게 솔직한 반응을 불러오는지 알면 무척 놀랄 것이다. 학생이 어느 정도 자신의 책임성을 받아들이고 나면, 교사는 학생이 인정한 내용부터 다시 대화를 시작할 수 있다. 이때부터 교사는 문제 행동에 관련된 전체 상황을 파악하고 문제의 본질을 정면으로 마주할 준비를 해야 한다.

이 전략이 잘 통하는 이유는 명령이나 지시가 아닌 '질문'으로 접근하기 때문이다. 질문을 받으면 우리 뇌에서는 흥미로운 일들이 일어난다. 대답하지 않겠다고 마음 먹어도, 머리가 먼저 생각하고 그다음에는 대답하고 싶은 욕구를 느낄 것이다. 이것은 질문형이 아닌 문장을 들었을 때의 반응과는 완전히 다른 현상이다. 지혜로운 교사들이라면 본능적으로 '질문이 가진 놀라운 힘'을 눈치챌 것이다.

충분히 해명할 기회를 제공하자

형세를 역전시킨 다음 '왜'인지 묻는 것은 훌륭한 전략이다. 너무 간단한 방법이라 굳이 언급할 필요가 없다고 생각하는 사람도 있을 것이다. 하지만 여러 번 강조할 만큼 중요한 방법인 건 틀림없다. 어른들은 청소년들에게 "이거 해라. 저건 하지 마라."라고 이야기한다. 지시하거나 명령하는 것에 너무 익숙해진 나머지, 제2의 본성이나 습관처럼 대화 방식이 굳어진다. 하지만 명령형이나 지시형의 말 대신 "왜 그렇게 했니?" "왜 이렇게 하니?"라고 이유를 물어야 한다. 또는 "선생님이 말한 걸 왜 하지 않으려고 하니?"라고 질문할 수도 있다.

교사가 신중한 어조와 진실한 태도로 행동의 이유를 물을 때, 학생으로부터 얻을 수 있는 것은 생각보다 많다. 단지 왜냐고 질문한 것뿐인데도 학생들이 먼저 동기와 의도를 드러낼 것이다. 질문을 하다 보면 문제 행동을 저지른 진짜 이유를 짐작할 수 있는 대화로 자연스럽게 이어질 것이다. 아이들은 종종 매우 구체적인 사실을 드러낼 것이다. 이 전략은 학생들이 설명하고 해명할 기회를 제공해서 결과적으로는 한층 깊고 성숙한 대화가 가능하다. 단지 왜냐고 묻는 것만으로 학생은 자신이 존중받고 있으며, 이 대화에 능동적으로 참여하고 있다고 생각할 것이다.

이 전략을 사용할 수 있는 상황도 다양하다. 예를 들어 한 학생이 수업 중에 갑자기 심각한 얼굴을 하더니 아무것도 하지 않으려고 한다고 가정해 보자. 전에는 한 번도 이러지 않았던 아이다. 아이에게 무슨 일인가 일어났고, 교사는 그 이유를 전혀 알지 못한다. 교사는 다른 학생들이 듣지 못하도록 학생을 따로 부르거나 조용히 말을 걸 수 있다. 학생에게서 목격한 변화를 설명하고, "수업 시간에 왜 갑자기 그렇게 조용히 있었던 거니? 이유를 말해줄 수 있겠니?"라고 묻는다. 이 질문으로 어색한 분위기를 깰 수 있고, 학생이 무엇에 화가 났는지 들을 수 있다. 학생에게 왜인지 먼저 묻지 않는다면, 교사의 궁금증은 절대 풀리지 않을 것이다.

다른 예를 하나 더 살펴보자. 수업 시간에 한 학생이 계속해서 핸드폰을 들여다보고 있다. 교사는 허락된 경우가 아니라면 학생들의 핸드폰 사용을 금지하고, 이것을 다른 곳에 치워두도록 하고 있다. 핸드폰 사용에 관해서는 이미 학생들에게 여러 차례 이야기했다. 교사는 이 학생에게 조용히 다가가 "왜 핸드폰을 보고 있니?"라고 묻는다. 그러자 학생은 뜻밖의 대답을 한다. 어머니가 병원에 입원했는데, 어머니의 상태를 가족들이 문자 메시지로 알려준다고 말한다.

반대의 시나리오도 펼쳐질 수도 있다. 학생이 핸드폰으로 게임을 했다고 시인하는 것이다. 그러면 교사는 학생에게 게임 같은 여가 활동을 하기에 적합한 시간과 장소에 관해 다시 설명할 것이다. 둘 중 어떤 시나리오가 되었든 학생이 왜 핸드폰을 붙들고 있었는지 일단 알아야 하지 않겠는가. 왜인지 이유를 아는 것이 상황이나 결과를 바꾸지는 못할 것이다. 하지만 적어도 학생을 함부로 오해하거나 상황을 잘못 판단하는 실수를 막을 순 있다. 너무 단순해 보일지 모르지만, 학생들과 대화할 때는 늘 왜인지 먼저 질문하는 전략을 펼치자.

전략 7

사실을 근거로
앞으로 일어날 일을 전달하라

학생의 문제 행동을 다룰 때는 학생이 알아야 할 모든 사실을 빠짐없이 전달해야 한다. 학생들은 자기가 무엇 때문에 비난받는지, 자신의 행동이 규칙을 어떻게, 왜 위반한 것인지, 어떤 징계나 결과가 이어질지 미리 알아야 한다. 그러나 안타깝게도 처음 교사가 학생을 대면하거나 추궁할 때면, 이런 사실들에 관해 의논하기는커녕 공유조차 하지 않을 수도 있다. 교사에게 불려가거나 추궁받는 학생들은 흔히 다른 것을 모두 제치고 후속 결과가 무엇일지에 가장 주목할 것이다. 그래서 불안과 두려움으로 이성을 잃거나, 무조건 방어 모드에 돌입할 수도 있다. 종종 감정이 격해지고, 부모님이 이 사실을 알면 어떻게 반응할지 그리고 후속 결과가 자신의 미래에 어떤 영향을 미칠지(학생이 생각하기에는 인생 전체에 영향을 미칠 것 같지만, 실제로는 다음 주나 다음 달 정도에만 영향을 미칠 것이다.) 걱정하느라 다른 생각은 전혀 하지 못한다.

앞으로 일어날 일을 분명한 그림으로 제시하라

학생들의 이런 반응은 지극히 정상이다. 하지만 이런 반응이 일어나기 전에 앞으로 일어날 일을 미리 말해줄 수 있다. 나는 우연히도 이 전략에 관한 원고를 쓰던 바로 그 날, 이 방법을 사용했다. 학교 전담 경찰관(School Resource Officer)이 화장실에서 전자담배기기를 사용한 학생을 교장실로 데리고 왔다. 경찰관은 화장실 칸에서 담배 연기가 나는 것을 목격했다고 이야기했다. 학생은 전자담배를 피웠다고 시인했지만, 경찰관에게 이것을 넘기려고 하지 않았다. 경찰관은 이 일이 자신보다 자유롭게 학생의 몸을 수색할 수 있는 학교 관리자가 처리할 일임을 알고, 나에게 이후의 처리를 부탁했다. 나는 학교 방침에 따른 정당한 조치라고 해도 학생이 몸수색을 거부할 수도 있다는 사실을 잘 알고 있었다. 따라서 억지로 학생에게 몸수색을 허락하게끔 강요할 순 없었다. 학생들은 누구나 몸수색을 거부할 수 있고, 그리고 나서 불복종에 관한 방침을 어긴 데 따른 징계를 받을 수 있다. 어쨌든 학교 행정 차원에서 강제로 몸수색을 하지는 않았다. 이전에도 비슷한 상황을 여러 번 경험했기에, 나는 사실에 근거해 앞으로 일어날 일을 알려주기로 했다. 나는 차분하게 다음과 같이 말했다.

"네가 전자담배를 가지고 있으면서도 그것을 내놓으려 하지 않는다는 말을 들었다. 그래, 괜찮아. 하지만 그렇게 하면 앞으로 어떻게 되는지 말해줄게. 과거에 다른 학생들도 문제가 되는 물건을 내놓으려 하지 않은 적이 있었지. 네가 아직 법적으로 미성년자이기 때문에 일단 어머니에게 상황을 설명하고, 네가 전자담배를 내놓으려 하지 않는다고 말할 거야. 결국 어머니가 여기까지 오실 거고, 너에게 담배를 내놓으라고 하시겠지. 그러는 과정에서 어머니가 너를 곤란하게 만들 수도 있어. 이런 상황에서는 다른 어머니들도 늘 그랬단다."

사실을 근거로 앞으로 어떤 일이 벌어질지 분명한 그림을 보여 준 후에 나는 출석정지 서류를 준비하면서 잠시 침묵이 흐르도록 그냥 있었다. 그리고 몇 분 후 조용히 "자, 이제 전자담배를 여기 책상 위에 올려둘 마음이 생겼니?"라고 물었다. 학생은 순순히 주머니에서 전자담배를 꺼내서 공손히 책상 위에 놓았다. 나는 "고맙구나."라고 말했다. 그러고는 계속해서 출석정지 서류를 작성했다.

이 전략을 사용하려면 일단 교사가 단호해야 한다. 후속 결과에 관해 이야기할 때도 매우 침착하고 분명한 어조로 말해야 한다. 학생이 미리 볼 수 있도록 탁자 위에 필요한 서류를 모두 준비해 두는 것도 좋다. 이처럼 사실을 근거로 미래를 보여 주는 예를 하나 더 살펴보자. 교사는 이제 막 학생의 문제 행동을 다루려고 한다. 꽤 심각한 징계가 내려질 수도 있는 문제다. 교사는 다음과 같이 말한다.

"말 돌리지 않고 말할게. 선생님은 네가 징계를 받을지 아닐지를 두고 너무 걱정하지 않았으면 좋겠어. 거기에만 초점을 맞추진 않았으면 해. 그저 대화에 집중하고, 이번 실수로 무엇을 배울 수 있고, 어떻게 이 문제를 해결할 수 있는지에 초점을 맞췄으면 좋겠어. 그래서 그냥 결론부터 말하는데, 네가 한 행동에 대한 후속 결과로 너는 이런 처분을 받게 될 거야."

교사가 전달한 것을 머릿속에서 처리하는 동안 학생들은 울거나 화를 낼 것이다. 혼자만의 시간이 필요할 수도 있다. 그러나 처음에 쏟아져 나오던 격렬한 반응이 끝나고 나면 학생들은 자신의 문제 행동을 둘러싼 사실들에 관해 이야기하고, 이것으로부터 배울 수 있는 상태가 될 것이다. 결과가 무엇일지 또는 징계가 있을지 없을지에 대한 걱정은 일단 제쳐둘 수 있다. 이것은 상처에 붙인 반창고를 뜯어내는 상황과도 비슷하다. 반창고를 뜯을 때 너무 아플까 봐 계속 상처에만 신경을 쓰며 안절부절못하는 대신, 차라리 먼저 매를 맞는 것처럼 반창고를 빨리 떼어버리는 것이다.

어떤 상황에서는 교사가 좀 더 과감해져야 한다. 앞으로 일어날 일들을 전달하면 학생의 머릿속에는 잘못된 행동이 무엇인지, 그것이 왜 문제가 되는지, 이 경험으로부터 무엇을 배울 수 있는지 처리할 수 있는 약간의 공간이 생길 것이다. 여기에서 확실하게 밝혀두고 싶은 사실이 하나 있다. 나는 학생이 특정 문제에 관한 정보를 듣고 공유할 수 있는 적절한 과정을 거치거나 그럴 기회를 얻기 전에, 교사가 훈육 결정을 내릴 수 있다고 주장하는 게 아니다. 오히려 이것과 반대여야 한다고 믿는다. 이 전략은 적절한 과정이나 공개 질의, 증언에 반대되는 개념이 아니다. 이 전략은 일단 사실을 파악했고, 양쪽이 필요한 정보를 듣고 공유하고 옹호할 기회를 충분히 얻었다면 후속 결과(당장 궁금한 것)를 드러내야 한다는 의미에 가깝다. 그래야 학생이 자신에게 다가올 문제를 계속 걱정하는 대신, 훈육에서 가장 중요한 요소인 '실수로부터 배우는 단계'로 나아갈 수 있기 때문이다. 만약 필요한 사실을 모두 파악하지 못했다면 교사는 "네가 좀 더 이야기해 주면 좋겠구나. 하지만 지금까지 말한 게 전부라면 결과는 이런 처벌일 가능성이 크다."라고 말할 수 있다. "이제 그때 상황에 관한 질문을 추가로 할 테니 잘 대답해 주면 좋겠구나."라고 덧붙일 수도 있다.

사실에 기반해 앞으로 일어날 일을 전달하는 것은 격앙된 감정이나 방어기제가 훈육 과정을 방해하기 전에 학생이 자신에게 필요한 정보를 미리 얻고 처리하도록 돕는 전략이다. 이 전략은 효과적인 관계 중심 훈육을 위한 일대일 면담 환경을 조성하는 데도 도움이 된다. 이 전략을 잘 이용한다면 학생은 처음부터 끝까지 무슨 일이 일어날지 이해할 것이며, 본격적인 상담을 시작할 때쯤엔 온전히 대화에 집중할 수 있을 것이다.

전 략 8

새로운 첫날을 만들어라

해리 왕과 로즈메리 왕은 그들의 저서인《학기 첫날:어떻게 유능한 교
사가 될 것인가》에서 성공적인 학기 첫날의 중요성을 강조하며 다음과
같이 이야기한다.

학기 첫날 교사가 무엇을 하는지가 이후 1년 동안 교사로서의 성
패를 결정한다. 교사는 학기 첫날 학생들의 마음을 얻거나 잃을 것
이다.

시대를 초월하는 이 책의 핵심 아이디어가 바로 이것이다. 이 책은 신
학기가 시작되면 앞으로 1년이 순탄하게 흘러갈 수 있도록 완벽하고

목적 있는 계획을 세워 기름칠 잘된 기계처럼 학급을 운영하는 방법을 설명한다. 나는 종종 신임교사나 학급운영으로 고민하는 교사에게 이 책을 추천한다. 그런데 이미 학기 초가 지났다면 어떻게 해야 할까? 학년 중간이나 새 학기가 시작된 지 한참이 지나서도 학급운영에 애를 먹고 있다면 이땐 어떻게 해야 할까? 여러 해 전부터 나는 해리 왕과 로즈메리 왕의 책을 많은 교사에게 추천했다. 그러나 나는 교사들에게 이 책에서 말하는 첫날과 미묘하게 다른 의미로 '새로운 학기 첫날'을 만들 수 있다고 조언한다.

방법은 아주 간단하다. 일단 학급이 통제 불능이거나 기대했던 것처럼 질서 있게 운영되지 않고 있음을 깨닫는다면, 학생들과 교사 모두를 위해 새로운 첫날을 만들 수 있다. 이에 앞서 교사는 먼저 자신의 학급운영 상태를 분석해야 할 것이다. 이때 교장이나 성공적인 학급운영 경험이 있는 동료 교사의 도움을 받으면 좋다. 그런 다음 수업 환경과 수업 규칙(rules), 수칙(expectations), 일과(routines) 그리고 그 외 전반적인 접근 방법을 새로 구상하거나 만드는 것이다. 학기 중반이 다 되었을지라도 교사는 새롭게 시작하는 첫날을 정할 수 있다. 그런 다음 학생들에게 단호하고 분명한 어조로 다음과 같이 말해야 한다.

"여러분, 솔직하게 말하겠습니다. 우리 반은 지금 혼돈 그 자체입니다. 너무 무질서해요. 모두 내 잘못입니다. 첫날부터 수업 진행 절차와 일상 활동을 더 확실하게 정해야 했는데, 그러지 못했어요. 하지만 괜찮습니다. 여러분과 마찬가지로 선생님도 늘 배우고 있습니다. 이제부터 수업 운영 방식을 조금 바꿔보려고 합니다. 오늘과 내일은 새로운 일과와 수업 절차에 관해 설명할 거예요. 선생님이 설명하면 여러분은 궁금한 부분에 대해 질문할 수 있습니다. 그러고 나서 3일 동안 함께 연습도 할 겁니다. 새로운 방식이고 지금이 학기 중간이므로 우리 모두에게 큰 도전일 겁니다. 그래서 실수도 하겠지만, 괜찮아요. 그러니까 3일 동안 연습하는 겁니다. 그런데 여러분이 지금 꼭 알아둬야 할 점은 연습이 끝나면 정해진 날짜부터 새로운 학급 시스템을 숙지하고 정확하게 따라야 한다는 것입니다. 여러분의 이해와 협조에 정말 감사합니다. 새로운 변화는 우리 모두에게 도움이 될 겁니다."

이 전략이 효과를 보려면 교사가 먼저 교실의 무질서에 대한 책임을 져야 한다. 그리고 새로운 일과와 절차로 학급을 새롭게 운영해야 한다. 새로운 학급 시스템에는 아마 지금까지와는 다른 훈육 계획도 포함될 것이다. 새로운 학급 시스템을 구성할 때는 교장이나 다른 경험 많은 교사의 확인을 거치는 것이 안전할 것이다.

처음 이틀간 절차를 소개하는 기간에 행동 기대치와 훈육 조치 진행에 관한 새로운 계획을 분명하게 전달해야 한다. 예를 들어 "이렇게 하면 이런 일이 일어날 거예요. 저렇게 하면 이런 처분을 받게 될 거예요."라고 말하는 것이다. 그런 다음 3~5일 동안 새로운 일과와 학급운영 시스템을 예행 연습하는 과정도 매우 중요하다. 이것은 절대 빼놓거나 생략하지 않고 반드시 실천해야 하는 과정이다. 하지만 연습 단계에서는 훈육이 일어나서는 안 된다.(당연히 새로운 일과와 관련된 훈육을 말하는 것이고, 이것과 관계없이 훈육이 꼭 필요한 행동들도 있다.) 연습 단계에서 다음과 같은 대화가 일어날 수 있을 것이다.

"(조셉이 허락 없이 자기 자리에서 벗어난다.) 조셉, 기억해. 새로운 수업 규칙에서는 손을 들어서 자리에서 일어나도 되는지 선생님에게 허락을 받아야 해. (조셉이 "알았어요."라고 말한다.) 이제 자리로 돌아가서 다시 한번 해 보자. 선생님도 조금 어색하게 느껴질 거라는 건 아는데, 지금 습관을 들이지 않으면 앞으로도 절대 못할 거야. 우리 모두에게 이게 습관이 되어야 해. (조셉은 약간 우스꽝스러운 동작을 하며 자리로 돌아간다. 일단 자리에 앉은 후 조셉은 선생님에게 허락을 받기 위해 손을 든다.) 너무 잘했어! 고마워, 조셉."

연습 단계가 조금 어색하게 느껴져서 그냥 건너뛰고 싶은 마음도 생길 것이다. 하지만 이 순간을 잘 견뎌야 한다. 연습 단계는 새로운 학급 시스템의 성공을 위해 필수적이다. 이미 지난 여러 달 동안 다른 방식으로 학급을 운영했기 때문에 이 단계는 특히 더 중요하다. 게다가 연습 단계는 새로운 첫날을 시작하겠다는 교사의 굳은 결심을 보여 주는 것이기도 하다.

연습 단계가 끝나면 모든 상황은 계획에 따라 철저히 실행해야 한다. 새로운 계획으로 학급경영에 성공하느냐 성공하지 못하느냐는 오직 이 계획을 일관되게 실행하는 교사의 의지와 능력에 달려 있다. 따라서 학급 일과와 기대치를 계속해서 강화하고, 훈육 접근 방식에서도 일관성을 유지해야 한다. 학생과 좋은 관계를 유지하고, 설령 한 학년의 절반이 지났다고 해도 포기하지 말고 새로운 학습 환경에서 결실을 거두도록 하자.

행동 유도 신호를 잘 활용하자

투명하고 목적 있는 학급 일과와 절차를 설정했다면, 남은 학기 동안 행동 유도 신호를 효과적으로 사용해 보자. 보통 수업 절차와 교사의 기대치를 전달하기 위해 행동 유도 신호를 사용하는데. 이것 자체가 하나의 훌륭한 전략이 될 수 있다. 사실, 일과와 절차를 처음 소개할 때부터 행동 유도 신호도 함께 가르쳐야 한다.

초등학교에서는 이미 많은 교사가 행동 유도 신호를 사용한다. 잘 알려진 행동 유도 신호의 예는 학생들의 주의를 집중시키거나 떠들지 않게 하려는 목적으로 잠시 전등을 켰다 껐다 해서 깜박거리게 하는 것이다. 때로는 교사가 손을 높이 들어 손가락으로 하나, 둘, 셋을 세기도 한다. 학생들을 주목시키기 위해 작은 하모니카로 재미있고 매력적인 곡을 연주하는 교사도 있다. 주의를 집중시키기 위해 박수를 세게 한 번 치거나 연속으로 세 번 치는 교사도 볼 수 있다.

행동 유도 신호를 사용하면 마치 익숙한 습관처럼 기대 행동을 강화할 수 있다. 신호에 완전히 익숙해지면 학생들이 교사의 지시에 주의를 기울이는 과정이 거의 본능처럼 자리 잡는다. 행동 유도 신호는 대개 사용하기 쉽고 간단한 것일수록 좋다. 지시하는 사람이 많은 에너지를 쓸 필요가 없는 것이면 더 좋다.

학교 스포츠팀 코치를 맡은 초반에 나는 경기 시즌마다 소리를 질러대느라 결국 시즌의 막바지에는 목소리가 거의 나오지 않았다. 그래서 '왜 나는 학생들에게 다음 훈련에 관한 지시 사항이나 특정 기술에 관한 설명을 들으러 오라고 늘 소리를 지르고 있을까?' 곰곰이 생각했다. 나는 그때 이미 코치들이 즐겨 사용하는 도구인 호루라기를 사용하고 있었다. 그런데 연습을 멈추라고 호루라기를 분 다음, 선수들에게 더 가까이 오라고 하거나 다음 훈련을 위해 특정 장소로 가라고 할 때면 결국 또 소리를 지를 수밖에 없었다. 그러다 문득 이렇게 소리를 지르는 대신 특정한 상황에 지시 사항을 전달하는 간단한 신호를 만들면 좋겠다는 생각이 들었다. 그래서 이때부터 선수들에게 몇 가지 신호를 가르치고 이것을 직접 실행했다. 호루라기를 분 후에 하늘로 손을 들어 올리면 선수들은 재빨리 나에게 다가와서 한쪽 무릎을 꿇었다. 만일 손을 들어 올리는 대신 다른 코치나 장소를 가리키면 선수들은 그곳으로 가서 다음 연습을 준비했다. 손을 들어 올리는 신호는 너무나 간단했고, 선수들은 금방 익숙해졌다. 그 덕분에 나는 더는 소리를 지르지 않을 수 있었다.

나는 초등학교에서 사용하는 행동 유도 신호를 중학교나 고등학교에서도 사용하기를 강력히 추천한다. 일부 교사들은 이미 전등 스위치나 손뼉치기 같은 방법을 사용해 효과적으로 학생들을 지도할 것이다. 하지만 어떤 교사들은 이런 신호가 너무 유치하다고 생각할지도 모르겠다. 당연히 그럴 수도 있다. 따라서 신호의 목적을 그대로 유지하면서도 실제 사용하는 방법은 교사의 마음에 드는 것으로 바꿔보는 것도 하나의 방법이다. 실제로 내가 한 교사에게 제안한 방법은 학생들에게 모둠학습 활동이 끝났고 각자 자기 자리로 돌아가야 한다고 알릴 때 전등을 한 번 깜빡 껐다 켜는 것이다. 어떤 교사는 모둠학습 활동 시간에 학생들이 자유롭게 교실을 돌아다니며 서로 의견을 나눠도 된다는 것을 알리는 신호로 조용한 배경 음악을 틀었다. 음악이 멈추면 학생들은 각자 자기 자리로 돌아가야 했다.

또 다른 교사는 교실 앞쪽 벽 게시판에 앞뒷면의 색깔이 다른 종이 한 장을 클립으로 고정해 뒀다. 종이가 빨간색이면 학생들은 각자 개인 학습을 하며 조용히 앉아 있어야 한다. 종이를 뒤집어서 초록색 면이 보이면 수업 시간에 이야기를 나누는 것도 가능하다. 교사는 다양한 수업 활동을 하는 동안, 학생들이 무엇을 해야 하는지 말로 전달하기도 할 것이다. 그러나 충동적이고 가끔 산만해지는 학생들에게는 말보다 색깔 신호가 훨씬 유용하고 효과적이다.

나는 교과 교사였을 때 아주 간단한 신호를 사용했다. 교사 주도 수업이 아닐 때는 학생들이 서로 자유롭게 이야기를 나누는 것을 허용했다.(물론 학습에 관한 이야기여야 하고, 질서 있게 행동하는 한에서였다.) 하지만 내가 일어서서 "미안하지만, 여러분"이라고 뭔가 말하려고 하면 학생들은 설명을 듣기 위해 즉시 하던 이야기를 멈췄다. 학기 첫날, 이 행동 유도 신호를 가르치고 함께 연습했으며, 학기 초반부터 이 신호를 반복해서 강화했다.

처음에는 학생들에게 행동 유도 신호를 사용하는 이유부터 설명했다. 나는 학생들이 서로 자유롭게 소통할 수 있는 편안한 학습 환경에서 공부하기를 바란다고 말했다. 그러나 내가 말을 해야 한다면 이것은 학생들의 학습을 지시하거나 확인하는 중요한 말이거나 아니면 일종의 교사 주도 수업을 진행하려는 것이므로 모든 학생이 경청해야 한다고 설명했다.

신호를 사용하는 이유를 분명하고 확실하게 설명했기 때문에 학생들은 이것이 힘겨루기나 자존심에 관련된 것도 아니고, 교사의 목소리가 학생들의 목소리보다 더 중요하다는 의미도 아니라는 것을 잘 이해했다. 교사에 따라 특정한 소리를 사용하거나 시각적인 자극을 이용하는 신호를 선호할 수도 있다. 학급 일과와 절차를 전달하고 강화하기 위해 교실에서 행동 유도 신호를 사용하는 것은 아주 간단하면서도 훌륭한 전략이다. 몇 차례 반복해서 사용하다 보면 어색하거나 유치하다는 생각도 더는 들지 않을 것이다. 행동 유도 신호는 나이에 상관없이 모든 사람에게 효과가 있고, 특히 교사 한 명이 많은 학생을 한꺼번에 상대해야 할 때 더욱 효과적이다.

당신이 어떤 사람인지
충분히 알려라

종종 학생들은 교사를 오해한다. 이 현상은 학생들이 겪는 발달 단계와도 깊은 관련이 있다. 그러므로 학생들이 교사가 어떤 사람인지 마음대로 판단하도록 내버려 두지 말고, 학생들에게 먼저 다가가자. 특히 신학기가 시작되고 처음 며칠이 중요하다. 이 전략은 학생들에게 내가 어떤 교사이고, 앞으로 어떻게 학급을 이끌어갈지 분명하게 전달하는 것이다. 학기 첫날 학생들은 선생님이 어떤 사람인지 궁금해할 것이다. 모든 학생이 '저 선생님은 좋은 선생님일까, 나쁜 선생님일까? 수업이 재미있을까, 지루할까? 수업 내용이 쉬울까, 어려울까, 아니면 적당할까? 학생들을 자주 혼내는 선생님일까? 나를 공평하게 대하고 존중해줄까? 내가 이 선생님을 좋아하게 될까?'라고 온 신경을 곤두세울 것이다. 교사에 대한 온갖 추측이 난무하도록 그냥 두지 말고, 처음부터 대놓고 이야기하자. 학기 첫날 바로 시작하는 게 가장 좋다. 만약 당신이 학교 경영자라면 학생을 처음 면담할 때 자신이 어떤 사람이고, 학교를 어떻게 운영할지 분명하게 이야기하자.

교사에 대한 정보를 명확히 전달하라

어떤 이유에선지 나는 웃고 있을 때가 아니면 표정이 다소 차갑고 심각해 보이는 경향이 있다. 이건 그저 타고난 특징일 뿐이다. 하지만 학생들을 훈육할 때 종종 이것이 유리하게 작용하기도 한다. 학생들이 내 표정을 어떻게 이해해야 할지 몰라서 섣부르게 행동하지 못하기 때문이다. 하지만 나에게 불리하게 작용할 때도 있다. 표정 때문에 쉽게 오해를 사는 것이다. 어떤 학생들은 내 태도에 겁을 먹거나 입을 닫아 버리기도 한다. 실제로 나는 잘 웃고, 항상 긍정적인 태도를 유지하려 하고, 두말할 것도 없이 학생들을 존중하는 사람이다. 그래서 나는 교직 생활 초반에 신학기가 시작되면, 학생들에게 내가 어떤 교사인지 먼저 소개하겠다고 결심했다. 나는 학생들에게 다음과 같이 나 자신을 소개했다.

- 나는 학생들이 어떤 일을 해내리라 기대할 때는 다소 엄격한 편이다.
- 나는 일을 가려가면서 하지 않는다는 점에서 성실하며, 성격이 예민하지 않고 둥근 편이다.
- 우리의 일차적 목표는 배움이다. 이 과정에서 우리는 좋은 관계를 형성하고 즐겁게 지낼 수 있다.

- 나는 항상 학생들을 긍정적으로 바라보기 위해 노력할 것이다. 내 기분이 좋지 않다고 해서 학생들에게 화풀이하는 일은 절대 없을 것이다.
- 여러분이 나를 좋아하면 좋겠지만, 나는 그보다는 옳은 일을 하는 것에 더 관심이 있다.
- 나는 열심히 일하는 사람이고, 여러분도 열심히 공부하기를 바란다.
- 나는 학생들 한 명 한 명에 대해 개인적으로 알고 싶고, 모든 면에서 최선을 다할 수 있도록 격려하고 싶다.
- 나의 목표는 학생들이 내 수업을 '최고의 수업'으로 느낄 수 있도록 하는 것이다.

교장으로서 학생들을 상대할 때도 나는 비슷한 이야기를 꺼내곤 한다. 예를 들어, 한 학생이 급식실에서 공격적이거나 무례하게 행동하면 나는 교장실에 가서 이야기를 나누자고 제안할 것이다. 어떤 때는 바로 그 자리에서 이야기하고, 어떤 때는 점심시간 후에 이야기하기도 한다. 또한 나는 교장실에서 일대일로 면담하는 것을 더 좋아한다. 아이들은 친구들 앞에서 체면을 세우고 싶어 하므로 교장실로 이동해야 다른 학생들이 보고 있는 건 아닌지 걱정하며 산만해지지 않는다. 교장실에 들어오자마자 나는 "솔직히 말해 나는 학생들을 다룰 때 어려움이 전혀 없단다."와 같은 말로 시작할 것이다. 물론 이것은 약간 과장된 말일 수도 있지만, 나는 문제를 일으키는 학생들까지 포함해 학생들의 마음을 얻는 법을 잘 알고 있다는 사실을 강조하려고 일부러 이런 말부터 꺼낸다. 그런 다음 이렇게 이야기할 것이다. "너와 내가 친하게 지내지 못하리라는 법도 없어. 내가 고등학생들을 가르치는 걸 좋아하는 이유가 바로 이거란다. 고등학생들은 대부분 똑똑하고 성숙해서, 서로 조금만 노력하면 친해지기가 쉽지." 이것 역시 과장된 말일 수도 있지만, 내가 학생들을 신경 쓰고 있다는 사실을 보여 줄 수 있다면 그것으로 만족한다. 가끔 나는 학생들에게 이렇게 이야기한다. "우리 학교 학생들은 모두 예의 바르게 행동한단다. 착한 아이들이야. 우리 학교 선생님들은 학생들에게 벌을 내리고 싶어 하지 않아. 그리고 너도 벌을 받는 지경까지는 가지 않았으면 좋겠구나."

이런 말은 교사에 대한 경계를 풀 수 있도록 하고, 어른이 오직 아이들을 혼내기 위해 존재한다고 보는 인식도 바꿀 수 있다. 또한 이런 말은 솔직하고 긍정적이며, 교사의 진짜 의도가 무엇인지를 보여 주는 그림과도 같다. 교사가 이렇게 이야기한다고 학생을 훈육하지 않는다는 의미일까? 당연히 아니다. 어쨌든 학생들의 마음에 교사에 대한 긍정적인 인식을 심어줄 수 있고, 이것은 교사가 학생을 상담할 때 이용할 수 있는 훌륭한 밑거름이 될 것이다.

자신만의 신념과 좌우명을 정하자

교사라면 때로는 자신만의 신념이나 원하는 삶의 방식을 글로 적어볼 필요가 있다. 어떤 생각이든 일단 글로 적으면 좀 더 정확하고 명확하게 정리할 수 있다. 나는 "무엇인가에 집중하고 싶으면 그것을 적어서 눈앞에 둬라."라는 존 맥스웰John Maxwell 목사의 명언을 자주 되새기곤 한다. 이 말을 실천하는 좋은 방법은 좌우명 같은 것을 찾아서 충실히 지키는 것이다. 이것은 훈육 상황을 다룰 때도 일관성을 유지하는 일종의 조언자 같은 역할을 할 수 있다. 교사로서 그리고 한 인간으로서 책임감을 느끼도록 돕기도 하고, 일종의 비전 선언문 같은 역할을 할 수도 있다. 좌우명은 학생들이 아니라 교사가 가져야 하는 것이다. 물론 마음에 쏙 드는 좌우명은 학생들과 공유해도 좋다.

나는 학교 관리자로 일하던 중, 리더십에 관한 좌우명을 하나 만들었다. 그것은 '항상 차분히, 항상 진실하게, 항상 긍정적으로'이다. 지도자로서 내가 어떻게 행동해야 하는지 늘 생각해 볼 수 있도록 이것을 액자로 만들어 사무실 벽에 걸어뒀다. 그렇게 지금까지 몇 년 동안 이 말은 내 사무실 벽에 그대로 있다. 때로는 '나 자신이 세운 기대와 좌우명에 부응하며 살고 있는가?'라고 질문하며 스스로를 되돌아본다. 훈육에 대한 접근 방식에 대해서도 좌우명을 하나쯤 만들면 도움이 될 것이다. 원한다면 이것 또한 훈육 계획에 포함해도 좋다. 몇 가지 추천하고 싶은 말은 다음과 같다.

- 일관되고 차분하고 다정하게 행동하자.
- 단호하고 일관되면서도 학생들의 편이라는 태도를 유지하자.
- 모든 일을 공정하고 투명하게 처리하자.
- 항상 끝까지 하자.
- 계획대로 하자.
- 이 직업을 선택한 이유를 잊지 말자.
- 어른이 되자. 하지만 아이들을 이해하자.
- 잠시 멈춘 다음 행동하자.
- 학급을 관리하고, 학생들에게 동기를 부여하고, 학생들을 가르치자.
- 무엇이든 감정적으로 받아들이지 말자.

전략 10

학생을 잘 다루는 교사와
네트워크를 형성하라

이 전략이야말로 이 책이 제안하는 최고의 조언이 될 것이다. 학생의
마음을 얻는 법을 배울 수 있는 최고의 비법은 학생을 잘 다루는 다른
교사들과 네트워크를 형성하는 것이다. 완전히 공짜로 이용할 수 있는
이 멋진 방법을 실제로도 잘 활용하는 교사는 생각보다 찾기 힘들다.

협업과 네트워크가 자기 계발 영역에서 새로운 개념은 아니지만, 내
가 강조하고 싶은 것은 학생들의 마음을 얻을 줄 아는 다른 교사로부터
생각보다 많은 것을 배울 수 있다는 점이다. 교사로 일하면서 어느 순
간, "왜 어떤 학생들은 몇몇 교사에게는 그렇게 끔찍하게 굴면서도, 다
른 교사들에게는 선한 학생으로 변하는 걸까?"라는 질문이 문득 떠올
랐다. 이 질문에 관해 잠시 생각해 보자. 교사라면 꼭 한 번쯤 생각해 봐

야 할 놀라운 질문이기 때문이다. 모든 교사에게 나쁜 학생은 드물다. 많은 학생이 적어도 한 교사에게만큼은 예의 바르게 행동할 것이다. 아무리 소문난 문제 학생이라도 착하게 행동하고 공손하게 대하는 교사가 한 명쯤은 꼭 있다. 대체 무슨 이유 때문일까? 교사가 마술봉이라도 가지고 있는 것일까?

물론 모든 교사에게 반항적인 학생도 있다. 하지만 솔직히 모든 교사에게 못되게 행동하는 학생은 극소수일 뿐이다. 어떤 교사는 학교에서 가장 반항적인 학생이라 할지라도, 그 마음을 얻는 방법을 잘 알고 있다. 이것이 이 전략의 핵심이다. 이런 교사를 찾아내서 그들에게 배우는 것이다. 그들이 학생들과 어떻게 상호작용하는지 잘 관찰하고, 그들의 전략과 접근 방식을 들어보자. 학생들에게 이 교사를 좋아하는 이유를 직접 물어보는 것도 좋은 방법이다. 학생들은 정확한 이유를 말해줄 것이다. 이 교사가 왜 훌륭한지 어쩌면 교사 본인보다 학생들이 더 잘 알고 있을 것이다.

어떤 아이도 좋아하는 교사 한두 명은 있다

나는 교과 교사로 있을 때, 모든 교사에게 못되게 구는 학생은 거의 없다는 사실을 우연히 깨달았다. 내 수업을 듣는 몇몇 학생들과 이야기를 나눌 때였다. 나는 분명 어떤 교사에 대해서도 험담하려고 하지 않았다. 그런데 학생들이 먼저 나에게 잔뜩 쏟아내기 시작했다. 고등학생들이 어떤지 잘 알 것이다. 학생들은 이 선생님은 어째서 싫고, 저 선생님은 또 어째서 싫은지 이야기하기 시작했다. 아이들은 "정말 끔찍한 선생님이에요." "그 선생님은 도무지 참을 수 없어요."라고 열을 올리며 말했다. 이건 도무지 실속 있는 대화가 아니었다. 그래서 나는 "그럼 반대로 너희는 어떤 선생님을 좋아하니? 가장 좋아하는 선생님은 누구니?"라고 물었다. 학생들은 각자 좋아하는 교사나 최소한 좋은 교사라고 생각하는 교사를 두세 명씩 손꼽았다.

이때 나는 두 가지 사실을 알 수 있었다. 첫째로 학생들 모두 아주 멋지다고 생각하는 교사가 저마다 두세 명쯤은 꼭 있다는 사실이다. 이것은 내게 굉장히 고무적인 사실이었다. 또한 이것은 학생들의 '멋진 교사 명단'에 아예 들지도 못하는 교사도 더러 있다는 의미이기도 했다. 학생들은 그들을 '나쁜 교사'라고 생각하는 듯했다. 어린 학생이든 나이가 있는 학생이든, 모두 교사를 두 부류로만 평가하는 것 같았다. 만일 이 둘 말고 제3의 부류가 있다면 그것은 '최고 중의 최고인 교사'나 '학생들의 인생을 바꾸는 교사'일 것이다.

초등학교 6학년 학생에게 학교를 6년 동안 다니면서 가장 좋아했던 선생님이 누구인지 물어본다고 가정하자. 그러면 학생들은 자기가 좋아했던 선생님의 이름을 댈 것이다. 하지만 나머지 선생님들은 언급하지 않을 것이다. 만일 이때 내가 "그러면 존스 선생님은 어때? 그 선생님은 좋아하지 않았니?"라고 물어본다면 학생은 "네, 그 선생님은 별로 좋아하지 않았어요."라고 대답할 것이다. 아마 모든 학생에게 비슷한 반응이 나타날 것이다. 하지만 교사가 이렇게 먼저 질문하지 않는다면 끝까지 아이들의 본심을 알지 못할 것이다. 아주 많은 학생이 자신을 선하고 모범적인 학생처럼 보이게 하는 데 매우 능숙하기 때문이다. 아이들은 다른 사람에게 예의 바르게 행동하는 법을 배우고, 이것을 행동으로 실천한다. 하지만 이렇게 하는 것은 스스로 예의 바르게 행동하고 싶은 마음이 들어서라기보다는 어른들이 자신에게 기대하는 행동이기 때문인 경우가 많다.

나는 이 현상에 담긴 진실을 교장으로서의 직무에도 적용하려고 노력한다. 교사들은 일부 학생 때문에 느끼는 좌절감과 스트레스를 토로하면서 학생들이 보이는 온갖 문제 행동에 관해 내게 털어놓을 것이다. 어쩌면 교사가 예로 든 아이들은 이미 몇 차례 교장실로 보내졌거나(미국 학교에서는 심각한 문제 행동을 한 학생을 교장이나 교감에게 보낸다.─옮긴이), 교실에서 여러 단계의 훈육을 받았을 것이다. 나는 최대한 거들먹거리는 것처럼 들리지 않게 조심하면서 최고의 전략을 제안한다. "왓슨 선생님은 그 학생들과 아무 문제가 없던데, 학생들을 어떻게 다루고 어떤 전략이 효과적이었는지 이야기해 보시겠어요?"라고 말하거나 아니면 표현을 바꿔서 이렇게 말하기도 한다. "이 학생들은 왓슨 선생님의 수업 시간에는 별 다른 문제를 일으키지 않는다고 알고 있습니다. 왓슨 선생에게 공유할 만한 아이디어가 있는지 물어보는 게 어때요?" 또한 나는 이렇게도 말한 적도 있다. "잭슨 선생은 작년에 이 학생들을 정말 잘 다뤘어요. 잭슨 선생과 이야기해 보면 좋을 거예요."

많은 학교에서 교사 네트워크를 학교 문화로 정착시키려고 노력한다. 5장에서 소개할 '행동 분류표(Behavior Level Matrix)'를 보면 맨 마지막 줄에 다음과 같이 교사 네트워크를 장려하는 문구가 있다.

> 최고의 행동 전략 자원은 아마 동료 교사일 것이다. 문제 행동을 하는 학생일지라도 모든 교사에게 그런 행동을 보이는 경우는 거의 없다. 문제의 학생을 다룰 수 있는 '비법'을 알고 있는 교사들을

찾아내어 네트워크를 만들어 보자.

이 조언을 받아들인 교사들은 다른 교사에게 연락하기 시작했다. 이메일로도 "아무개 학생이 선생님 시간에는 얌전히 수업을 잘 듣습니까? 그 학생은 어떻게 행동합니까? 수업을 잘 듣는다면 그 비결은 무엇인지 알려줄 수 있습니까?"라고 물었다. 전형적인 타입의 반항아를 상대하는 비법을 알고 있는 교사가 적어도 한 명쯤은 꼭 있었다. 얼마 전, 한 젊은 교사로부터 길고 상세한 전략이 담긴 답장이 도착했는데, 그가 쓴 메일에는 학생에게 맞춘 훌륭하고 구체적인 전략이 가득했다. 다만 한 가지 주의해야 할 점도 있었다. 다른 교사에게 도움을 청하는 이메일을 쓸 때는 항상 객관적인 사실을 기반으로 해야 한다. '만약 학부모가 이 편지를 읽어도 괜찮을까? 교장이나 교감이 읽어도 괜찮을까?' 스스로 질문해 보라.

이 책에 공유하는 아이디어는 모두 교육자로서 나의 오랜 여정에서 나온 것이다. 교육 현장에서 직접 배우고 경험하면서 얻은 것들이다. 나는 시행착오를 통해 많은 것을 배웠다. 여러 번 힘든 일을 겪었고, 새로운 상황이 힘든 숙제처럼 느껴질 때도 많았다. 그러나 매번 경험을 통해 더 좋은 전략을 배웠다고 확신한다. 동료 교사들을 통해서도 많은 것을 배웠다. 가끔은 그저 다른 사람을 관찰하는 것만으로도 깨달음을 얻을 수 있다. 그러니 문제 행동을 보이는 학생의 마음을 이미 얻은 다른 교사들과 네트워크를 만들어 보자.

자원과 개념모형을
적극적으로 활용하라

자원³ 1

행동 분류표

긍정적 행동 중재 및 지원, 즉 PBIS(Positive Behavioral Interventions and Supports)⁴의 등장으로 유치원부터 고등학교까지 모든 과정에서 '행동 수준 체계'를 사용하는 것이 대중화되었다. 학생들의 문제 행동에 따라 그 심각성의 수준도 다르다는 것이 행동 수준 체계의 기본 개념이다. 따라서 이에 대한 대응이나 후속 결과도 심각성 수준을 기반으로 일종의 스펙트럼처럼 나타낼 수 있다. 예를 들어, 초등학교 교실에서 다른 학생을 때리는 것은 껌을 씹는 것보다 심각한 행동이다. 그러므로 심

---

3. 이 책에서 '자원(resource)'이란 학습 지원을 위한 지원 체제, 교수학습 자료, 교수 환경 등 학습자의 학습을 돕고 효율적인 학습 활동 수행에 도움이 되는 모든 것을 말한다.

4. 학생의 문제 행동에 대한 처벌 중심의 사후 대처보다 학급 및 학교 차원에서 중재 및 지원을 제공하고 문제 행동을 일으키는 주변 환경을 변화시켜 문제 행동의 예방을 강조하는 선제적 접근이다.-옮긴이

각성 수준을 고려한 '행동 분류표'에서 전자의 행동이 후자보다 하단에 놓일 것이다. 후속 결과도 마찬가지다. 폭력적인 행동은 음식물에 관한 규칙을 어기는 행동보다 심각한 후속 결과를 초래할 것이다.

학생의 행동과 그에 대응하는 후속 결과를 표에 나타낼 때, 심각성 수준이라는 기준을 따른다면 행동의 관찰, 평가, 처리 방식에 대한 합의를 원활하게 이룰 수 있다. 한 학교 내에서도 학생들의 행동에 대한 교사들의 의견이 다양하게 갈릴 수 있는데, 행동 분류표를 기준으로 한다면 학생들에게 기대하는 행동이 무엇인지 분명해지고, 교사들의 조치도 일관성을 갖출 수 있다.

기존 행동 분류표의 문제점을 보완하다

나는 학교 운영자로서 행동 분류표를 만들고 사용할 때 몇 가지 문제점을 발견했다. 기존의 행동 분류표와 내가 다른 교사들과 함께 만들어 보려 했던 분류표 모두 처음부터 잘못된 가정을 전제로 하고 있었다. 바로 학생들의 행동을 항상 특정 수준으로 분류할 수 있다고 가정하는 것이다. 대부분의 행동 수준 체계는 하나의 행동 안에서 발생할 수 있는 심각성 수준의 차이를 설명하지 못한다. 예를 들어 '때리는 행동'도 심각성 수준이 천차만별이다. 어떤 학생이 타고난 질병 때문에 잠시도 손을 가만히 두지 못한다면, 이것도 매번 폭행이라 할 수 있을까? 우리는 모두 "당연히 아니다."라고 대답할 것이다. 하지만 행동 분류표는 각각의 행동이 어떻게 다를 수 있는지와 상관없이 하나의 심각성 수준으로 묶는다.

그렇다면 주먹으로 치는 것과 밀치는 행동은 같을까? 나는 몇 년 동안 학생들이 주먹으로 무언가를 치는 모습을 자주 목격했지만, 이것보다 훨씬 더 폭력적으로 밀치는 행동을 보안카메라를 통해 목격한 적도 있다. 밀치는 행동 중에는 우리가 '말놀이(horse play)'라고 부르는 것도 있고, 일종의 경계선 싸움도 있다. 경계선 같은 용어는 특정 행동들 사이에 존재하거나 심지어 한 가지 행동 안에서도 존재할 수 있는 애매한 영역을 의미한다.

또 다른 예는 부적절한 언어이다. 우리 주변에는 불쾌한 언어, 무례한 언어 그리고 완전히 부적절한 언어가 존재한다. 어떤 언어가 어떤 범주에 속하는가는 사람마다 의견이 다를 것이다. 어떤 교사는 '구리다'라는 말을 완전히 부적절한 말이라고 생각할 수 있지만, 어떤 교사는 학생들 앞에서 이 말을 별다른 죄책감 없이 사용할 것이다. '쓰레기 같은(crap)'이란 말은 또 어떤가. 아무 의미 없이 중얼거리는 '주의 이름으로'(the Lord's name), '빌어먹을'(fricken', 어떤 사람들은 이 말을 욕설 대신 사용할 수 있는 적절한 대체어라고 여긴다) 등 부적절한 언어 목록은 셀 수 없을 만큼 많을 것이다.

말대답은 또 어떤가. 말대답에도 여러 종류가 있다. 학생이 욕설을 썼는가? 교사를 향한 욕설이었나? 아니면 화를 내면서도 화려한 수사법으로 포장해서 욕설인지 아닌지 판단하기 어려운 말인가? 여기에는 무슨 차이가 있을까? 이게 중요하기는 할까? 학생이 교사를 부적절한 호칭으로 불렀는가? 어떤 호칭은 성차별, 인종차별 또는 희롱으로 분류할 수도 있다. 그렇다면 이런 말은 분류표의 어느 범주에 넣어야 할까? 어떤 수준으로 분류해야 할까?

교장인 나는 학생들의 행동을 분류표에 기록하거나, 교사가 학생의 행동이 일정 수준 이상으로 심각하다고 판단하면 이 학생을 직접 면담해야 하는 위치에 있다. 그런데 한 가지 행동을 특정 수준으로 고정하면 대부분 곤란한 상황이 발생했다. 다시 말해서, 문제 행동이 일어난 진짜 맥락이 분류표에 정확하게 나타나지 않았다. 교장인 나만 헷갈리는 게 아니었다. 교사들도 어떻게 해야 할지 모를 때가 많았다. 한 교사는 내게 "존의 행동을 '수준4'에 올렸습니다만, 실제로는 '수준1'에 더 가깝습니다."라고 말했다. 또 어떤 교사는 "학생들의 언어가 분류표의 '수준2'에 해당한다는 것을 알지만, 말하는 방식을 실제로 보면 '수준5'라고 할 수 있습니다."라고 설명했다. 이런 고민은 늘 있는 일이었다. 학교 관리자인 나도 학생들의 행동을 분류표에 정해져 있는 수준으로 정확히 분류하기가 매우 어려웠다.

게다가 기존의 분류표는 대부분 해석하기도 어려웠다. 말풍선과 글 상자, 화살표가 너무 많아서 어떻게든 표를 이해해 보려고 들여다보면 현기증이 날 정도였다. 이 표의 설계 의도는 좋았지만, 최종 결과물은 혼란을 일으킬 때가 더 많았다. 행동 분류표를 만든 목적은 학생 훈육을 다룰 때 교사들 간의 일관성을 꾀하기 위한 것이지만, 내 경험상 대체로 '물을 탁하게' 만드는 경우가 더 많았다.

그런데도 주 정부와 지역 교육구에서 추진하는 긍정적 행동 중재 및 지원, 즉 PBIS를 진행하려면 분류표가 꼭 필요했다. 행동 분류표는 여러 문제점에도 불구하고 '모범적 관행(best practice)'으로 여겨졌다. 모범적 관행은 보통 꾸준히 이어지는 업무수행 방법을 의미한다. 모범적 관행이 항상 가장 성공적인 방법은 아니지만, 내가 느끼는 실망감과 상관없이 나는 행동 분류표를 만들라는 지시를 따라야 했다. 하지만 이왕 분류표를 만들 거라면, 지금까지 발견한 문제점을 보완해야겠다고 마음먹었다.

나는 먼저 행동의 수준을 이전과는 다른 기준으로 판단할 수 있을지 고민했다. 심각성 수준을 기반으로 '우리가 정말 순위를 매기고 싶어 하는 본질은 무엇인가? 우리는 무엇을 보고 있는가? 무엇에 초점을 맞추고 있는가?' 이런 질문을 하다 보니 학생들의 행동을 분류할 때 초점을 맞춰야 할 새로운 관점을 찾을 수 있었다. 행동 분류표를 만들 때 문제 행동에 단계를 매겨야 한다는 것은 바꿀 수 없는 사실이다. 그런데 이 수준을 어떻게 측정해야 할까?

행동의 심각성이 아니라 주변에 미칠 영향을 생각하라

나는 행동의 심각성 수준을 측정하는 대신, 이 행동이 학습 환경에 어떤 영향을 미치는지 살펴봐야 한다고 생각했다. 시간이 지나자 깨달음의 의미가 점점 분명해졌다. 학교의 일차적 목적은 학생들을 교육하는 것이다. 학교의 규칙은 학생들이 안심하고 배울 수 있는 안전한 장소를 유지하기 위해 존재한다. 규칙과 방침은 학생들이 편안하게 배울 수 있도록 질서를 보장하기 위해 만든 것이다. 그러므로 우리가 만들 분류표의 목적도 이와 다르지 않아야 한다고 생각했다. 우리가 생각해야 할 새로운 질문은 "특정 행동이 학습 환경에 어떤 영향을 미치는가?"이다. 여기에는 두 가지 세부적인 질문이 자연스레 뒤따라 나올 것이다. 첫째, "이런 행동을 보이는 학생의 학습 환경에 어떤 영향을 미치는가?" 둘째, "한 명의 학생이든 소수의 학생이든 학급 전체이든 교사이든 아니면 전교생이든 간에, 다른 사람의 학습 환경에 어떤 영향을 미치는가?"

이런 질문을 염두에 두고 다시 만든 분류표는 내가 지난 몇 년 동안 접했던 분류표들과는 확연히 다른 시각과 방향성을 가진 것이었다. 이후 여러 학교에서 이 새로운 분류표를 채택했다. 교사들도 학생의 행동을 평가하는 지표로 이것을 사용하기 시작했다. 그러자 "다양한 문제 행동에 대해 교사가 어떻게 반응해야 하는가?"라는 질문에 대한 답도 점점 확실해졌다. 이제 얼마나 심각한 행동이냐가 아니라, 학습 환경에 얼마나 부정적인 영향을 미치는 행동이냐로 초점을 바꿔야 한다는 것이다.

학생들의 행동을 개념화하고 그 수준을 측정하는 이 새로운 방식은 명쾌하고 확실한 해법을 제시한다. 학생의 문제 행동이 오직 당사자에게만 영향을 미치는가? 만약 그렇다면 이 학생에게만 행동을 재지시하면 된다. 학급 전체를 상대로 할 필요는 없다. 다른 학생들에게 부정적인 영향을 미치지 않으므로 부모에게만 연락하거나 학생과 일대일로 상담할 수 있다. 혹시 이 학생의 주변에 있는 몇몇 아이들에게만 부정적인 영향이 미치는가? 만일 그렇다면 자리 배정을 다시 해서 문제를 해결할 수 있을지도 모른다. 어쩌면 이 학생을 교사와 가까운 자리에 두는 것도 도움이 될 것이다. 학생들의 모둠 배치 방식을 바꾸거나 활동하는 방식 자체를 바꿀 수도 있을 것이다.

가끔은 한 학생의 행동이 반 전체에 부정적인 영향을 미치기도 한다. 이런 행동에는 즉각적인 주의와 제지가 필요하다. 어떤 때는 하나의 행동이 다른 반이나 복도, 급식실, 더 넓은 공공장소, 심지어 학교 전체에 영향을 미칠 수도 있다. 도저히 제어하지 못할 정도로 복도를 뛰어다니면서 소리를 지르는 학생이나 화가 나서 교실 문을 꽝 닫으며 나가버리는 학생이 이런 경우일 것이다.

폭력적인 위협 행동, 약물 소지 및 사용, 무기 소지, 몸싸움처럼 안전을 위협하는 심각한 행동도 있다. 어떤 행동은 기물 파손으로 이어지거나 극심한 공포를 유발할 수도 있다. 내가 새로 만든 분류표에서는 연방 정부에서 정의한 '희롱(harassment)'에 부합하는 행위와 관련 법령이나 지역 정책에서 구체적으로 정의한 '괴롭힘(bullying)'도 이 수준의 행동으로 분류한다.

아래의 '표 5.1'은 문제 행동의 영향을 받는 사람들을 기준으로 행동 수준을 분류한 표다. 실제로 사용해 보니 쉽고 간단했다.

표 5.1 행동 수준 분류표

수준	행동	영향 범위	예	개입 및 후속 결과*
1	문제 행동을 보이는 학생에게만 한정되는 행동	문제를 일으킨 학생 본인	– 학습 준비물 꺼내기를 거부한다 – 과제 수행을 거부한다 – 수업에 집중하지 않지만 조용하다 – 인상을 쓰거나 입을 삐죽 내민다 – 팔을 꼬고 앉아있다 – 일시적으로 움직인다(다른 학생들을 산만하게 만들지는 않는다) – 아주 조용히 중얼거린다	– 학생 가까이 가기 – 언어적, 비언어적으로 재지시하기 – 과제 수정 및 조절하기 – 부모에게 전화하기 – 진정할 시간과 공간 제공하기 – 새로운 각도에서 접근하기 * 정식 훈육이 아님
2	문제 학생 근처에 있는 다른 학생들을 방해하는 행동	다른 학생	– 의자나 책상, 물건을 발로 차거나 세게 민다 – 욕한다(예: '멍청이'라고 한다) – 욕설 같은 부적절한 언어를 사용한다(하지만 특정 인물을 겨냥한 욕설은 아니다) – 수업 집중을 방해하는 물건을 사용하거나 그런 행동을 한다(예: 핸드폰으로 동영상 보기, 껌 풍선 불고 터트리기) – 또래 갈등을 일으키거나 거기에 가담한다	– 학생 가까이 가기 – 언어적, 비언어적으로 재지시하기 – 기대 행동 다시 설명하기 – 과제 수정 및 조절하기 – 자리 재배정하기 – 진정할 시간과 공간 제공하기 – 교실 밖으로 내보내기 * 반복성에 따른 학급 차원의 점진적 훈육

3	교실에 있는 거의 모든 학생을 방해하는 행동	학급	– 책장, 의자, 물건을 뒤엎는다 – 학급 내 다른 학생들에게 영향을 미치는 산만하고 파괴적인 행동을 한다 – 특정 개인을 겨냥해서 부적절한 말을 사용한다 – 심한 말을 하거나 시끄럽게 떠든다 – 허락 없이 교실에서 나간다	– 기대 행동 다시 설명하기 – 진정할 시간과 공간 제공하기 * 수업 시간 내 점진적 훈육 * 학부모에게 연락 * 교장 훈육 의뢰(교사 재량) * 필요 시 출석정지 및 퇴학 조치
4	다른 반이나 공용 공간에 피해를 주는 행동	학교	– 물건을 무차별적으로 던지거나 주먹으로 치거나 발로 찬다 – 고함이나 비명을 지른다 – 무차별적이고 과도한 욕을 한다 – 교사의 권고를 공개적으로 거부한다 – 학급을 벗어나 더 넓은 범위의 학생들에게 영향을 미치는 산만한 행위 또는 수업 방해 행위를 한다	– 상황 모니터하기 – 문제 행동을 다루고 단계적으로 완화하기 – 교장실에 전화하기 * 교장실 훈육 의뢰 * 출석정지 및 퇴학 조치
5	문제 행동을 보이는 학생 자신이나 다른 사람에게 신체적 상해를 입히거나 그럴 조짐이 보이는 행동	학교	– 무기 소지 – 기물 파괴 – 담배, 술, 약물 소지 – 자해 – 괴롭힘/희롱/공갈 – 위협 – 몸싸움/폭행	– 상황 모니터하기 – 문제 행동을 다루고 단계적으로 완화하기 – 교장실에 전화하기 – 필요 시 경찰 부르기 * 학교 차원의 훈육 및 개입

* 최고의 행동 전략 자원은 아마 동료 교사일 것이다. 문제 행동을 하는 학생일지라도 모든 교사에게 그런 행동을 보이는 경우는 거의 없다. 문제의 학생을 다룰 수 있는 '비법'을 알고 있는 교사들을 찾아내어 네트워크를 만들어 보자.

학급운영 필수 점검표

내가 교장으로 일하면서 알게 된 사실이 하나 있다. 일부 교사들은 학급운영을 제대로 하지 못하고, 이 때문에 교실에서 좌절감과 패배감을 느낀다는 사실이다. 분명히 말하지만, 일부 교사가 그렇다는 것이다. 많은 교사가 학급운영에 능숙한 전문가일 것이다. 교사 대부분이 학급운영에 능숙하기는 하지만, 학급을 유지하는 방식을 미세하게 조정하기 위해 누군가의 도움을 받을 수도 있고, 유난히 다루기 어렵거나 반항적인 학생들을 상대할 때는 조언이 필요할 수도 있다.

학급운영의 결함을 인정하는 것은 매우 껄끄러운 일이다. 어떤 교사들은 자신에게 문제가 있다는 것을 쉽게 인정하지 못한다. 누군가 학급운영이나 학생 통제 방법을 지적하면 기분이 나쁜 것도 당연하다.

특히 경험 많은 교사가 이런 말을 들으면 자존심도 상하고 무척 불쾌할 것이다. 그러나 사실 다년간의 교육 경험이 있다고 해서 학급운영을 항상 잘하는 건 아니다. 오랜 경력의 교사라도 학급운영을 힘들어하는 사람도 있고 매우 잘하는 사람도 있다. 이건 초임 교사의 경우도 마찬가지다.

학급운영에 대한 조언을 얻기 어려운 이유

교사들은 평소 학급운영에 대한 조언이나 피드백을 거의 받지 못한다. 안타깝게도 교실에서 가르치는 일은 고립된 섬에서 일하는 것과 비슷하다. 교사들은 교실 벽에 의해 서로 분리된 공간에서 각자 일한다. 수업 시간이 서로 맞지 않고 수업 부담도 크기 때문에, 다른 교사의 수업을 참관하기도 어렵다. 물론 관리자들은 때때로 수업을 참관하고 교사를 평가하지만, 이것도 자주 있는 일은 아니다. 게다가 학생들은 대부분 교장이 교실에 들어오면 평소보다 좋은 수업 태도를 보일 것이다. 사실, 교사 또한 교장이 교실로 들어오면 수업을 더 잘 이끌기 위해 노력할 것이다.

교사들은 다른 교사가 수업하는 모습을 보지 못하기 때문에 자칫 자신만의 방식에 빠지기 쉬우며, 자신의 수업이 왜 효율적이지 못한지, 어째서 학생들이 다른 교사의 수업 시간에는 더할 나위 없이 착한데 자신의 수업 시간에만 못되게 구는지 그 이유를 알지 못할 수도 있다. 나는 지금 교사의 어리석음이나 오만함을 말하려는 게 아니다. 가르치는 일 자체가 독립적인 특성이 있으므로 교사들이 상황을 제대로 보지 못할 수도 있다고 이야기하는 것이다. 교사들은 학생들로부터 고립된

게 아니라 다른 교사들로부터 고립된 상태다.

문제는 이뿐만이 아니다. 대부분의 교사 양성 프로그램에서 학급운영의 중요성을 과소평가하는 경향이 있다. 그 결과 학급운영에 대한 훈련을 충분히 받지 못한 교사들이 교단에 선다. 왜 이런 일이 벌어지는 것일까? 나는 교생들을 지도할 때 그들이 알고 있는 학급운영에 관한 지식과 실제 현장 사이의 엄청난 격차를 목격했다. 단지 그들이 '새내기'이기 때문에 그런 건 아니었다. 그들에겐 훈련이 절대적으로 부족했다. 그들 중 누구도 학급운영에 초점을 둔 교과목을 수강한 사람이 없었다. 그들이 배운 교과목에 학급경영이 포함되어 있긴 하지만 현장에서 제대로 실천할 만큼 강조하지 않거나 실제 학급운영에 필요한 수준의 교육을 제공하지 않았다. 그 이유는 아마도 대학이 교육과정과 교육학을 가르치는 일에 너무 집중한 나머지, 학급운영과 같이 실용적인 영역을 계속 옆으로 밀어두기 때문일 것이다.

내가 대학에 다닐 때 학급운영 분야의 전문가인 한 교수의 수업을 들었다. 그는 학급운영이라는 주제를 무척 좋아했고, 이것을 제대로 다루고 싶어 했다. 다른 과목에도 학급운영을 끼워 넣었을 뿐 아니라, 학급운영에 관한 자신의 견해를 학생들에게 아주 분명하게 전달했다. 그는 "여러분이 처음부터 학급을 잘 관리하지 못한다면 절대 좋은 교사가 될 수 없습니다."라고 단호하게 말했다. 그는 "교실의 체계가 잘 잡히고, 학생들이 다음에 해야 하는 일이 무엇이며 어떻게 행동해야 하는지를 정확히 안다면 교사는 자연스럽게 좋은 수업을 할 수 있습니다."라고 말했다. '수레(교육과정과 교육학)'가 '말(학급운영)'보다 앞에 놓일 수 없다는 의미다.

신학기를 시작할 때마다 몇몇 교사가 내게 학급운영에 관해 도움을 요청하곤 한다. 매우 반항적인 학생에 대해 의논하다가 도움을 요청하기도 하고, 교사들이 스스로 나를 찾아와 간절히 부탁하기도 한다. 실제로 학급운영에 도움이 필요하든 필요하지 않든 간에 교사들은 계속 수업을 진행하고 학급을 끌어나가야 한다. 그래서 이들이 직접 도움을 요청하지 않는 이상, 그 누구도 이들에게 도움이 필요한 이유를 먼저 눈치채지 못할 것이다.

학급운영으로 고민하는 교사를 돕는 법

그렇다면 학급운영으로 고전하는 교사들을 어떻게 도울 수 있을까? 학생 관리 문제로 고민하는 교사들은 또 어떻게 도울 수 있을까? 반항적인 학생 때문에 고민하는 교사에게는 어떤 지원을 제공할 수 있을까? 도움을 구하려 하지 않거나 도움이 필요하다는 것조차 깨닫지 못하는 교사들은 또 어떻게 도울 수 있을까? 학급운영 문제가 교사들의 전문성이나 자기 효능감을 해칠 수도 있는데, 이럴 땐 어떻게 접근해야 가장 현명할까?

나는 동료 교사들과 함께 이 질문의 답을 찾아 나섰다. 먼저 학교 환경의 일부 요소를 개선하기 위해 '포커스 그룹Focused Group(특정 주제에 대해 소수의 그룹을 대상으로 하는 인터뷰로, 참여자들이 모여 함께 이야기하는 방식으로 이뤄지는 연구 방법 – 옮긴이)'을 만들었다. 포커스 그룹의 참여자들은 교사가 매일 느끼는 기분만큼 교사 자신에게 강한 영향을 미치는 것은 없다는 데 동의했다. 우리는 '반항적인 학생이 교실에 단 한 명밖에 없다고 해도, 이 학생을 상대하는 과정에서 교사가 엄청난 피로와 좌절감을 느낀다'는 가설을 세웠다. 또한 우리는 능숙한 학급운영이 좋은 수업을 위한 필수조건이라는 데 동의했다. 그뿐 아니라 지금까지와는 다른 새로운 방식을 배우고 익히는 것이 교사들에게 이로울 거라는 데 의견을 모았다. 포커스 그룹 안에도 자신의 학급운영 방식을 재검토해야 할 교사들이 분명 존재했다. 그런데 애석하게도 보통은 도움이 필요한 교사들이 도움을 구할 가능성이 가장 낮았다. 도움이 필요하다는 생각조차 하지 않는 교사들이 사실은 다른 사람들이 보기에는 꼭 도움이 필요한 교사들이었다.

우리는 교사들에게 자기성찰 전략을 제시하고, 전문성 개발을 위해서 너무 위협적이거나 공격적이지 않은 방식을 사용해 보기로 했다. 우리는 일단 각자의 학급운영 방식을 점검하기 위해 설문지를 이용하기로 했다. 학급운영의 개념과 실제 사례, 고려사항 등을 판단할 수 있는 질문을 여러 개 뽑아 설문지를 만들었으며, 설문 과정에서 교사들이 무능하다고 느끼거나 평가받는 기분이 들지 않도록 세심하게 신경 썼다.

앞에서도 이야기했지만, 질문은 인간의 뇌에 불을 붙이는 역할을 한다. 질문을 받으면 우리의 뇌는 자연스럽게 답을 찾아 움직이기 시작한다. 직접적인 설명이나 조언을 듣는 것에 비해 질문은 훨씬 높은 수준의 자기성찰을 가능하게 한다. 또한 질문 때문에 기분이 상할 일은 거의 없다. 질문은 무슨 일이든 왜곡하거나 합리화하지 않으면서도 진성한 성찰을 가능하게 한다. 따라서 이런 설문지는 공식적인 전문성 개발 시간이나 수업 계획을 세우는 기간, 비공식적인 모임 등에서도 부담 없이 동료 교사들과 함께 시도해 볼 수 있다.

몇 가지 질문만으로 방법을 찾을 수 있다

포커스 그룹은 학급운영의 주요 영역을 점검할 수 있는 기본적인 질문 몇 가지를 만들었다. 주로 수업 절차, 수업 규칙 및 수칙, 훈육 계획, 교사와 학생의 관계에 관한 질문이었다. 일부 교사의 경우, 질문에 대한 답을 생각해 보는 과정에서 학급운영에 차질이 생긴 근본적 이유가 다름 아닌 수업 절차에 있다는 사실을 깨달았다. 그들은 학생들과 잘 지내고, 학업 관련 정보와 교과 개념도 명확하게 설명했다. 수업 규칙도 학생들이 잘 볼 수 있게 교실에 게시했다. 문제는 투명하면서도 일관성 있고 목적이 뚜렷한 수업 절차가 없다는 점이었다. '학급운영 필수 점검표'는 "학기가 시작되면 처음 1~3주 동안 학생들과 수업 절차를 실천하는가? 수업 절차를 예행 연습하고, 충분히 설명하고, 교정하고 강화하는 시간을 갖는가?"라고 묻는다.

점검이 끝난 후 우리는 학급운영 때문에 고민하는 한 교사에게 "학생 전체를 대상으로 수업할 때, 어떤 말이든 하고 싶은 학생이 있다면 반드시 손을 먼저 드는 절차를 거치게 하세요"라고 조언했다. 이것은 간단하지만 매우 효과적인 전략이다. 너무 당연한 게 아닌가? 우리는 초등학생 때부터 수업 시간에 할 말이 있으면 손을 들라고 배운다. 그러나 나이가 들면 이 간단한 규칙을 잊는다. 이 전략을 수업 절차에 넣기 전까지 이 교사의 수업 풍경은 어땠을까? 교사의 질문에 서로 대답하기 위해 여러 학생이 동시에 불쑥 큰소리를 내고, 아이들은 먼저 일어서서 말하려다 다투고, 옆에 앉은 학생에게 "야, 조심해!"라고 소리치기도 했다. 몇몇 학생들은 교실이 시끄러워진 순간을 틈타 옆자리에 앉은 친구와 장난을 치고, 한 학생이 농담을 던지면 다른 학생 한두 명이 맞장구를 치며 웃었다.

교사의 절박한 요청으로 수업을 참관했을 때, 내 예상과는 달리 학생들은 불손하거나 무례하게 굴지 않았다. 일부러 수업을 방해하려는 의도도 없는 것 같았다. 교사 역시 학생들과 좋은 라포르를 형성하고 있었다. 그렇다면 어째서 수업이 난장판이 된 것일까? 교사는 왜 학급 운영에 관한 조언을 구했을까? 무엇 때문에 수업하는 내내 "자! 애들아, 진도 좀 나가자." "제발 조용히 좀 하자."라고 애원하는 말을 수십 번 해야 했을까?

내 눈에는 이유가 분명히 보였다. 명확하고 간단하면서도 의미 있는 수업 절차를 구축하지 못한 것이 그 이유였다. 수업 절차를 제대로 정하지 않았기 때문에 학생들은 무질서하게 행동할 수밖에 없었다. 수업 참관이 끝난 후, 교사는 내 의견을 물었다. 교사는 학생들의 수업 태도를 개선할 전략을 간절히 찾고 싶어 했다. 그래서 나는 "제가 보기에 학생들은 선생님을 무척 좋아하는 것 같아요."라고 이야기를 꺼냈다. "학생들은 선생님을 존경하고, 선생님 역시 의심의 여지 없이 학생들을 친절하고 다정하게 대했어요. 수업 내용 역시 훌륭했습니다. 이 교실에 질서가 없는 이유를 단 한 가지밖에 찾을 수 없었어요. 분명하고 간단하면서도 의미 있는 수업 절차가 없다는 것이 바로 그 이유입니다."라고 이야기했다.

나는 교사에게 교수 방식과 학급운영 방식에 관해 점검해 보라고 권하며, "가르칠 때 잠재력을 충분히 발휘하기 위해 꼭 필요한 것을 최소 2개에서 4개까지 고르라면 무엇일까요?" "선생님 학급에서 반드시 따라야 할 규칙은 무엇입니까?"라고 물었다. 그러고는 "만일 이런저런 규칙이 마련되고 학생들이 이 규칙을 잘 따른다면 선생님은 지금보다 훨씬 잘 가르칠 수 있을 겁니다."라고 덧붙였다. 그러자 교사는 "말하고 싶은 학생은 먼저 손을 들게 해야 합니다. 자기 자리에서 벗어나고 싶다면 허락을 받으라고 해야 합니다. 학생들이 예의 바르게 행동하면 좋겠습니다."라고 대답했다. 나는 교사에게 "완벽해요. 이제 그 세 가지를 수업 절차로 삼으세요. 학생들에게 분명히 전달하고, 교실 벽에도 붙여 놓으세요. 그러고 나서 실제로 실천하고 강화하는 겁니다."라고 말했다. 그리고 이렇게 덧붙였다. "혹시 허락받지 않고 자리를 이탈하는 학생이 있다면 '잠깐만. 자리에서 벗어나려면 선생님 허락을 받아야 한다는 걸 기억해!'라고 말하고, 이것을 강화하기 위해 학생이 다시 한번 해 보도록 하세요."

절차는 교실을 기름칠한 기계로 변화시킨다

간단한 절차를 말로 전달하는 것도 모자라 교실에 게시까지 하고, 학생이 실제로 여러 번 연습하도록 하는 것이 다소 지나친 것 같다거나 교사가 권위적으로 구는 것처럼 보이지 않을까 걱정할 수도 있다. 하지만 이것은 나이에 상관없이 모든 학생에게 꼭 필요한 절차다. 이렇게 하는 동안 일과가 형성되고 습관이 길러진다. 또한 절차를 연습하거나 재시도하면 학생들에게 암묵적으로 "이건 꼭 해야 할 일이야. 그러니 지금 제대로 해 보자."라는 메시지를 전달할 수 있다. 또한 규칙을 가볍게 여기지 않도록 가르칠 수 있다. 이것은 윤리적이거나 복잡한 문제가 아니다. 단지 절차일 뿐이다. 자동차를 운전할 때 중앙선 우측 도로로 달리고, 식사를 마친 후 빈 그릇을 치우고, 어른을 만나면 예의 바르게 인사하는 것과도 같다. 중요한 것은 매번 빠트리지 말고 실행해야 한다는 것이다. 그러다 보면 어느 순간, 학생들이 무의식적으로 교사가 정한 절차를 잘 따르고 있을 것이다. 또한 교실은 '기름칠 잘 된 기계'처럼 움직일 것이다. 이것이 모범적인 학급이 돌아가는 방식이다.

대학에서는 학급운영이란 과목을 소홀히 다루고, 학교에서는 학급운영에 관한 지속적인 관찰과 지원이 제대로 이뤄지지 않으며, 교사들은 교직 경력이 쌓일수록 학급운영의 중요성을 간과하는 경향이 있다. 그 결과, 학급운영 문제로 고심하는 교사들은 가장 기본적인 해결책도 찾지 못하고, 이미 알던 전략도 잊어버리고 만다. 따라서 '학급운영 필수 점검표'는 경력에 상관없이 모든 교사를 올바른 방향으로 안내하는 좋은 자원이 될 것이다.

학교는 모든 교직원에게 이 점검표를 나눠줄 수도 있고, 필요에 따라 여러 그룹을 나눠 사용할 수도 있다. 팀이나 부서별로 점검표를 작성할 수도 있다. 점검표의 항목은 교사들 간의 토론 문화를 장려하기 위해서나 협업 계획을 세우기 위해서도 사용할 수 있다. 관리자가 교사와 상담할 때 혹은 교육 멘토가 초임 교사를 도울 때도 사용할 수 있다. 교사 연수 프로그램에서도 사용할 수 있고, 아주 간단하게는 교사가 개인적으로 자신을 되돌아보기 위한 도구로 사용할 수 있다. 교사들이 점검표의 다양한 영역을 하나씩 체크한 다음 이것을 학교에 제출하면, 학급운영에 관한 훌륭한 청사진이 완성되는 셈이다. 이것은 앞으로 교사들이 학급운영을 다시 계획하고 강화하는 과정에서도 매우 유용한 자원으로 쓰일 것이다.

학급운영 필수 점검표의 둘째 영역은 수업 규칙이다. 수업 절차가 자리를 잡았다면 수칙도 중요하다. 셋째 영역은 훈육 계획으로, 학생들의 문제 행동과 대응에 초점을 둔다. 넷째 영역은 학급운영에서 가장 중요한 구성요소 중 하나인 '교사'로, 교사 스스로를 점검하는 질문과 학생과의 관계를 묻는 질문이 주를 이룬다. 교사와 학생의 건강한 관계 형성은 대부분의 훈육 문제를 해결하는 열쇠가 될 수 있다. 세부 항목 중에는 "학생들이 교실에 들어오면 반갑게 맞이하는가?" "교사가 말하고 행동하는 방식에 관해서 학생들은 어떤 점을 바꾸고 싶어 할까?"와 같은 질문이 있다. 마지막으로 다섯째 영역은 교사가 기억하면 좋을 핵심 개념을 다룬다. "가려가면서 혼내라." "미소 짓고, 웃고, 즐겨라." 등 간단하면서도 놀라운 효과를 가져오는 조언 중에서 마음에 드는 핵심 개념 몇 개를 선택해 연간 목표로 정하는 것도 좋을 것이다.

'표 5.2'는 포커스 그룹에서 만든 학급운영 필수 점검표다.

표 5.2. 학급운영 필수 점검표

학급운영 필수 점검표

(1) 수업 절차
- 구체적인 수업 절차가 있는가?
- 학기 첫날이나 둘째 날, 수업을 본격적으로 시작하기에 앞서 최우선 과제로 수업 절차를 강조하는 시간을 충분히 가지는가?
- 처음 1~3주 동안 학생들과 수업 절차를 잘 실천하는가? 즉, 예행 연습하고 설명하고 교정하고 강화하는가?
- 지시 사항을 전달하기 전이나 지시할 때 먼저 학생들을 집중시키는가? 그 방법은 무엇인가?

예시:
"수업 시간에 할 말이 있다면 항상 손을 들고 허락을 받아야 합니다."
"선생님이 설명하거나 전체 토론을 하는 동안 할 말이 있다면 항상 손을 들어 허락을 받습니다."

모둠 활동이나 다른 활동을 하는 동안에는 자유롭게 말해도 되지만, 수업에 방해가 되지 않도록 너무 크지 않은 목소리로 말해야 합니다."

"수업 중에 화가 나거나 불만이 생기면 말하기 전에 잠시 숨을 돌리거나 양해를 구합니다."

"매일 교실에 도착하면 곧바로 _____ 해야 합니다."

(2) 수업 규칙 및 기대치
- 신중하게 정한 수업 규칙이 있는가?
- 마음에 드는 규칙 중에서 원하는 학습 환경을 조성하기 위해 꼭 필요한 규칙 2~3개를 꼽으라면 무엇인가?
- 이 규칙이 이해하기 쉽고, 언제 지켜지고 언제 지켜지지 않는지 확인하기 쉬운 것인가?

예시:

"무례하게 행동하지 않습니다." "선생님 허락 없이는 핸드폰을 사용하지 않고 눈에 보이지 않는 곳에 치워둡니다." "학습 환경을 해치는 행동을 하지 않습니다."(구체적인 예 제시하기)

(3) 학급의 훈육 계획
- 학생이 수업 절차를 따르지 않을 때 적용하는 구체적인 훈육 계획이 있는가? 수업 규칙을 어겼을 때는 어떤가? '이런 일이 발생할 때 가장 먼저 이뤄지는 조치는 무엇이다', '이런 일이 발생할 때 첫 번째 조치는 무엇이다'라고 정한 것이 있는가?
- 1차 훈육 조치는 무엇인가? 즉각적 후속 결과(격리학습, 훈육 의뢰)인가, 중재(분명한 경고, 절차나 규칙 상기시키기 및 행동 재지시, "잠깐 중지!"라고 말하기)인가?
- 2차, 3차 훈육 조치는 무엇인가? 즉각적 후속 결과(격리학습, 훈육 의뢰)인가, 중재("잠깐 중지!"라고 말하기, 일대일 상담, 일대일 후속 상담, 학부모 전화 상담, 일시적 또는 장기간 특별활동 금지, 수업 시간에 잠시 복도로 내보내기, 복원이 가능할 경우 정식 징계 대신 복원)인가?
- 학생의 행동을 변화시키는 데 가장 효과적인 접근법은 무엇인가? 일관성, 명료성, 의사소통, 근본적 이유의 이해 및 사전 대응, 징벌, 책임 지우기, 바람직한 행동의 적절한 모범 제시, 관계 형성, 다른 교사와의 네트워크 형성, 학부모에게 연락하기 중에서 무엇이라 생각하는가?
- 훈육 의뢰서를 제출해야 하는 상황과 행동은 어떤 것인가? 언제 학부모에게 전화해야 할까? 언제 훈육실로 전화해서 학생을 교실에서 데려가라고 할 것인가?
- 훈육 계획을 학생들에게 잘 전달했는가? 훈육 계획의 내용이 학생들이 이해하기에 명료한가? 훈육 계획이 바람직하지 않은 행동을 억제하는가?
- 어떤 행동에 대해 훈육할 것인가? 그냥 내버려 둬도 되는 행동은 어떤 것인가?

덧붙이는 말

학생들은 행동 기대치가 분명하게 설정되어 있고, 일관성이 있고, 규칙을 적용하는 상황을 이해할 수 있고, 훈육이 공정하고, 무엇보다 자신이 좋아하거나 존경하는 사람에 의해 시행될 때 조금 더 바르고 현명하게 행동할 것이다.

(4) 교사

- 학생들은 나를 존경하는가? 전문가로서의 나를 좋아하는가? 또는 내 수업을 재미있어 하는가?
- 학생들이 교실에 들어오면 반갑게 맞이하는가? 학생 한 명 한 명에게 인사하는가? 짧은 대화나 미소 또는 칭찬을 건네는가? 아니면 학생들이 모두 들어오면 전체 학생에게 인사하는가?
- 내가 말하고 행동하는 방식에 관해 학생들은 어떤 점(1~2가지)을 바꾸고 싶어 할까? 나의 수업 방식이나 학생들을 위해 만든 학습 환경에 관해 학생들은 어떤 점을 바꾸고 싶어 할까?
- 학생들과 유대관계를 형성하기 위해 의식적으로 할 수 있는 일(1~3가지)은 무엇인가?
- 내 수업이 학생들에게 재미있거나 흥미로운가? 학생들이 좋아하는 수업에 속할까? 그렇지 않다면 이유는 무엇일까? 학생들이 고대하는 수업 시간을 만들기 위해 무엇을 어떻게 해야 할까? 학생들은 수업에 집중하는가? 학습 활동에 적극적인가? 나는 '무대 위의 지식 전달자'인가 아니면 '학습 촉진자'인가?
- 청소년들의 입장에서 생각하려고 노력하는가? 원치 않는 일이 생기면 너무 쉽게 기분 나빠지지는 않는가? 침착함을 유지하는가? 아니면 화를 내거나 쉽게 짜증을 내는가?
- 학생에게 접근하는 나의 방식은 사전 대응적인가, 아니면 사후 대응적인가?
- 나는 성공적으로 학생들을 잘 다루는 동료 교사들로부터 배우려 하는가?

덧붙이는 말

때론 모르는 게 약이 되기도 하지만, 아는 것이 진정한 힘이 되기도 한다. 교육자로서 우리는 학생들에게 자기성찰과 자기반성의 본을 보여야 한다.

(5) 핵심 개념

- 가려가면서 혼내라.
- 힘겨루기를 멀리하라.
- 학생이 화를 내거나 좌절할 때, 이것을 부추기지 말고 잠시 혼자만의 시간을 제공하라.
- 자신의 뜻을 분명하게 밝히고 일관성을 유지하라.
- 학생이 당신의 인내심을 시험할 때 침착해라. 학생이 당신의 기대감을 시험하면 일관성을 유지하고 당신의 논리를 설명하라.

- 관계를 형성하라.
- 겸손해라. 자존심은 접어둬라.
- 불타버린 '관계의 다리'가 있다면 적절한 시기에 다시 다리를 만들어라. 지도자로서 교사는 먼저 이 과정을 시작하는 사람이 되어야 한다.
- 학생의 생각을 알 수 있도록 개별 대화나 면담을 실시해라.
- 학생이 바람직하지 않은 행동을 했을 때, 이것을 반드시 다룸으로써 학생에게 책임을 지게 하라. 꼭 처벌이 방법일 필요는 없다. 어떤 때는 처벌이 역효과를 낼 수 있다. 문제 행동을 심화시키고 관계를 악화시킬 수도 있다.
- 후속 결과가 항상 가장 효과적인 전술은 아니다.
- 단호하고 일관성 있게 훈육하되, "나는 네 편이다."라는 태도를 보여라.
- 공정함이 항상 동등함을 가리키는 것은 아니다. 때로는 다양한 상황에서 다양한 학생에게 각기 다른 대우를 함으로써 공정성을 실현할 수 있다.
- 날마다 새로운 하루, 새로운 시작, 새로운 기회라고 여겨라.
- 학생들의 행동을 너무 기분 나쁘게 받아들이지 마라. 10대 청소년들은 늘 실수를 저지르기 마련이다. 이것이 인간적인 모습일 뿐만 아니라, 발달학적으로 성숙해지는 과정이며 실패로부터 배우는 과정이다.
- 항상 아이들의 말에 귀 기울여라. 아이들은 어른들이 자신들의 말을 제대로 이해하지 못한다고 믿는 경향이 있다. 아이들이 자신의 관점을 주장할 때, 바로 반응하기보다는 아이들의 마음을 읽어라.
- 미소 짓고, 웃고, 즐겨라. 학생들과 즐거운 시간을 보내라.
- 당신이 왜 교직을 선택했는지 다시 생각해 보라.
- 배려와 또 한 번의 기회, 용서, 새로운 시작, 관계, 회복적 실천의 힘을 잊지 마라.
- 침착하고 다정해라.

행동 계약서

언젠가 클립보드의 상징성을 재미있게 표현한 영상을 하나 본 적이 있다. 이 영상은 클립보드를 들고 다니는 사람이 조직에서 핵심적인 일을 맡은 사람처럼 보인다는 사실을 코믹하게 꼬집었다. 누군가 클립보드를 들고 다닌다면, 우리는 이 사람이 중요한 일을 처리하는 중일 거라 여길 것이다. 이 사람은 필요에 따라 줄을 새치기하고, 사생활을 침해하는 질문도 할 수 있고, 제한 구역에 들어갈 수도 있을 것이다. 또한 클립보드에 고정된 종이 위에는 심각한 정보가 가득 적혀 있을 것이다. 심지어 이 영상은 클립보드에 꽂힌 종이가 고급 광택지라면 훨씬 더 공식적인 문서처럼 보일 거라고 이야기한다.

비슷한 예시가 있다. 흰 셔츠와 넥타이, 검은 정장, 오렌지색 형광 조끼나 안전 고깔 같은 안전 표시 장비, 회사 로고가 박힌 종이에 적힌 메모 등이다. 이것은 주로 우리의 '인식'과 관련 있는 상징들이다. 이 물건들은 특정한 문화적 반응이나 태도를 불러일으키며, 우리가 일반적으로 어떤 반응을 보일지 알려주는 신호가 되기도 한다.

학생을 상담할 때도 이런 원리를 이용해 볼 수 있다. 나는 '행동 계약서'를 만들고 이것을 작성하게 해서 학생 훈육에 성공을 거둔 적이 많다. 행동 계약서를 가리켜 '행동 합의서'라 부를 수도 있다. 행동 계약서는 사실 교사와 학생 사이의 암묵적인 합의에 불과하지만, 공식적인 문서로 남겨두기 때문에 합의한 내용이 훨씬 더 중요해 보인다. 일단 '계약'이라는 말이 붙으면 공식적인 것처럼 보일 뿐 아니라, 사람들은 대부분 계약서를 '구속력을 갖춘 문서'로 생각하기 때문이다. 우리는 어릴 때부터 '계약'이란 단어의 중요성을 인식하며 성장했다. 행동 계약서 역시 공식 문서로 작성하는 것이므로, 학생들이 절대 함부로 여기지 못할 것이다.

행동 계약서는 무의미한 문구 없이 매우 전문적이고 신중하게 선택한 단어로 작성하며, 계약 당사자 양측의 서명도 남긴다. 실제로 이런 요소가 학생들이 평소보다 훨씬 진지하고 성실한 태도로 훈육 과정에 참여하도록 유도한다는 점이 꽤나 흥미롭지 않은가. 나는 행동 계약서를 사용할 때 거의 매번 학생들이 평소보다 진지하고 긴장한 표정으로 변하는 것을 목격했다. 교사가 학생에게 단순히 말로 경고하거나 기대 행동을 지시하는 것보다 행동 계약서를 작성하는 쪽이 훨씬 더 효과적이라는 사실을 잘 이용해 보자.

행동 계약서는 어떤 경우에 사용하면 좋을까?

행동 계약서는 공식적이고 구속력을 갖춘 문서처럼 보이므로, 학생들은 이것을 매우 진지하게 받아들일 것이다. 하지만 나는 이 방법을 자주 사용하지는 않는다. 주로 반복적으로 반항하거나 지시를 거부하는 학생에게 사용한다. 교사가 아무리 노력해도 변화가 보이지 않는 학생이나 계속해서 수업 분위기를 망치는 학생들도 그 대상이다. 사소한 행동이지만 너무 반복적으로 일어나서 더는 사소하게 여겨지지 않는 행동이나 누가 봐도 심각한 행동을 하는 학생들에게도 이 전략을 사용한다. 때로는 전통적인 후속 결과를 내리는 대신 행동 계약서를 사용하기도 한다. 행동 계약서 자체가 하나의 후속 결과가 되는 셈이다.

"그냥 종이 위에 서명만 하면 되는데, 그걸로 학생들의 행동이 잘도 바뀌겠네요."라고 빈정거리는 사람도 물론 있을 것이다. 하지만 내 경험에 의하면, 행동 계약서 한 장으로도 학생들의 행동은 분명히 달라진다. 행동 계약서에 문제 행동이 무엇인지, 무엇을 바꿔야 하는지, 바꾸지 않으면 어떤 결과가 뒤따를지 분명하고 상세하게 설명하기 때문에 학생들의 행동이 달라질 수밖에 없다.

나는 이 책에 공유할 수 있는 실제 사례를 여러 번 목격했는데, 특히 인상적인 사례 하나를 소개하고 싶다. 내가 교장으로 근무하던 고등학교에 담임 교사를 힘들게 하는 남학생이 있었다. 교사가 먼저 나서서 학생을 훈육하려 한 적은 별로 없었다. 그러나 이 남학생의 태도가 처음부터 너무 엉망이었고, 이유가 뭔지는 모르겠지만 교사의 삶을 비참하게 하려고 작정이라도 한 것처럼 못되게 굴었다. 퇴학 경고 조치를 당할 만큼 큰일을 저지르지는 않았지만, 매일 작은 소란을 끊임없이 일으켰다. 게다가 수업 시간에 무례한 말을 내뱉고 수업 태도도 몹시 불량했다. 교사로서는 정말 불쾌하고 짜증스러울 수밖에 없었다. 교장인 내가 보기에도 출석정지나 격리학습 처분으로 해결할 수 있는 문제가 아닌 것 같았다. 교사에게 권할 만한 방법도 별로 없었다. 교사는 학급운영을 잘했고, 학생들과 관계를 유지하는 기술도 뛰어났다. 하지만 무슨 이유에선지 이 학생은 담임 교사의 수업 시간에만 까다롭게 굴곤 했다. 참고로 나는 지금 소개하는 경우처럼 학생이 특정 교사의 수업 시간에만 지속적으로 소란을 일으키거나, 이렇게 행동하는 이유를 제대로 파악하기 어렵거나, 어떻게 학생의 행동을 변화시킬 수 있을지 미처 알아내지 못했을 때, 시간을 끌지 않고 상황을 재빨리 바로잡기 위해 행동 계약서를 사용한다.

교사와 이야기를 충분히 나눈 다음, 우리는 함께 계약서를 만들었다. 다음 날 내가 학생을 직접 만났다. 학생에게 계약서를 보여 주고 서명하게 할 생각이었다. 그래서 일부러 이 일이 정말 대단한 것처럼 보이게 상황을 만들었다. 이 일이 다른 어떤 일보다도 공식적이고 심각한 일처럼 보이게 하려고 노력했다. 반항하거나 까다롭게 굴지 않을까 걱정했던 것과는 달리, 아이는 순순히 계약서에 서명했다. 나는 사본 한 장을 학생에게 주고, 또 한 장은 우편으로 학부모에게 보냈다. 믿지 못할 수도 있지만, 그 후로 이 학생은 단 한 번도 문제를 일으키지 않았다. 분명 다루기 어렵고, 마음만 먹으면 더 큰 문제를 일으켜 여러 사람을 힘들게 할 수 있는 아이였다.

행동 계약서를 활용하는 절차는 (1)학생에게 행동 계약서를 읽고 서명하게 하기, (2)학생에게 사본을 한 장 건네기, (3)가정으로 사본 한 장을 보내기 순으로 이뤄진다. 앞으로 학생에게 바라는 행동 기대치가 무엇이며, 이런 기대치가 충족되지 않으면 어떤 결과가 발생하는지 충분히 이해했다는 서명을 남기는 것으로 문서는 완성된다. 상호 간의 합의보다 지시에 더 가까운 내용을 담은 문서에는 계약서보다는 '동의서'라는 이름을 사용할 것이다. 하지만 어떤 이름으로 부르든 상관없다. 행동 계약서, 행동 합의서, 동의서 또는 더 적합하다고 판단하는 다른 이름을 붙여도 좋다. 만일 학생이 계약서에 서명하기를 거부하더라도 걱정할 필요는 없다. 학생에게는 당연히 서명을 거부할 권리가 있다. 이럴 때는 서명란에 '학생이 서명을 거부함'이라고 적기만 하면 된다. 계약서의 내용이 학교나 법에서 정한 정책에 어긋나거나 모순되지 않는 이상, 학생의 서명 여부와 상관없이 '심리적인 구속력'을 가질 것이다.

행동 계약서에 어떤 내용을 포함시킬까?

행동 계약서는 심각한 문제 행동에 대한 훈육 조치나 반복적인 위반 행동을 다루는 도구로 활용하면 가장 효과적이다. 행동 계약서는 교장들이 사용하기에 정말 좋은 도구다. 교사들 또한 교실에서 시도해 보지 않을 이유가 없다. 학급 훈육 계획 안에 넣기에도 좋은 자원이다. 교사에 따라 행동 계약서가 조금 낯설게 느껴질 수도 있고, 계약서를 실제로 만드는 것이 부담스러울 수도 있으므로, 처음에는 교장이나 이전략을 시도해 본 경험이 있는 교사의 조언을 구하는 것이 좋다.

행동 계약서는 학생의 문제 행동과 학교가 앞으로 학생에게 기대하는 행동 그리고 기대가 충족되지 않았을 때의 후속 결과를 나타낸 문서다. 이밖에 다른 요소들도 행동 계약서에 포함할 수 있는데, 과거의 위반 사항이나 교사가 이전에 시도한 조치도 행동 계약서에 함께 표시할 수 있다. 이전에 시도했던 중재 및 지원도 나열할 수 있고, 미래의 중재 및 지원 계획을 표시할 수도 있다. 또한 행동 계약서는 행동 중재 계획서나 다른 교육 문서에 첨부할 수도 있다.

'표 5.3~5.8'은 내가 실제로 사용했던 행동 계약서 양식이다.

표 5.3. 동의서

동의서

저 ○○○는 다음 문제와 관련해서 20 년 월 일에 ○○○와 상담했습니다.

다음

_____

_____

_____

_____

_____

이런 일이 다시 발생할 시 〈학생 행동 규범〉에 따라 징계가 내려질 수 있음을 충분히 이해하고 동의합니다.
저는 이 상담이 제 행동을 바꾸기 위한 경고이자 기회임을 알고 있습니다.

20 년 월 일

학생: (서명)
담당 교직원: (서명)
보호자 연락 여부: 예/아니오

표 5.4. 행동 계약 동의서

행동 계약 동의서

저 ○○○는 다음 문제와 관련해서 20　년　월　일에 ○○○와 상담했습니다.

다음

_____

_____

_____

_____

_____

_____

아래의 후속 결과와 행동 기대치를 이행할 것에 동의하고, 이행하지 못할 시 추가 훈육이 내려질 수 있음을 이해하고 동의합니다.

〈학생 행동 규범〉에 대한 어떤 위반이라도 경고로만 국한되지 않고 출석정지, 퇴학 권고에 이르는 징계가 내려질 수 있습니다. 현재 상황과 비슷한 일이 추가로 발생할 시 징계 처분이 내려질 것입니다. 징계에는 출석정지는 물론, 적절하다면 퇴학 조치까지 포함될 수 있습니다.

이것이 교실 환경, 교수 행위, 학교의 교육이념과 경영을 방해하는 제 행동을 변화시키기 위한 공식 통지서임을 이해합니다. 이런 일이 추가로 발생하면 출석정지와 퇴학 조치까지 포함하는 징계 처분이 내려질 것입니다.

20　년　월　일

학생:　　　(서명)

담당 교직원:　　　(서명)

보호자 연락 여부: 예/아니오

표 5.5. 행동 계획 동의서

행동 계획 동의서

○○○ 학생 부모님께

이 동의서는 ○○○ 학생이 다음 행동으로 한 번 이상 수업을 방해했음을 학부모님께 알리는 알림장 역할을 합니다.

- 지속적인 말다툼
- 교사의 지시 거부, 수업 시간 수칙 불이행
- 학습 환경과 질서를 저해하는 난동
- 동료 학생들과 반복적인 갈등 유발

이와 같은 행동의 반복으로 교실 내 학습 환경과 교수 행위, 학교 교육이념 및 경영을 방해하고 있습니다.

저 ○○○(담당 교직원)는 ○○○학생에게 앞으로 기대되는 행동을 분명히 이해시키기 위해 수업 시간의 행동과 관련해서 귀 자녀를 20 년 월 일에 상담했습니다. 수업 방해 행동을 예방하고 바로잡기 위해 긍정적인 접근법과 다양한 방법을 시도했습니다. 이제 학교에서는 귀 자녀가 다시 같은 행동을 보였을 때 다음과 같은 학교 훈육 절차를 시행할 것입니다.

학생 행동	학교 조치
특정 수업에서 1차 위반	
같은 날 같은 수업에서 2차 위반	
__주/개월/분기(선택) 동안 __회 위반	

유의사항: 어떤 상황이든 본 동의서에 포함된 조치에 국한되지 않으며, 여기에 명시되지 않았더라도 경고부터 가장 심각한 수준의 후속 결과까지 주어진 상황에 타당한 학교 차원의 훈육이 일어날 것입니다.

수업 시간에 제가 한 행동에 관한 고지 내용과 본 동의서의 내용을 이해하고 이에 동의합니다.

20 년 월 일

학생: (서명)
담당 교직원: (서명)
보호자 연락 여부: 예/아니오

표 5.6. 수업 행동 통지문

수업 행동 통지문

저 ○○○는 아래의 문제와 관련해서 ○○○와 면담했습니다.

○○○(담당 교직원)은 이번 학기 수차례에 걸쳐 수업 중 말다툼과 교사의 수업 지도에 불응하는 행동과 관련해서 ○○○ 학생을 불러 직접 이야기를 나눴습니다. 관련 교사와 학교는 ○○○ 학생에게 태도를 바꿀 기회를 여러 번 제공했습니다. 반복되는 문제 행동이 교실 내 학습 환경과 교수 행위, 학교의 교육이념 및 경영을 방해하고 있습니다.

〈학생 행동 규범〉에 대한 어떤 위반이라도 경고로만 국한되지 않고, 경고부터 출석정지, 퇴학 권고에 이르는 징계가 내려질 것입니다. 이에 다음과 같이 〈학생 행동 규범〉의 규칙을 알려드립니다.

저 ○○○는 이것이 수업 환경과 교수 행위 그리고 학교의 교육이념 및 경영을 방해하는 제 행동을 바꾸라는 최종 통지임을 이해하고 동의합니다.

수업 시간에 제가 한 행동에 관한 고지 내용과 본 동의서의 내용을 이해하고 이에 동의합니다.

20 년 월 일

학생:　　　　(서명)

담당 교직원:　　　　(서명)

보호자 연락 여부: 예/아니오

표 5.7. 접촉금지명령 동의서

접촉금지명령 동의서

저 ○○○는 20　년 월 일에 제게 정식으로 제기된 신고 내용과 관련해서 20　년 월 일에 ○○○과 상담했습니다. 저를 신고한 학생(들)의 주장을 충분히 인지했고, 신고 내용과 관련해 교장 선생님에게 질문하고, 충분히 소명하고, 변호할 기회를 제공받았습니다.

저를 신고한 학생(들)과 저의 접촉이 학습 과정과 평화로운 학교 분위기에 지장을 초래했다는 사실을 고지받았고 그 점을 이해했습니다. 학교로부터 해당 학생(들)과 모든 접촉을 즉시 중단해야 한다는 통보를 받았고, 그 학생(들)이 누구인지 알고 있습니다.

앞으로 그 학생(들)을 모르는 사람처럼 대하고, 다른 학생들과의 대화나 수다, 쳐다보기, 행동, 소셜미디어 이용, 옆으로 지나갈 때 말이나 표정 등을 포함해 어떤 방식으로든 접촉하지 않겠습니다.

저는 본 동의서 내용을 위반할 시 상대 학생이 그 사실을 학교에 알릴 수 있다는 점을 고지받았습니다.

본 동의서는 부적절하거나 파괴적인 행동임이 확인된 상황이나 그런 혐의에 근거하여 '지원 조치'로 시행되고 있습니다. 동의서의 내용을 무시하거나 따르기를 거부한다면 경고에만 한정되지 않고 출석정지나 퇴학 권고에 이르는 징계가 내려질 수 있습니다.

본 동의서에 담긴 내용과 명령을 이해하고, 명령을 이행하지 않을 시 〈학생 행동 규범〉에 명시된 대로 징계를 받을 수 있음을 이해하고 동의합니다. 저는 본 동의서 내용에 관해 질문하고 이 사안에 대해 제 의견을 진술할 기회를 제공받았다는 사실을 확인합니다.

20　년　월　일

학생:　　　　(서명)

학교장:　　　　(서명)

보호자 연락 여부: 예/아니오

표 5.8. 희롱에 따른 접촉금지명령 동의서

희롱에 따른 접촉금지명령 동의서

저 ○○○는 20　년 월 일에 저에게 정식으로 제기된 신고 내용과 관련해서 20　년 월 일에 ○○○과 면담했습니다. 저를 신고한 학생(들)의 주장을 충분히 인지했고, 신고 내용과 관련해 교장 선생님에게 질문하고, 충분히 소명하고, 변호할 기회를 제공받았습니다.

저를 신고한 학생(들)과 저의 접촉이 학습 과정과 평화로운 학교 분위기에 지장을 초래하게 되었다는 사실을 고지받았고 그 점을 이해했습니다. 학교로부터 해당 학생(들)과의 모든 접촉을 즉시 중단해야 한다는 통보를 받았고, 그 학생(들)이 누구인지 알고 있습니다.

저는 그 학생(들)을 모르는 사람처럼 대할 것이고 의사소통, 다른 학생들과 수다, 쳐다보기, 행동, 소셜미디어 이용, 옆으로 지나갈 때 건네는 말이나 표정 등을 포함해 어떤 방식으로든 그 학생(들)과 접촉하지 않겠습니다. 제가 어쩌다 그 학생(들) 가까이에 있게 된다면 그 학생(들) 쪽으로 쳐다보지 않을 것이고, 어떤 말을 하거나 소리를 내거나 행동도 하지 않을 것이며 그 학생(들)을 피해 다니려고 노력하겠습니다.

저는 본 동의서의 내용을 위반할 시 상대 학생이 그 사실을 학교에 알릴 수 있다는 점을 고지받았습니다.

본 동의서는 성희롱임이 확인된 상황이나 그런 혐의에 근거해서 '지원 조치'로서 시행되고 있습니다. 성희롱은 〈학교운영위원회 방침〉과 〈학생 행동 규범〉으로 금지되어 있습니다. 동의서의 내용을 무시하거나 따르기를 거부한다면 경고에만 국한되지 않고 출석정지나 퇴학 권고에 이르는 처분이 내려질 수 있습니다.

본 동의서에 담긴 내용과 명령을 이해하고, 명령을 이행하지 않을 시 〈학생 행동 규범〉에 명시된 대로 징계를 받을 수 있음을 이해하고 이에 동의합니다. 저는 본 동의서 내용에 관해 질문하고 이 사안에 대한 제 의견을 진술할 기회를 제공받았다는 사실을 확인합니다.

20　년　월　일

학생:　　　(서명)
학교장:　　　(서명)
보호자 연락 여부: 예/아니오

자기성찰 기록지

'자기성찰 기록지'는 학생들이 자신의 행동을 스스로 분석하고, 이를 바탕으로 앞으로의 계획을 세우는 데 매우 유용한 자원이다. 이 기록지를 사용했을 때의 장점은 학생들이 자신의 행동을 되돌아보는 시간을 가질 수 있다는 점이다. 자기성찰 기록지를 작성하는 동안에는 소리치거나 설교하거나 평가하거나 생각을 '숟가락으로 떠먹이는' 어른들의 간섭을 받을 필요가 없다. 학생이 기록지를 모두 작성하면 교사가 이 내용을 바탕으로 상담을 시도할 수는 있다. 반대로 교사들은 별도의 상담 없이 학생이 작성한 기록지를 그냥 읽어만 볼 수도 있다. 때론 이 방법도 괜찮다. 하지만 대부분의 경우, 교사들은 기록지에 적힌 내용에 관해 더 자세히 알아보기 위해 학생과 대화를 시도할 것이다.

이 전략은 다른 학교 교장으로 재직하던 한 동료가 내게 알려준 것이다. 그가 일선 교사로 있을 때 사용하던 방법이다. 그는 학생들이 격리학습 벌칙을 내려야 마땅한 문제를 일으키면, 정규 수업을 시작하기 전이나 점심시간 또는 방과 후에 학생을 따로 불렀다. 격리학습을 하는 동안 학생은 다음의 간단한 질문을 포함한 자기성찰 기록지를 작성해야 했다.

(1) 왜 여기에서 격리학습을 받고 있나요?
(2) 이런 격리학습을 받지 않으려면 어떻게 행동해야 했을까요?
(3) 이런 일이 다시 일어난다면 적절한 후속 결과는 무엇일까요?

교장이라면 당연히 (3)번에서 학생들이 대답한 대로 처리하지 않을 권리를 가진다. 그러나 (3)번 질문은 훈육 과정에 학생이 직접 참여하는 기회를 제공한다는 점에서 의미가 있다. 4장에서 소개한 '왜인지 질문하기 전략'과 '형세 역전시키기 전략'을 떠올려 보라. 이 전략들과 비슷하게 자기성찰 기록지 역시 질문의 힘을 활용한 전략이다. 몇 가지 질문을 읽고 대답하면서 학생들은 자기 행동에 관해 적절한 판단을 내릴 수 있다. 그런 후에는 놀라울 정도로 많은 학생이 자신의 행동에 맞는 벌칙을 제안할 것이다. 심지어 교사가 생각하는 것보다 더 가혹한 벌칙을 제안할 때도 있다. (3)번 질문에 대한 답변을 교사가 수용할 수 있거나, 교사와 학생이 대화를 나누다 적절한 벌칙이 정해진다면 교사와 학생 사이에 계약이 체결된 것이다. 교사는 이것을 문서로 보관하고, 향후 훈육 조치를 설명할 때 사용할 수 있으며, 학부모나 보호자에게 연락할 때도 이 내용을 근거로 이야기할 수 있다.

자기성찰 기록지는 훌륭한 후속 조치가 될 수 있다

자기성찰 기록지를 작성하는 일 자체를 실질적인 후속 결과로 볼 수 있다. 예를 들어, 만일 수업 시간에 문제 행동을 보인 학생이 이미 경고나 다른 수준의 훈육 처분을 먼저 받았다면, 이 학생에게는 별도로 자기성찰 기록지를 작성하라고 지시할 수 있다. 수업 중에 바로 그 자리에서 작성하라고 할 수도 있고, 복도로 나가서 작성하라고 할 수도 있다. 어떤 방식이 되었든 학생이 자기성찰 기록지 서식을 받는다면 교사의 훈육 계획에서 특정 단계에 도달했다는 의미일 것이다.

교사는 학생에게 내리는 처벌로 자기성찰 기록지를 선택할 수 있다. 그러면 누군가는 "그런데 잠깐만. 나쁜 행동에 대한 처벌을 받아야 하는데, 서식 하나 작성하는 것은 실제론 아무런 벌칙도 아니지 않을까요?"라고 지적할 수도 있다. 만일 다음 훈육 단계를 표시한 공식 문서가 있고, 학생이 자신에게 내릴 처벌이 무엇인지 생각하고, 더 나아가서는 학생에게 약간의 자기성찰을 불러일으키기만 한다면, 그 자체로 훌륭한 처벌이 아니라고 여길 이유가 없다.

'계약'이라는 단어가 학생들의 머릿속에 각인되어 그 덕분에 앞으로 다시 잘못된 결정을 내릴 가능성을 조금이라도 저지할 수 있다면 어떤가? 만약 이렇게만 된다면 이 또한 학생의 행동 변화를 이끄는 데 충분히 도움이 되었다는 의미다. 이것은 회사에서 직장인이 자신의 상사로부터 '견책처분 통지서'를 받는 것과도 비슷하다. 견책처분 통지서는 엄밀히 말해 종이 한 장에 불과하지만, 이것이 전달하는 내용, 기대치,

기대를 충족하지 못했을 때 받게 되는 조치 등을 고려했을 때 대부분의 조직에서 널리 사용하는 징계 전략이 되기에 충분하다.

학생이 자기성찰 기록지 작성을 거부한다면 교사에게는 두 가지 선택지가 있다. 첫째는 간단하게 학생이 자기성찰 기록지 작성을 거부했다고 기록하는 것이다. 나중에 학생이나 보호자와 면담할 때 혹은 학생 상담 계획을 잡을 때 이 부분을 다시 이야기할 수 있다. 둘째로 훈육 계획의 다음 단계로 이동할 수 있다. 하지만 이때는 학생에게 '자기성찰 기록지 작성을 거부하면 다음 단계의 훈육을 받는다는 것'을 미리 알려야 한다. 자기성찰 기록지 작성을 거부한 학생에게 내려질 다음 단계의 훈육으로는 일정 기간 동안의 격리학습, 교장실 훈육 의뢰 등이 있을 것이다.

'표 5.9'는 자기성찰 기록지 서식의 예다. 이것은 내가 교과 교사로 학생들을 가르칠 때 실제로 사용했던 것이다. 주로 학업 성취와 관련된 내용이지만, 몇 가지 행동 요인도 함께 다룬다. 이 서식을 공유하는 이유는 교사들이 학습의 목적이나 생활지도의 목적에서 자기성찰 기록지 서식을 만들 때 영감을 얻도록 하기 위해서다.

내가 실제로 자기성찰 기록지를 어떻게 사용했는지 간단히 소개하겠다. 나는 D나 F 학점을 받은 학생들에게 몇 주에 한 번씩 기록지를 나눠주고 이것을 작성해 보도록 했다. 학생들이 작성을 끝내면 모두 거둬서 꼼꼼히 읽었다. 여기에 적힌 내용은 학생과 앞으로의 계획을 논의하거나 학부모와 면담할 때 활용할 수 있는 훌륭한 자료가 되었다. 또한 시간이 어느 정도 흐른 후에도 학생의 학업 성취도를 판단하는 자료로 활용할 수 있었다.

표 5.9. 자기성찰적 성적 분석지

자기성찰적 성적 분석지

내일까지 제출하세요

20 년 월 일 교시   학생 이름:

현재 성적:
- 다른 과목에서도 이런 성적을 받았습니까? 예 /아니오 (해당 사항에 ○표 하세요.)
- '예'에 표시했다면 몇 개 과목에서 이런 성적을 받았습니까?
- 이 과목을 잘하기 위해 노력하고 있습니까? 예 /아니오
- 이 과목에서 어떤 성적을 받고 싶습니까?
- 숙제를 자주 하고 있습니까? 예 /아니오
- 퀴즈 대비 공부를 하고 있습니까? 예 /아니오
- 시험 대비 공부를 하고 있습니까? 예 /아니오
- 선생님에게 질문하거나 도움을 청하면서 수업에 잘 참여하고 있습니까? 예 /아니오
- 이 과목에서 자신이 왜 이 점수를 받았는지 설명하세요.

성적 향상을 위해 무엇을 했습니까? 구체적으로 쓰시오. 아무것도 시도하지 않았다면 공란으로 남겨두세요.

_____

_____

앞으로 성적 향상을 위해 무엇을 할 수 있을까요? 구체적으로 쓰시오. 만일 그 방법이 공부를 더 많이 하는 것이라면 어떤 방법으로, 무슨 요일에, 얼마의 시간을 들여 공부할 것인지, 플래시 카드를 사용할 것인지 등에 관해 설명하시오.

_____

_____

- 최선을 다해서 성적 향상에 필요한 것을 하고 있습니까? 예 /아니오
- 선생님이 더 알아야 할 것이 있습니까? 성적을 향상할 수 있게 선생님이 도와주기를 바랍니까?

_____

_____

_____

자기성찰 기록지는 학생들이 자기 행동에 어느 정도 책임을 지도록 한다는 면에서 가치가 있다. 학생들은 기록지를 작성하며 학업적 성공을 위해 자신에게 어떤 지원이 필요한지 곰곰이 생각해 볼 수 있다. 나는 학생들이 대답한 내용에 관해 더 자세히 이야기를 나눠보려고 개별 상담을 진행했는데, 아침 정규 수업이 시작되기 전이나 점심시간, 방과 후 시간을 주로 이용했다. 수업 중간에 잠깐 짬을 내서 이야기를 나누기도 했다. 자기성찰 기록지 덕분에 학생들과 깊이 있는 대화를 나눌 수 있었고, 일부 문제 행동의 근본 원인까지 찾을 수 있었다.

문제의 전체 과정을 돌아보는 '행동 반성 노트'

또 하나의 자기성찰 기록지 양식은 '행동 반성 노트(Behavior Think Sheet)'라 부르는 것이다. 학생의 행동에 초점을 두는 서식으로 훈육을 시행하기에 앞서, 학생이 문제 발생의 전체 과정을 스스로 돌아보게 하는 데 목적을 둔다. 행동 반성 노트는 학생들이 잘못을 저지르는 순간 어떤 생각을 했으며, 그때 어떤 기분이었는지, 무엇을 얻으려고 했는지, 실제로는 무엇을 얻고 무엇을 잃었는지 파악할 수 있게 한다.

이 서식의 가장 큰 장점은 문제 행동 때문에 손상된 관계를 회복하는 방법을 학생에게 직접 묻는다는 점이다. 몇몇 학교에서는 출석정지 처분을 받은 학생들에게 이 서식을 나눠주고 작성하게 한 다음, 학생들이 다시 학교로 돌아왔을 때 자기가 작성했던 것들을 실제 행동으로 옮길 수 있도록 지도한다.

표 5.10. 행동 반성 노트

행동 반성 노트

이 반성 노트는 여러분이 더 나은 미래를 맞이할 수 있게, 더 좋은 선택을 하도록 돕기 위한 것입니다. 여러분의 성공은 선생님들에게도 매우 중요합니다.

20   년 월 일 교시
학생:
징계 결과:

- 위와 같은 징계를 받게 된 문제 행동이 무엇인지 쓰세요.
_____

- 이 행동이 발생하게 된 상황에 무슨 생각을 했고, 어떤 기분이었습니까?
_____

- 무엇을 얻으려고 했습니까? 원하던 것을 얻었습니까?
_____

- 이것으로 어떤 대가를 치렀습니까? 다시 이런 행동을 한다면 앞으로 어떤 대가를 치뤄야 할까요?
_____

- 앞으로 이런 상황이 다시 일어난다면 어떻게 다르게 행동할 수 있을까요? 그 결과는 무엇일까요?
_____

- 이런 상황을 더 슬기롭게 다룰 수 있도록 선생님이 도와줄 수 있는 일이 있나요?
_____

- 갈등을 회복하거나 해결하기 위해 누구와 이야기를 나눠야 한다고 생각합니까?
_____

- 이런 상황이나 갈등을 해결하기 위해 어떤 수단을 적극적으로 쓰겠습니까?
_____

행동 지원 담당자(예: 관리자, 교사, 사회복지사, 생활지도 상담사, 교육 멘토): ○ ○ ○

20   년   월   일

자 원 5

관계 유형 척도

다른 사람의 마음을 얻는 능력도 객관적으로 측정할 수 있을까? 관계를 형성하고 유지하는 것을 잘하는 사람인지 아닌지는 어떻게 판단할 수 있을까? 우리 주변에는 누군가의 마음은 쉽게 얻으면서도 또 다른 누군가의 마음은 잘 얻지 못하는 사람들도 있다. 동료 교사에게 "당신은 대체로 호감 가지 않는 사람입니다."라는 말을 어떻게 전할 수 있을까? 때때로 교사들이 반드시 들어야 하는 쓴소리일 수도 있지만, 이런 말은 상대방을 설득하기는커녕 반발심만 일어나게 할 수도 있다.

나는 "좋아하지 않는 교사를 통해서는 진정한 배움이 일어나지 않는다."라는 말을 신뢰하며, 교사와 학생의 유대관계가 학습에도 큰 영향을 미친다고 생각한다. 따라서 교사와 학생의 관계를 개선하기 위해 교장인 내가 일선 교사들과 어떻게 협력할 수 있을지 방법을 찾고 싶었다. 그러다가 '관계 유형 척도(스펙트럼)'라는 아이디어를 떠올렸다. 교사와 학생의 관계를 어느 정도 정량화할 수 있다면, 즉 척도를 사용해 상호작용을 측정할 수 있다면 학생이 교사를 어떻게 생각하는지 파악하는 데 도움이 될 수도 있다고 생각한 것이다. 물론 이것은 과학적인 근거가 있는 척도라고는 말할 수 없으며, 그저 유용한 도구로 여기면 좋을 만한 것이다.

관계 유형 척도를 활용하는 방법

관계 유형 척도는 실제로 어떻게 활용할 수 있을까? 우선, 교사(관리자나 일선 교사 모두) 스스로 특정 학생과의 관계 유형을 점검해 볼 수 있을 것이다. 과거의 상호작용을 떠올리기도 하고 최근에 일어났던 일도 생각해 본 다음, 교사의 요청이나 지시에 학생이 주로 보인 반응이 무엇인지 결정한다. 관계 유형은 학생의 반응 방식에 따라 다섯 가지(거부/반항, 무례/시비, 순종, 동의, 감명)로 나눌 수 있다.

예를 들어, 수업 종이 울리면 학생들에게 자리에 가서 앉으라고 요구하는 상황을 떠올려 보자. 교사가 같은 말을 여러 번 하면 대놓고 기분 나쁜 표정을 짓는 학생이 있다고 가정해 보자. 이 학생의 행동은 관계 유형 척도에서 어떤 등급으로 분류해야 할까? 물론 이런 반응은 학생들이 흔히 보일 수 있는 것이며, 수업 종이 울리면 자리에 앉으라는 것 또한 일반적인 규칙이다. 따라서 이런 상황이 교사와 학생의 관계 유형을 어렴풋이 드러낼 것이다. 이 시나리오에서 학생의 반응은 '무례/시비' 유형으로 분류할 수 있다. 그렇다고 참을 수 없을 정도로 무례한 행동도 아니다.

사실 어른이 잘못을 지적했을 때 반항적인 태도를 보이는 것은 발달학적 관점에서 매우 정상적인 반응이다. 그렇더라도 행동 유형 척도 중 '감명'이나 '동의'에 해당한다고는 볼 순 없다. 또한 '순종'에 해당한다고도 볼 수 없다. 종이 울리면 자리에 앉는 게 교사가 요구하는 기대 행동이므로, 교사가 따로 지시하지 않아도 스스로 자리에 앉는 학생들이라면 '순종' 유형으로 분류할 수 있을 것이다. 하지만 이런 유형의 학생들이 '동의' 또는 '감명' 등급에 속한다고는 쉽게 판단할 수 없을 것이다.

다른 상황을 예로 살펴보자. 한 학생이 개인용 전자기기를 사용해서는 안 되는 시간에 핸드폰을 꺼내서 수업 규칙을 어겼다고 하자. 교사가 이것을 지적하자, 학생이 순순히 "선생님, 죄송합니다. 다시는 그러지 않겠습니다."라고 대답했다고 가정해 보자. 이 학생은 규칙을 어긴 것일까? 물론 그렇다. 그렇다면 학생은 징계를 받아야 할까? 어쩌면 그럴지도 모른다. 하지만 모든 것은 교사의 훈육 계획, 문제가 일어나기 전의 상황, 문제를 지적한 후에 보인 반응, 다른 학생과의 형평성이나 일관성 문제에 따라 달라질 수 있다. 그렇다면 이 학생의 반응은 학생과 교사의 관계에 대해서는 무엇을 말해주는가?

관계 유형 척도는 항상 대인관계와 연관이 있다. 학생의 모든 행동과 관련 있는 것은 아니지만, 대인관계 행동과는 반드시 연결된다. 앞서 예시로 든 상황에서 학생이 진정성 있는 반응을 보였다면, 이것은 관계 유형 척도의 '동의' 유형에 속할 것이다. 학생은 규칙을 위반했지만, 잘못을 지적당했을 때 이 말에 동의하는 모습을 보였다. 그렇다면 이 상황을 '감명' 유형이라 볼 수 있을까? 아마 아닐 것이다. 하지만 학생이 진심을 담아 "선생님, 너무 죄송해서 어떻게 해야 할지 모르겠습니다. 다시는 선생님을 실망시키지 않겠습니다. 앞으로는 달라진 모습을 보여 드릴게요."라고 말했다면 어떨까? 그랬다면 '감명' 유형에 해당할 수도 있을 것이다.

교사에 대한 존경심이 넘치는 학생은 또 어떤가? 이 학생에게 교사는 영웅과도 같은 존재다. 교사는 학생에게 커다란 영향을 미친 사람으로 평생 기억될 것이다. 바로 이런 경우가 '감명' 등급이다. 관계 유형 척도에서 '감명'은 학생에게 무언가를 하고 싶게 만드는 것까지 포함한다. 즉 학생의 행동까지 변화시킬 수 있다는 의미다. '동의'는 학생을 설득할 수 있음을 의미한다. 그래서 이런 경우 학생은 마치 행동을 통해 "좋아요. 동의합니다."라고 말하는 것처럼 반응한다.

관계 유형 척도에서 '순종'이 반드시 좋은 건 아니다. 나쁜 것까지는 아니지만, 그렇다고 자랑할 만한 것도 아니다. 관계 유형 척도에서 '순종'은 학생들이 교사에게 설득당해서(즉 동의해서) 또는 원해서(즉 감명받아서)가 아니라 그저 해야 하는 일이기 때문에 한다는 것을 의미하기 때문이다. 학생들은 그저 규칙을 따르는 것이므로, 단순히 행동 자체만 놓고는 교사와 학생의 관계가 어떤지 자세히 알 수 없다. '순종'은 외부에서 가해진 힘에 못 이겨 움직이는 상태로 정의할 수 있다. 이 경우, 학생들은 규칙을 따르라는 말을 들었기에 따른 것 뿐이다. 만약 규칙을 따르지 않으면 후속 결과가 이어진다는 것을 잘 알고 있기 때문이다. 이것은 말 그대로 순순히 따르는 것일 뿐, 의미가 있는 행동은 아니다. 그래서 '순종'은 5등급 척도의 중간에 두는 게 가장 적절하다. 다시 말해 '순종'은 감정적으로도 중립 상태라 볼 수 있다.

관계 유형 척도의 다섯 단계

'무례/시비'에 관해서는 이미 이야기했고, 그렇다면 '거부/반항'은 어떤가? 이 등급에 해당하는 모든 상호작용은 학생과 교사의 유대관계가 강하지 않다는 것을 보여 주는 신호다. 물론 여기에도 예외는 있다. 우리는 관계 유형 척도가 어디까지나 도구일 뿐이라는 사실을 기억해야 한다. 복잡한 개념을 이해하기 위해 스펙트럼을 이용하는 것뿐이다. 예를 들어, 아이가 부모에게 종종 반항한다면, 이 가족은 관계가 나쁜 것일까? 어쩌면 그럴 수도 있지만, 대부분은 전혀 그렇지 않을 것이다. 하지만 학교 내부의 구조와 규범 안에서 교사가 학생에게 어떤 행동을 요구했는데 학생이 이를 거부한다면 두 사람 사이의 유대관계가 돈독하지 않거나, 유대관계가 아예 형성되지 않았을 가능성도 크다. 물론 학생에게 장애가 있거나 개인적인 트라우마로 반항적인 태도를 보이는 경우는 예외다.

학생과 교사 사이에 강한 유대관계가 형성되어 학생이 교사를 자신의 부모처럼 대할 수도 있다. 우리는 때때로 우리를 가장 사랑해 주는 사람에게 가장 못되게 굴지 않는가. 이것은 아이들이 가장 신뢰하는 사람과 함께 있을 때 가장 무방비한 상태가 되는 원리와 비슷하다. 그러나 학생들의 '거부'는 대부분 관계의 부재나 심지어 관계의 결핍을 나타낸다. 그러므로 학생에 대해 잘 알지 못하면서 섣불리 잘못을 지적하는 것은 대체로 경솔한 행동일 것이다. 물론 교사라면 학생의 잘못을 지적할 수도 있고, 지적해야 할 때도 있지만 유대관계가 제대로 형성되지 않은 상태라면 대체로 힘겨루기로 흘러가거나 좋지 않은 상황으로 이어질 가능성이 크다. 권위자의 지시에 주의를 기울이는 것이 학생에게 익숙한 일이더라도, '감명'의 관계를 형성할 수 있다면 교사들은 누구나 학생의 마음을 얻을 수 있을 것이다.

나는 관계 유형 척도를 사용하기 쉽게 '다섯 가지 반응(-2, -1, 0, +1, +2')에 대응시켜 점수화했다. 흔히 성적을 매길 때 사용하는 알파벳(F, D, C, B, A) 등급으로도 나타낼 수 있다. 교사들에게는 아마 알파벳 등급이 더 편할 것이다. 나는 등급을 수치화할 때 1점부터 5점까지 매기는 것보다 −2점부터 +2점까지 매기는 방식을 선호한다. '순종' 등급 아래는 부정적인 관계라는 느낌을 숫자(마이너스)로 전달하고 싶어서다. 순종 이하의 등급은 최악의 관계까지는 아닐 수도 있지만, 사실상 부정적인 관계에 더 가깝다. 순종은 중립이므로 양수도, 음수도 아닌 '0'으로 표현하면 딱 맞다. 이 척도에서 양수는 학생과 교사 사이의 관계가 긍정적임(플러스)을 나타낸다.

표 5.11. 관계 유형 척도

F	D	C	B	A
−2	−1	0	+1	+2
거부/반항	**무례/시비**	**순종** ('외부에서 힘이 가해졌을 때 그 힘에 못 이겨 움직이게 되는 상태'로 정의함)	**동의** (상대방이 "좋아요. 동의합니다. 그렇게 할게요."라고 말하도록 설득하기)	**감명** (상대방이 진심으로 무엇인가를 하고 싶게 만들기)
교사의 목표는 학생들과 'A형 관계'를 형성하는 것이다!				

자 원 6

다단계 학급운영 계획

교실에서 실행하는 훈육 계획은 교사의 성격이나 가치관과도 잘 맞아야 한다. 또한 학교에서 정한 방침이나 목표와 비교했을 때도 일관성 있게 행해져야 한다. 나는 점진적 단계로 구성된 다단계 훈육 계획을 권장하지만, 앞에서 소개한 '행동 분류표'에 관한 내용만 봐도 학생들의 행동을 쉽게 분류할 수 없다는 사실을 알 수 있다. 겉으로 보기엔 비슷한 행동이라도 상황에 따라 완전히 다른 단계의 훈육 계획을 적용해야 할 수도 있다.

무엇보다 중요한 건 교사가 자신만의 훈육 체계를 갖춰야 한다는 점이다. 그래야만 학생이 X, Y, Z라는 행동을 했을 때, 각각의 행동에 대해 어떻게 대처할지 단호하면서도 현명한 판단을 내릴 수 있다. 노련한 교사라면 교실에서 일어날 수 있는 거의 모든 문제 행동을 예측하고, 이에 맞는 훈육 계획을 세울 것이다. 교사는 문제 행동이 일어나기 전부터 다음 단계로 무엇을 해야 할지 미리 알아야 한다. '만일 학생이 이렇게 하면 나는 이렇게 하고, 학생이 저렇게 하면 나는 또 이렇게 해야지' 하는 계획이 있어야 한다는 뜻이다. 다시 말해서, 만일 학생이 이것을 선택하면 이런 후속 결과를 내릴 것이고, 저것을 선택하면 그에 따라 어떤 후속 결과를 내릴지 확실한 체계가 있어야 한다. 이런 세세한 사항들은 모두 훈육 계획의 일부로 기록해 둬야 한다. 결국 훈육 계획도 학급운영 계획의 일부인 셈이다.

훈육 계획은 학생들에게도 미리 전달해야 한다. 훈육 계획을 학부모와 공유하는 것도 좋은 풍토라고 볼 수 있다. 만일 교사가 훈육 조치를 학생, 학부모(보호자) 또는 학교 관리자에게 설명해야 하는 상황이라면 미리 마련해 둔 '행동 개입 계획서'를 참고할 수도 있다. 교사는 훈육 계획의 일부나 전체 내용을 교실에 게시해 둘 수도 있으며, '수업계획서'나 '연간 수업계획안'에 훈육 계획을 포함시킬 수도 있다.

잘 짜인 매뉴얼만 있다면 두려울 게 없다

여러 단계로 구성한 구체적인 훈육 계획을 세웠을 때, 교사가 얻을 수 있는 가장 큰 이점은 학급운영에 대한 '자신감'을 가질 수 있다는 것이다. 구체적으로 설계한 계획이 잘 마련되어 있다면 교사들은 교실에서 발생할 수 있는 어떤 상황에도 망설임 없이 단호하게 대처할 수 있다고 느낄 것이다. 사건이 벌어졌을 때 어떤 조치를 취해야 하는지 정확히 아는 것은 매우 중요하다. 다행스럽게도 실제로 그런 상황을 겪지 않는다고 해도, 일단 계획이 마련되어 있다면 교사는 훨씬 편안하고 안정된 상태에서 학급을 이끌 수 있으며, 스스로를 '충분히 준비된 교사'라고 느낄 것이다.

학생의 문제 행동을 효과적으로 처리하지 못해 고민하는 교사들과 이야기해 보면 제대로 설계된 학급 관리 계획이 없는 경우가 놀라울 정도로 많았다. 나는 교사들에게 자신만의 훈육 철학을 세우라고 조언한 다음, 교실에서 발생할 수 있는 다양한 문제 행동을 어떻게 다룰지 다단계 계획을 만들어 보라고 권유한다. 잘 짜인 매뉴얼만 있다면 두려울 게 없기 때문이다.

학급운영 계획으로 문제 행동을 예방할 수 있다

학급운영 계획은 문제 행동을 예방하는 역할을 한다. 학생들의 문제 행동을 해결하는 최선의 해결책은 결국 '좋은 수업'과 '좋은 관계'에 있다. 학생들에게 수업에 대한 주인의식과 선택권을 제공해서 집중도와 참여도를 높이고, 학습에서 진정한 흥미를 찾도록 돕는다면 이보다 이상적인 일도 없을 것이다. 모든 학생에게는 지금보다 훨씬 크게 성장할 수 있는 잠재력이 있다. 학생들은 자기가 좋아하는 교사나 함께 있으면 즐거운 교사에게 예의 바르게 행동하는 경향이 있다. '관계가 가장 중요한 열쇠'라는 말이다. 양질의 수업과 의미 있는 관계는 대부분의 문제 행동을 예방하는 역할을 한다.

좋은 수업과 좋은 관계라는 조건이 충족되었다면, 마지막으로 필요한 것은 분명하고 효과적인 수업 절차다. 모든 학급에는 그 학급만의 수업 절차가 있어야 한다. 수업 절차란 수업 시간에 교사가 학생들에게 기대하는 행동과 규칙이다. 분명한 절차가 있는 학급에서는 문제 행동이 거의 발생하지 않는다. 이것이 해리 왕과 로즈메리 왕이 자신들의 저서에서 주장하는 핵심 내용이다. 수업 시간에 학생들이 통제 불능 상태라면, 이때 필요한 해결책은 훈육도 아니고 엄격한 규칙도 아니다. 오히려 투명하고 효과적인 수업 절차에서 방법을 찾을 수 있다. 예를 들면, (1)말하거나 질문하고 싶을 때는 손을 들어야 한다, (2)다른 사람이 말할 때는 귀 기울여 듣고, 말하는 사람에게 집중하면서 자기 차례를 기다려야 한다, (3)상대를 존중하는 다정한 말을 사용해야 한다 등의 절차를 선택할 수 있다. 양질의 수업과 좋은 관계, 투명한 수업 절차가 학생들의 문제 행동 중 대다수를 예방한다는 점을 항상 기억하자.

행동 재지시와 지원 조치를 다룬다

학급운영 계획은 행동 재지시와 지원 조치를 다룬다. 교실에서 문제 행동의 조짐이 보이기 시작하면 교사는 어떻게 해야 할까? 이 파트에서 다루는 전략들은 사소하지만 효과적인 것들이다. 예를 들어, "학생들의 자리가 세심하게 배치되었는가?" "학생이 집중하지 않거나 지겨운 것처럼 행동하면 수업을 어떻게 조정하는가?" "학생의 주의와 행동을 다시 집중시키기 위해 행동 유도 신호를 사용하는가?"라고 질문할 수 있다.

"케빈, 나는 네가 자리로 돌아가 앉았으면 좋겠구나."와 같이 '나 중심 전달법(I statements)'이나 분명하고 목적 있는 대화법을 사용하는가?" "바람직하지 않은 행동을 억제하기 위해 특정 학생 쪽으로 가까이 걸어가는 '가까이 가기 기법'을 사용하는가?"라고 스스로에게 질문해 보자.

내가 중학생이었을 때 수업 중에 반 전체를 특정 학생의 이름으로 통합해서 부르는 선생님이 있었다. 예를 들어, 반 전체에게 말하면서도 "애덤, 이제 다음 장으로 넘어갈 거야."라고 하거나 "사라, 두 번째 장은 영웅 문학을 흥미롭게 묘사한 부분이야."라고 이야기하는 것이다. 솔직히 말해서 처음에는 이게 무척 이상하게 느껴졌다. 하지만 우리는 곧 익숙해졌고, 학생들을 집중시키기 위해 이 방법을 내가 직접 사용해 보니 정말 효과가 좋았다. 학생들의 이름을 무작위로 골라 부르는 이 기술도 일종의 '행동 재지시 전략'이라 볼 수 있다. 어떤 문제 행동이 보이기 시작하면 수업을 크게 방해하는 요인이 되기 전에 주의를 집중시키거나 행동을 재지시하는 전략이다.

훈육 및 선제적 조치에 관한 행동 방침도 필요하다

학급운영 계획은 훈육 및 선제적 조치에 관해서도 다룬다. 학생들의 문제 행동을 미처 예방하지 못했거나, 행동 재지시 전략으로도 문제 행동을 해결하지 못했다면 이제 우리는 무엇을 해야 할까? 교사들은 이때를 대비해 훈육과 관련된 행동 방침을 마련해 둬야 한다. 나는 우리 학교 교사들이 학급운영 계획을 세울 때면 '단계적 훈육 계획'을 꼭 함께 넣으라고 이야기한다. 예를 들어, 학생이 어떤 경계선을 넘었다면 (기대치를 어겼다면) 어떻게 처리할 것인가? 1단계 조치로 무엇을 할 것인가? 1단계 조치로 문제 행동을 개선하지 못했다면 2단계로 무엇을 할 것인가? 어느 시점에 학생을 교실 밖으로 내보낼 것인가? 어떤 문제 행동을 보일 때 즉시 관리자인 교장을 불러야 할까? 물론 교실 밖으로 내보내거나 관리자를 부르는 것은 마지막 수단이 되어야 하지만,

우리는 최악의 상황까지 대비해야 한다.

　나는 교사들에게 '훈육 상황이 벌어지고 학생에게 징계 처분이 내려질 때까지 가만히 기다리기만 하면 안 된다'고 늘 강조한다. 교사들은 무엇을 용인하고 무엇을 용인하지 않을지, 문제 행동이 일어난 순간에 무엇을 해야 할지 미리 생각해 둬야 한다. 첫 번째 조치는 학생에게 수업 시간에 기대되는 행동을 다시 설명하고 경고하는 것이다. 두 번째 조치는 문제 학생의 자리를 옮기거나 복도에서 개별 대화를 요구하는 것이다. 그렇다면 어느 시점에서 학부모에게 연락해야 할까? 어떤 순간에 특별활동 정지나 격리학습 처분을 내려야 할까? 무엇을 훈육 조치로 정하든 간에 교사는 학기 초부터 학생들에게 단계적 훈육 계획에 대해 설명해야 할 것이다. 별다른 예외 상황이 없다면 학기 초의 준비가 1년 동안 교사의 주체감과 자기 효능감을 크게 높여줄 것이다.

학생에게 바라는 목표를 포함한 계획이어야 한다

'표 5.12'는 학급운영과 훈육 계획을 다룬 예다. 교사 개인의 계획이나 성격, 교육철학, 선호하는 것에 맞춰 세부적인 내용을 변경할 수 있지만, 일단 이 표에 제시한 항목은 많은 교사가 자신의 훈육 계획에 포함시켜 검증을 거친 것이므로, 이것을 기준으로 삼아도 좋을 것이다. 각 항목은 좋은 학급운영에 필요한 각기 다른 요소를 강조한다. 그래서 수업 규칙을 10~15가지로 정해 놓을 수도 있고, 규칙을 2~4가지로 줄이고 '수업 시간에 지켜야 할 행동 기대치(classroom expectations) 목록'을 더 길게 제시할 수도 있다.

　'행동 기대치'도 규칙만큼이나 중요하다. 그러나 이것을 무시하거나 어기더라도 교사는 별도로 처벌을 내리지 않을 수도 있다. 대신에 학생들에게 지속적으로 행동 기대치를 인지시키는 방법을 선택할 수도 있다. 행동 기대치를 단지 교사가 학생에게 얻고 싶은 목표로 생각할 수도 있다. 하지만 학생들이 계속해서 행동 기대치를 어긴다면 교사는 처벌을 결정할 수도 있다. 이럴 경우, 행동 기대치를 어기면 후속 결과가 뒤따른다는 점을 학생들에게 미리 전달해야 할 것이다.

이 표에서는 교사가 학생에게 바라는 여러 목표를 나열했다. 행동 기대치 예시와 수업에서 지켜야 할 기대치도 모두 포함한다. 수업 시간에 지켜야 할 기대치는 교사가 학생들에게 기대하는 태도나 행동을 나열한 것이다. '수업 시간 말하기에 관한 규칙' 항목도 여기에 포함되어 있다. 이것을 포함시킨 이유는 교실에서 다양한 절차를 시행하기 위해 학생에게 특정 행동을 어떻게 요구할 수 있는지 보여 주기 위해서다. 다음으로 '학급운영 계획'이라는 제목 아래 교사들이 사용할 수 있는 접근법을 나열했다. 훈육에 대한 세 가지 접근법도 설명했는데, 유능한 교사라면 '예방(preventive) 조치'와 '지원(supportive) 조치'를 효과적으로 사용할 경우 대부분의 '선제적(proactive) 조치'가 필요하지 않다는 사실을 잘 알 것이다. 이상적인 학급이란 모든 문제 행동을 '1단계'로 막을 수 있어서 '2단계'나 '3단계'까지 갈 필요가 없는 학급이다. 이 표의 마지막 항목은 가벼운 위반에서 중대한 위반까지 각기 다른 수준으로 부과되는 후속 결과를 간략히 설명한 것이다. 모든 학급운영 계획을 여기에 제시한 항목으로 구성해야 한다는 말은 아니지만, 이 표의 세부 영역을 참고한다면 더욱 효과적인 학급운영 계획을 완성할 수 있을 것이다.

표 5.12. 학급운영 및 훈육 계획

학급운영 및 훈육 계획

목표:

모든 학생은

1. 수행 평가를 성공적으로 치를 수 있도록 준비할 수 있다.
2. 우리나라의 정치적, 사회적 사건을 알고 이해하며, 그것을 분석하고 해석하고 설명할 수 있다.
3. 세상과 사람들을 공부하고 조사하는 것의 가치를 이해한다.
4. 배움을 사랑하는 법을 배운다.
5. 적절한 학습 준비를 통해 미리 대비하는 것의 중요성을 배운다.
6. 편안하면서도 질서 있는 교실 환경에서 배움을 즐긴다.
7. 훌륭한 인품과 강직함을 지닌 사람이 되기 위해 노력한다.
8. '최고의 나'인 상태로 수업에 들어온다.

기대 행동(예시1)

- 교실은 배움의 공간이므로, 수업 시간에 학생들의 공부나 선생님의 수업을 방해하는 어떤 행동도 하지 않는다. 그런 행동은 묵인될 수 없다.
- 규칙을 지키지 않으면 후속 결과가 뒤따른다.
- 모범생이 될지 문제 학생이 될지, 성공할지 실패할지는 학생 본인의 선택이다.
- 가벼운 위반일 경우, 학생이 부적절한 행동을 보였을 때 1차 경고하고, 만일 문제 행동을 계속하면 처벌한다.
- 중대한 위반일 경우, 경고 없이 바로 처벌한다.
- 수업 시간에 지켜야 할 규칙 및 기대치
  1. 지각하지 않는다.
  2. 수업받을 준비를 한다.
  3. 선생님이 주목하라고 요구할 때 말을 멈추고 경청한다.
  4. 다른 사람들을 존중한다.

기대 행동(예시2)

- 주요 3대 행동
  1. 선생님이 설명하는 동안에는 말하지 않는다.
  2. 선생님이 처음 지시했을 때 바로 지시를 따른다.
  3. 질서 있게 행동한다.

- 선생님은 모든 학생의 학업적 성공에 관심이 있으며, 다른 학생의 학습이나 선생님의 수업을 방해하는 어떤 방식의 행동도 허용하지 않는다.
- 모범생이 될지 문제 학생이 될지, 성공할지 실패할지는 학생 본인의 선택이다.
- 규칙을 지키지 않으면 후속 결과가 따른다.
- 기대 행동을 어겼을 때 받게 되는 후속 결과는 경고, 점심 혼자 먹기, 격리학습, 정규 수업 외 특별활동 제약, 행동 계약서 작성하기, 보호자 연락, 훈육실 의뢰 등을 포함한다.
- 수업 시간에도 모든 학교 규칙 및 기대치가 적용된다.

수업 시간에 지켜야 할 규칙

1. 종이 울리면 자리에 앉아 수업받을 준비를 한다.
2. 수업에 필요한 자료나 준비물을 가져온다.
3. 학습 환경을 방해하거나 주의를 산만하게 하는 핸드폰이나 다른 개인 전자기기를 사용하지 않는다.
4. 모욕하기/예의 없이 행동하기/빈정대기/부적절한 동작 및 언어 사용하기 모두 금지
5. 모든 일에 진지하게 임하고, 항상 최선을 다한다.
6. 교사에게 도움을 청한다. 언제 도움이 필요한지는 학생 본인이 가장 잘 안다.
7. 수업 활동과 학습에 적극적으로 참여한다.
8. 개인 활동 시간과 모둠 활동 시간을 효과적으로 사용한다.
9. 절대 부정행위를 하지 않는다.
10. 작은 일에도 최선을 다한다.

수업 시간 말하기에 관한 규칙

- 선생님이 앞에서 설명하거나 지시 사항을 전달할 때는 말하지 않는다.
- 선생님이 집중하라고 하면 즉시 말을 멈추고 귀를 기울인다.
- 질문이나 의견이 있을 때나 대답해야 할 때는 손을 든다.
- 모둠 활동을 할 때 질문이 있으면 먼저 같은 모둠 친구에게 물어보고, 답이 나오지 않으면 손을 들어 선생님에게 물어본다.
- 개인 과제나 모둠 과제를 할 때 가끔 말을 해도 되지만, 너무 시끄럽게 이야기하지 않는다.

학급운영 계획

1) 1단계: 예방적 훈육
   - 체계적으로 정리하고 미리 준비하기
   - 수업 계획 잘 짜기
   - 모든 학습자가 참여하는 수업 활동 설계하기

- 웃기
- 긍정하고 격려하기
- 열정적으로 임하기

2) 2단계: 지원적 훈육
- 비언어적 행동 유도 신호 사용하기
- 눈 맞추기
- 물리적으로 가까이 가기
- 크고 분명한 목소리로 말하기
- 다시 상기시키고 재지시하기기

3) 3단계: 선제적 훈육
(a) 단호하고도 공격적이지 않은 목소리로 행동 변화 요구하기
(b) 확고하고 호소력 있는 목소리로 수칙을 상기시키고 행동 변화 요구하기
(c) 문제 행동 다루기(조치 부과하기)

i) 학생에게 방과 후 상담이 필요하다고 알린다. 계속 수업을 방해하면 교실 뒤쪽으로 나가게 하거나 복도로 나가 있으라고 요구한다. 학생이 요구에 협조하면 수업이 끝나기 전이나 방과 후로 상담 일정을 잡는다.

ii) 학생이 협조하기를 거부하고 자리를 옮기거나 복도로 나가려고 하지 않으면 침착하게 두 가지 방법을 제시한다. 첫째는 선생님이 바라는 대로 선생님의 간단한 요구를 따르는 것이고, 둘째는 교장실로 연락하는 것인데 그러면 결국 더 심한 후속 결과를 받게 될 것이라고 말한다.

(iii) 일대일 상담을 하는 동안 합당한 후속 결과를 알린다. (여기에서 후속 결과는 앞으로는 경고를 거치지 않고 바로 처벌이 내려질 수 있음을 분명히 밝히는 '공식 경고'일 수도 있고, 학부모 전화 상담, 자리 이동, 특별활동 배제, 격리학습 같은 정식 후속 결과일 수도 있다.)

후속 결과 수준
1) 가벼운 위반일 때(3단계 선제적 훈육의 (c)에 해당)
(a) 1차 위반: 교사와 상담
(b) 2차 위반: 학부모 전화 상담 또는 학부모 전화 상담과 특별활동 배제
(c) 3차 위반: 격리학습(학생이 자기성찰 기록지를 쓰거나 미안하다고 말하거나 사과 편지를 쓰거나 그 외 다른 회복적 행위를 하면서 상황을 바로잡기 위한 노력을 보인다면 격리학습 시간을 줄여주거나 취소할 수 있다.)
(d) 4차 위반: 훈육 의뢰
(e) 5차 위반: 행동 계획서 작성(교사가 작성하거나 학교 행정실과 공동으로 작성)

2) 중대한 위반일 때
  (a) 교사가 직접 다룰 수 있는 상황이라면 즉시 교실 뒤편이나 복도로 보낸다.
  (b) 극단적인 상황이거나 위험 잠재성이 있거나 다른 문제까지 발생할 수 있는 상황이라면 행정실에 연락해 도움을 받아 학생을 교실 밖으로 내보낸다.
  (c) 주의: 중대한 위반일 경우에도 (a) 수준부터 시작할 수도 있고, 더 높은 수준으로 바로 건너뛸 수도 있다. 때에 따라 학교 차원의 더 무거운 훈육이 필요할 수도 있다.

'표 5.13'은 나와 함께 근무했던 교사가 만든 훌륭한 학급운영 계획안이다. 193쪽에서 소개한 '학급운영 필수 점검표'를 참고해서 이 계획안을 만들었다고 한다.

표 5.13. 교사의 학급운영 계획안(예시)

교사의 학급운영 계획안(예시)

(1) 수업 절차

• 〈일일 학습 목표〉와 과제를 교실 앞면 화이트보드에 붙여 놓는다. 〈주간 계획〉은 학급 비품함 문에 붙여 놓는다.

• 학생이 결석했을 때도 쉽게 찾아볼 수 있도록 모든 학습물은 과목별, 날짜별로 정리해서 보관함에 넣어둔다. 모든 학습물은 구글 클래스룸에도 매일 업데이트한다. 처음 한 주 동안 매일 학생들에게 이 점을 언급하고 시범을 보인다.

• 학습물은 교시별 구분 라벨이 붙은 바구니에 제출하게 한다. 학습물을 걷을 때마다 이 점을 언급하고 시범을 보인다.

• 설명을 보태거나 잘한 과제를 칭찬할 수 있게 학생 개개인에게 직접 과제물을 돌려준다.

• 학생들은 교실에 들어오면 곧바로 준비학습을 시작한다. 처음 한 주 동안 매일 시범을 보이고 연습시킨다.

• 수업 시작 전에 학생들이 조용히 앉아 앞을 바라볼 때까지 기다린다. 집중하지 않는 학생이 있다면 그 학생 가까이에 간다.

• 학생들은 자신의 책상 번호와 같은 번호의 실험대에 실험 파트너와 함께 앉아 실험한다.

• 수업이 끝나면 학생들은 비누로 손을 씻고, 그러는 사이에 교사는 책상을 소독한다.

(2) 간단한 수업 규칙

- 수업에 늦지 않기
- 수업 준비 미리 하기
- 서로 존중하기

(3) 학급 훈육 계획

선제적 단계

1. 설문지를 통해 학생에 대해 파악하기
2. 매일 학생을 특정해서 일대일 대화 및 진정한 관계 맺기를 시도하고, 사후 관리하기
3. 학생들 자리 사이사이로 순회하기
4. 명확한 방향 및 과제 수행의 예 제시하기
5. 학생들이 주의를 집중할 때까지 기다리기
6. 선택권 제시하기
7. 구체적으로 칭찬하기
8. 학부모와 긍정적으로 전화 상담하기, 학생에게 긍정적인 피드백 제공하기
9. 전년도 학생 신상 카드 활용하기. 다른 교사들에게 학생에 관해 질문하기

(추가로 더 필요하다면)

문제 행동 다루기

1단계: 행동을 제지시하거나 교정하기

2단계: 학생에게 가까이 가기

문제 행동 교정하기

3단계: 다음과 같이 학생에게 개인적으로 말하기. "행동을 고칠 수 있니?" "어떻게 하면 될까?" "내가 어떻게 도와줄까?" "성숙한 모습을 보여 줘서 고맙고, 노력해 줘서 고마워."

회복하기

4단계: 달라진 행동을 알아차리고 칭찬하기

선제적 단계와 문제 행동 다루기 및 교정하기가 효과 없다면

5단계: 교사와의 격리학습, 학부모에게 전화하기

6단계: 학교에 남는 격리학습

7단계: 훈육 의뢰(교장 상담)

(4) 교사

누구에게나 고유의 여정이 있다.

- 학생의 개인적 기호(좋아하는 것과 싫어하는 것), 공부 습관, 가족관계를 알기 위한 학생 신상 조사
- 위인들의 이야기 전달 및 성장 마인드셋 활동
- 장래희망 묘사하기
- 친구에게 조언하기

누구나 잠재력이 있다.
- 과제 및 프로젝트 선택권 제공하기
- 학습·성취·도전·협력에 대해 구체적으로 칭찬하기
- 모든 학생이 매일 발표한다.

관계가 차이를 만든다.
- 교실 입구에서 학생 한 명 한 명의 이름을 부르며 맞이하기
- 둘째 주가 끝나기 전까지 학생들 이름 외우기
- 학부모에게 긍정적인 전화 상담하기
- 학생에게 긍정적인 피드백 제공하기
- 방과 후 활동에 참여하기
- "무엇을 도와줄까?"라고 말하며 접근하기

(5) 핵심 개념

개선해야 할 점
- 관계 형성하기
- '관계의 다리'를 점검하고 수리하기
- 일대일 상호작용 더 많이 하기
- 매일을 새로운 하루, 새로운 시작, 새로운 기회로 생각하기
- 상황을 기분 나쁘게 받아들이지 않기. 청소년들은(모든 사람은) 실수하기 마련이다.
- 미소 짓고, 웃고, 재미있게 보내고 아이들과 함께하는 시간 즐기기

자원 7

변화를 위한
세 가지 옵션

내가 교직원 회의에서 몇 가지 개념모형을 발표했을 때 교사들이 매우 긍정적인 피드백을 보여서 놀란 적이 있다. 그때 제시한 개념들은 사실 꽤 간단한 것이었는데도, 많은 교사가 학생들의 문제 행동을 분석하기 위해 전략을 세분화하는 데 큰 도움이 되었다고 이야기했다. 바로 지금부터 소개할 '변화를 위한 세 가지 옵션'이라는 개념이다.

일부 학생이 수업에 지장을 주거나 반 전체가 문제 행동을 일으키는 심각한 상황 속에서도 몇 가지 사항만 고려하면 의외로 문제를 쉽게 해결할 수 있다. 교실의 변화를 위해 다음의 세 가지 옵션(영역)에 관해 생각해 보자.

(1) 환경 변화

(2) 관계 변화

(3) 사람 변화

이 영역 중 하나에서 지금 겪고 있는 문제 상황에 알맞은 해결책을 찾을지도 모른다. 게다가 이 세 가지 영역에 지속적인 주의를 기울인다면, 애초에 훈육 문제가 발생하지 않도록 예방할 수 있을 것이다.

환경의 변화

문제 행동을 보이는 학생은 원래 타고나길 반항적인 성격이며, 엄격하고 전통적인 훈육 방법을 통해서만 상황을 해결할 수 있다는 가정에서 벗어나 먼저 학급 환경을 바꿀 수 있는지 고려해 보자. 놀랍게도 환경의 작은 변화가 때로는 심각한 문제를 매우 쉽게 해결하는 열쇠가 되기도 한다.

교사는 학생들의 좌석 배치 변경을 고려할 수도 있고, 수업 일과와 수칙을 바꾸는 것도 고려할 수 있다. 어쩌면 지금까지의 수업 방식을 재고해야 할지도 모른다. 수업 활동을 세분화하거나, 과제를 수정하거나, 설명 시간을 줄이거나, 수업을 더 흥미롭고 신나게 이끌어야 할 수도 있다. 비언어적 신호를 더 자주 사용하거나, 학생들 사이사이로 더 자주 순회할 수도 있을 것이다. 아무래도 교사가 가까이 있으면 문제 행동을 자연스럽게 억제할 수 있기 때문이다. 어쩌면 수업 분위기를 더 부드럽게 전환해야 할 필요가 있을지도 모른다. 환경의 변화가 훈육 문제의 일부 또는 많은 부분을 완화하거나 해결할 수 있다.

관계의 변화

학생과의 관계가 달라지면 문제를 일으키던 학생도 때로는 협조적으로 행동할 것이다. 학생들에게 "어떤 음악을 좋아하니?" "지난 주말 잘 지냈어?"와 같은 공부와 관련 없는 질문을 계속해야 할까? 단지 관심을 좀 더 기울이거나 긍정적인 피드백을 제공함으로써 학생들의 마음을 얻을 수도 있을 것이다. 어떤 학생은 다른 학생 앞에서 칭찬받는 것을 좋아하고 어떤 학생은 혼자 있는 것을 좋아한다. 때로는 교실 문화를 바꿔야 할 수도 있다. '재미있는 금요일'이나 '유쾌한 농담 시간'을 추가할 수도 있다. 수업에 활기를 불어넣기 위해 놀이활동을 이전보다 자주 끼워 넣을 수도 있다.

내가 일선 교사로 있을 때, 학생들은 수업 시간에 내가 가끔 던지는 농담을 무척 좋아했다. 나는 평소 상황에 맞는 유쾌한 농담을 던져 교실을 웃음바다로 만들곤 했다. 나도 수업하는 게 재미있었고 학생들도 즐거워했다. 하지만 나도 사람인지라 가르치는 일이 힘들 때도 많았다. 어떤 날은 온종일 기운을 차리기 힘들었다. 추운 겨울철에는 수업을 하나씩 끝낼 때마다 기운이 점점 빠지는 것 같았다. 당시에 나는 교내 스포츠팀의 코치 역할도 함께 맡았는데, 몇 주 동안 교과 수업을 하면서 코치 일까지 병행하다 보니 몸이 너무 피곤했다. 체력이 떨어지면서 수업 시간에 던지던 농담도 점점 줄어들었다. 어떤 때는 교실에서 무슨 일이 벌어지는지 제대로 알아채지 못할 때도 있었다. 그러다가 문득 내가 수업에 최선을 다하고 있지 않다는 사실을 깨달았다. 나는 스스로에게 "애덤, 아이들은 네가 건네는 농담을 무척 좋아해. 아이들이 네 수업을 즐겁게 느낄 수 있도록 노력해야 하지 않겠어?"라고 말했다. 이 시기에 내가 정말 중점을 둬야 하는 건 다른 무엇도 아닌 아이들과의 '관계'였다.

사람의 변화

가끔 교사들은 학생에게 매우 강력한 영향을 미칠 수 있는 기회를 손에 쥘 수 있다. 학생에게는 큰 깨달음을 얻는 순간일 수도 있고, 때로는 삶 자체를 변화시키는 중대한 순간일 수도 있다. 만일 당신이 운이 아주 좋아서 학생과 속 깊은 대화를 나눌 기회가 있다면, 이 기회를 절대 놓치지 마라. 완벽한 타이밍에 운명처럼 나눈 대화가 학생에게는 엄청난 변화나 깨달음의 순간이 될 수도 있다. 사실 이 책의 많은 부분은 교사들에게 이 영역에 관한 도움을 제공하기 위한 목적으로 쓴 것이다. 만일 운 좋게도 강압에 의해서가 아니라 학생 스스로 원해서 당신에게 도움을 청한다면 이 기회를 반드시 잡아야 한다. 교사로 인해 아이의 행동이 바뀐다면 엄청난 일을 해낸 것이다. 가끔은 생각지도 못한 순간, 누군가의 마음을 얻기도 하고, 이것을 계기로 평생 그 사람의 마음을 얻을 수도 있다. 이것은 얼마나 멋진 일인가.

학생들에게는 기대치 설정이 매우 중요하고, 경계선이 필요하며, 종종 훈육도 필요하다. 그러나 인내심, 배려, 두 번째 기회, 경청, 친절, 대화, 희망, 멘토링으로도 매우 강력한 영향을 줄 수 있다는 사실을 항상 기억하라. 교사는 학생이 새로운 시각을 갖고 진정한 행동 변화를 이뤄내도록 도울 수 있는 사람이다. 사람을 변화시키는 일은 강요로 할 수 있는 게 아니다. 그러나 이미 학생과 적절한 관계를 맺고 있다면 기회는 반드시 올 것이다.

자원 8

마음 쉼터

내가 교장으로 근무하던 고등학교에서는 일부 학생들의 정서적 욕구를 지원하기 위해 '마음 쉼터(reset room)'를 설치했다. 이 아이디어는 현재 시행하는 사회정서학습 프로그램을 평가하기 위해 전 교직원이 함께 교내 시설 평가 및 계획을 진행하던 중 처음 나온 것이었다. 교직원 모두 학교에서 감정 폭발을 보이는 학생들이 증가하고 있음을 잘 알고 있었다. 감정을 다스리지 못하는 아이들이 점점 늘어나는 데다, 출석 중지나 퇴학 처분이 일부 학생에게는 전혀 해결책이 될 수 없음을 깨달은 교직원들은 고정된 틀에서 벗어나 새롭게 생각하기 시작했다. 정서장애 전담반(Emotional Disturbance Unit) 설치나 다양한 직업교육 기반 개념 같은 고비용 프로그램도 논의했지만, 결국 우리는 그런 방법 대신 학교에서 실제로 일어나는 특정 문제 행동과 더 긴밀하게 연결할 수 있는 저비용 해결책을 시행하기로 했다.

학생들에게는 감정을 분출할 공간이 필요하다

우리는 교육청으로부터 인가를 받은 후, '마음 쉼터'를 운영하기 시작했다. 우리는 이것을 '학생 중심 지원 자원(Student-Centered Support resource)'이라고 불렀다. 먼저 교실 배정을 변경해서 교실 하나를 통째로 확보했다. 교육청에서 고용한 전문 사회복지사들이 우리 학교로 파견되어 근무하기 시작했다. 그들이 이전에 담당했던 중학교 상담업무는 새로 고용된 사회복지사에게 맡겨졌다. 마음 쉼터 안에는 조그마한 칸막이 방이 하나 있었고, 커다란 유리창을 통해 더 넓은 교실 공간을 선명하게 볼 수 있는 구조였다. 칸막이 방은 사회복지사가 학생들을 개별 상담하는 곳으로 사용했다. 더 넓은 공간은 말 그대로 쉼터(reset area)로 사용했고, 학생 감독과 추가 지원을 위해 전업 생활지도 조교도 투입했다.

마음 쉼터는 곧 전교생이 이용하는 공간으로 자리 잡았다. 지나친 좌절감을 느끼거나, 화가 나거나, 불안하거나, 금방이라도 감정이 폭발할 것 같을 때 학생들은 이곳을 찾았다. 마음의 불씨가 학교에서 시작되었든 가정에서 시작되었든, 감정을 제어하려고 애쓰는 학생들에게 이곳은 '마음을 푹 놓고 쉴 수 있는 공간'이었다. 사회복지사는 상담 신청자 명단에 이름을 적은 학생들을 불러 개별적으로 상담했다.

울분을 토하거나, 감정을 분출하거나, 마음을 진정시키기 위한 공간이 필요한 학생들도 이곳을 찾았다. 마음 쉼터의 목표는 이상적으로는 학생이 어느 정도 마음을 가라앉힌 다음 감정적 반응을 줄이거나, 피하거나, 더 잘 다루는 대처 기술을 배우는 것이었다. 그러나 그보다 더 의미 있는 일은 누군가 강렬한 감정 폭발을 경험하는 동안, 다른 학생들이나 교사가 이 상황으로부터 멀리 떨어져 있을 수 있다는 점이었다. 마음 쉼터 덕분에 출석정지 처분이 내려지는 횟수가 줄어들었다.

과거에는 복도로 쫓겨난 학생이 분통을 터트리며 더 큰 소란을 일으켜 때로는 건물 봉쇄와 경찰 개입이 필요할 때도 있었지만, 이제 학생들은 전문 사회복지사와 함께 안전한 공간에서 감정을 분출할 수 있게 되었고, 그 덕분에 출석정지 처분을 받을 가능성이 처음부터 차단될 수 있었다. 가끔 사회복지사에게 추가적인 지원을 제공하기 위해 학교 관리자가 마음 쉼터를 방문할 때도 있었다.

학생들은 마음 쉼터를 이용하기 위해 미리 담당 사회복지사의 승인을 받았다. 마음 쉼터는 여러 차례 소란을 일으킨 과거 행동에 근거해 이곳을 가장 필요로 할 것 같은 학생을 위해 준비한 자원이었다. 이 학생들은 점점 감정 통제가 어려워지는 것 같을 때 즉시 마음 쉼터를 찾으라고 배우고, 또 실제로도 그렇게 했다. 가끔은 한 시간 정도 휴식이 필요할 때도 있고 어떤 경우에는 온종일 머무를 때도 있었지만 대부분 마음 쉼터에 들어와서 20분 정도 지나면 평정을 되찾고 교실로 돌아갈 수 있었다.

어떤 학생들은 매일 쉬는 시간이나 특정 시간에 이곳에 입실해서 일상에 대한 걱정이나 기분을 털어놓았다. 이 '입실자'에게는 '감정의 색깔 접근법(zones of regulation, 자신이 느끼는 감정을 파랑, 초록, 노랑, 빨강 4가지 색깔로 분류하게 해서 자기감정을 이해하고 조절하는 법을 배우도록 돕고 지원하는 접근법이다. - 옮긴이)'을 사용했다.

어떤 교사들은 마음 쉼터를 가리켜 우스갯소리로 '휴게실'이라고 부르기도 했다. 교사들끼리도 휴게실의 장점이나 휴게실이 생긴 후 달라진 점에 대해 자주 이야기하곤 했다. 학생들이 '휴게실'에서 감정을 분출하도록 하는 것이 교실에 그대로 두는 것보다 훨씬 낫다는 의견이 지배적이었다. 이 점과 관련해서 한 교사는 다음과 같이 말했다.

"어떤 학생들은 전날 밤 집에서 일어난 일로 트라우마를 품은 채 우리에게 옵니다. 끔찍한 기억과 좌절감에 시달리는 아이가 수학 공부를 하고 싶을 거라 기대할 수 있겠습니까?"

학생이 수업 시간을 빼먹더라도 마음 쉼터 덕분에 출석정지 징계를 받지 않고, 전문가의 상담을 받을 수 있고, 그러고 나서 남은 수업에 복귀할 수 있다면 우리는 이미 이 자원을 이용해 대단한 것을 해낸 셈이다.

'표 5.14'는 마음 쉼터, 즉 '학생 중심 지원 자원'을 홍보하고 설명하기 위해 실제로 사용했던 문서다.

표 5.14 학생 중심 지원(마음 쉼터)

학생 중심 지원(마음 쉼터)
정의 사회정서적 대처 기술과 단계적 완화 기법이 필요한 학생에게 지원을 제공할 수 있는 전문 인력이 배치된 자원이다.

목적

- 지나친 좌절감을 느끼거나, 화가 나거나, 불안하거나, 금방이라도 감정이 폭발한 것 같은 학생들이 마음을 푹 놓고 쉴 수 있는 공간을 의미한다.
- 마음 쉼터는 학생들이 학교 환경에서 요구하는 학습적 기대를 더 성공적으로 충족할 수 있도록 자기 절제와 단계적 완화를 위한 개인 맞춤식 지원 및 중재 그리고 상담을 제공하고자 한다.

목표

학생이 마음의 평정을 되찾아 되도록 빨리 교실로 돌아갈 수 있고, 학습하기 더 좋은 상태가 될 수 있게 한다.

자료 관리

다양한 시스템과 도구를 사용해 학생 상담 건수, 방문 횟수, 원하는 결과로의 진척 상황을 추적 관찰할 것이다.

중점 대상

처리

대처 기술과 단계적 완화 기법이 요구되는 감정 반응을 처리하기 위해 자기 보고서를 제출한 학생이나 학교 관리자나 상담교사가 보낸 학생

입실

스스로 감정을 조절하고 자신의 감정 색깔을 확인하기 위해 마음쉼터를 방문하도록 사전 계획된 학생

사회복지사 상담

개인적으로 힘든 일이나 걱정거리에 관해 상담하려고 전문 사회복지사와 일대일 면담을 신청한 학생

다층지원체계(MTSS)/중재반응모형(RTI)

개인적 학습 장애를 조절하기 위한 학습 지원 및 중재 조치를 받는 학생

집단 상담

학교 사회복지사의 인도 아래 진행되는, 사회정서 관련 주제에 관한 집단 토론에 참여하도록 초대받은 학생. 집단 상담은 대체로 학기 중에 이뤄질 예정이다.

점심 식사

유대관계를 형성할 시간을 제공하기 위해 마음 쉼터 담당자와 함께 점심을 먹는 것을 허락받은 학생을 대상으로 한다. 이 과정을 통해 학생은 원하지 않는 급식실에서의 문제 상황을 피할 수 있다.

희롱 및
괴롭힘 조사보고서

학교 관리자라면 학교에서 벌어지는 '희롱(harassment)'과 '괴롭힘 (bullying)'이 서로 다르다는 것을 잘 알고 있을 것이다. 그런데 많은 이들이 이 두 가지를 같은 것으로 착각한다. 게다가 두 용어에 대한 잘못된 정의를 내리는 사람들도 많다. 흔히 '괴롭힘은 특정 개인에게 못되게 구는 것으로 생각하고, 희롱은 누군가를 성가시게 하거나 못살게 구는 것'으로 인식한다. 그러나 괴롭힘은 단순히 못되게 구는 수준을 넘어선 행동이고, 희롱 또한 성가시게 구는 것과는 다르다. 미국에서는 희롱과 괴롭힘의 차이를 법적 정의로 설명한다. 희롱은 연방 정부 차원에서 금지하고, 괴롭힘은 대개 주 정부 차원에서 금지한다. 결과적으로 각 지역교육청에서는 정책적으로 이 모든 행위를 금지하고 있다.

희롱과 괴롭힘을 구분할 수 있어야 한다

일반적으로 말해서 '희롱'은 어떤 집단에 대한 차별적 행동이나 차별 관행과 관련이 있다. 법적으로 보호받는 집단에는 인종, 피부색, 출신 국가, 종교, 성별, 성 취향, 나이, 장애 같은 특징으로 정의되는 집단이 있다. '괴롭힘'은 매우 다양한 행위를 포함하는데, 대개 힘이 있거나 권력을 행사하는 위치에 있는 사람이 자신보다 약자라고 여겨지는 사람을 대상으로 한 번 이상 반복적으로 괴롭히는 행위로 정의한다. 또한 괴롭힘은 피해자의 정신적, 신체적 안전을 방해하거나 자유롭고 적절한 공교육에 대한 접근을 해치거나 방해하는 심각한 행위를 의미하며, 괴롭힘 상황에는 반드시 가해자와 피해자가 있다.

만약 가해자가 한 사람에게 단 한 번만 부적절한 행동을 한 다음, 다음에는 다른 사람을 괴롭혔다면, 이 행동은 보통 지속적인 괴롭힘으로 규정하지 않는다. 대신에 가해자는 두 사람을 희롱한 것이거나, 희롱도 괴롭힘도 아닌 '부적절한 언어 사용'이나 '수업 방해' 같은 학교 방침을 위반하는 부적절한 행동을 저지른 것으로 판단한다. 학교 관리자라면 학생이 어떤 방침을 위반한 것인지 결정할 때 이런 차이를 정확히 이해해야 한다.

상황에 따라서 희롱이 아니라 괴롭힘일 수도 있고, 괴롭힘이 아니라 희롱일 수도 있다. 어떤 상황은 두 가지 모두에 해당할 수도 있다. 만일 한 학생이 지속적으로 다른 학생에게 인종 차별적인 발언을 한다면 두 가지 모두를 적용할 수 있다. 희롱이나 괴롭힘을 의심했지만, 실제로는 아닌 경우도 많다. 예를 들어, 같은 반 학생에게 끔찍한 말을 한 학생이 있는데 이런 일이 오직 한 번만 일어났고, 이 학생이 내뱉은 말이 상대

학생의 인종이나 성별 또는 연방법의 보호를 받는 다른 카테고리와 아무 관련이 없다고 가정해 보자. 가해자는 징계를 받겠지만, 학교가 정한 희롱이나 괴롭힘 관련 방침을 위반해서는 아닐 것이다.

안타깝게도 미국의 일부 주에서는 희롱과 괴롭힘을 같은 법으로 묶어서 혼란을 일으키는 경우가 많다. 일반적으로 학교는 주 정부 법령에 사용된 언어를 채택해 학교 방침을 기술하는데, 이 때문에 학교에서도 혼란이 빚어질 수 있다. 예를 들어 '희롱 및 괴롭힘' 관련 규정을 어긴 학생의 행동이 실제로는 희롱에 해당하지는 않고 괴롭힘의 정의를 충족한 것일 수도 있다.

다른 예로, 어떤 학생이 다른 학생을 희롱했다고 가정해 보자. 그러면 많은 학교에서 주로 괴롭힘 문제를 다룰 때 적용하는 '희롱 및 괴롭힘' 관련 방침을 적용할 것이기 때문에 교장은 추가 법령 및 법률로 명시된 '희롱 혐의에 관한 지역교육청의 절차'를 따르는 것을 잊을 수도 있다. 희롱 사건을 다루는 절차는 각 학교의 '학생 행동 규범'이 아닌 지역교육청 교육위원회의 방침에 포함되어 있다. 따라서 괴롭힘에 관한 방침과 희롱에 관한 방침을 다른 방침과 구분한다면, 학교 현장에서 일어나는 혼란을 줄일 수 있을 것이다.

예방과 사전 조사를 위한 양식으로 활용하자

교사들은 희롱과 괴롭힘 행동을 구분하고, 제대로 다루고, 보고하고, 예방하기 위한 자신의 역할을 이해해야 한다. 교장 역시 문제 행동을 조사한 후, 이 상황이 어떤 방침의 법적 정의에 해당하는지 결정하고, 전체 과정을 정확하게 기록으로 남기는 일을 능숙하게 해내야 한다. 그뿐 아니라 희롱이나 괴롭힘을 조사하는 기간에 학교가 학교위원회 방침의 세부 항목에서 요구하는 모든 사항을 준수하도록 구체적인 단계를 따라야 할 것이다. 학교 관리자이거나 관리자였던 교육자들은 이런 방침이 매우 광범위하다는 것을 잘 알 것이다. 하나만 잘못해도 자칫 학교 전체가 법적 소송에 휘말릴 수도 있다. 학생에 대한 정당한 절차 같은 헌법상의 권리와 관련된 쟁점 사안과 마찬가지로, 희롱과 괴롭힘 혐의를 다룰 때 저지르는 실수도 학교에 큰 골칫거리가 될 수 있다.

여러 해 전 나는 괴롭힘과 희롱의 정의가 꽤 전문적인 데다가 여러 절차에 따라 두 행위에 대한 조사가 진행된다는 점을 고려해서 혐의를 조사할 때 사용할 수 있는 '희롱과 괴롭힘 조사보고서' 양식을 만들기로 했다. 학교 방침으로 정해진 모든 절차를 확실히 따를 수 있도록 확인 사항이 빠짐없이 들어간 일종의 안내 지침이 필요하다는 게 이 '보고서 양식'을 만든 가장 큰 이유였다.

워크숍이나 연수 프로그램에서 여러 가지 보고서 양식을 접한 적이 있지만, 모두 너무 일반적이어서 이것을 사용하다 보면 학교 방침에 포함된 필수 사항을 놓칠 수도 있었다. 하지만 내가 만든 양식은 꼭 필요한 항목을 잊지 않고 기록하도록 유도하는 시스템을 사용했다. 나는 서식의 항목이 법적 필수조건에 알맞도록 여러 차례 확인 절차를 거쳤으며, 희롱과 괴롭힘에 관한 각 지역교육청의 방침을 꼼꼼히 살폈다.

희롱이나 괴롭힘에 관한 신고를 받으면 나는 이 양식의 각 항목에 학생이 진술한 내용을 자세히 기록한다. 이 서식이 일종의 사건 기록 문서가 되는 것이다. 이 서식은 학생의 혐의를 조사할 때 필요한 절차를 잘 따르고 있는지 확인하기 위한 점검표와도 같다. 그뿐 아니라 공식 조사 보고서의 역할도 한다. 학생이 보고서를 모두 작성한 후에는 이것을 근거로 다시 희롱이나 괴롭힘과 관련해 법적으로 요구되는 모든 요소가 잘 다뤄지고 있는지 확인한다.

보고서를 효과적으로 활용한 예시

이 보고서 양식은 증거 기반의 철저한 조사가 이뤄질 수 있도록 돕는 역할도 한다. 보고서에 적힌 질문에 대한 학생의 대답은 이 사건이 괴롭힘인지, 희롱인지, 둘 다에 해당하는지 아니면 다른 행위에 해당하는지 결정할 때 큰 도움이 된다. 게다가 학생의 대답은 사건을 더 잘 이해할 수 있는 근거가 되고, 행동 교정 및 피해 학생 지원 계획을 세울 때도 유용하다.

예를 들어, 서식의 첫 번째 질문은 사안의 유형을 파악하기 위한 훌륭한 척도가 될 수 있다. 하루는 한 학부모가 내 사무실로 전화해서 딸이 학교에서 괴롭힘을 당하고 있다고 말했다. 나는 당장 이 학생을 불러 다음과 같이 질문했다. "희롱이나 괴롭힘을 당하고 있니?" 학생은 "아뇨, 괴롭힘을 당하고 있지 않아요."라고 대답했다. 그래서 나는 이 학생에게 어머니가 괴롭힘 피해를 신고했다고 설명했다. 학생은 "엄마가 어째서 그렇게 생각했는지 알 것 같아요. 하지만 아니에요. 저는 괴롭힘을 당하고 있지 않아요."라고 대답했다.

첫 번째 질문 후에 나는 이것이 괴롭힘 문제는 아님을 알 수 있었다. 그래도 학생과 면담을 계속 이어 나갔고, 늘 하던 대로 보고서를 작성했다. 알고 보니 다른 학생이 이 학생을 악의적인 별명으로 불렀고, 그래서 이 학생이 상대방 학생에게 앙갚음을 한 경우였다. 그러니까 두 학생 모두 부적절한 행동을 저지른 것이다. 나는 목록에서 괴롭힘을 삭제하고, 두 학생에게 각각의 행동에 대한 책임을 물었다. 두 학생은 평화로운 합의에 이를 수 있었고, 사건은 깔끔하게 해결되었다.

이와 다르게 어떤 학생이 괴롭힘을 당했다고 말했는데, 상담 과정에서 얼마나 자주 그런 일이 있었는지 물었을 때 단 한 번만 그랬다고 대답하는 사례가 있을 수도 있다. 희롱을 당하고 있다고는 했는데, 학교에서 일어난 일이 아닐뿐더러 학교에 있는 동안에는 아무런 영향도 받지 않았다고 설명하는 학생이 있을 수도 있다. 그럴 때 학교는 그저 보호자에게 연락해서 적절한 대응 방법이나 연락해야 할 사람을 말해줄 뿐, 개입할 권한이 없다. 어떤 경우에는 면담을 통해 신고한 학생과 신고를 당한 학생이 급식실에서 같은 탁자에 앉아 식사를 한다는 사실이 드러날 수도 있다. 이런 경우에는 앞으로 이런 상황을 어떻게 개선할 수 있을지 학생과 면담해야 할 것이다.

어떤 학교도 희롱이나 괴롭힘이 일어날 수 있는 모든 상황을 막을 수는 없다. 하지만 학교는 사건을 예방하기 위해 노력하면서 사전 대응을 해나가야 한다. 만일 교사나 학교 관리자가 괴롭힘과 희롱 사건을 조사하고 있다면, '표 5.15'의 서식을 추천한다. 내가 근무한 학교에서는 괴롭힘과 희롱 혐의를 조사할 때 이 서식을 도구로 채택했다. 이 서식을 사용하기 전에 괴롭힘 및 희롱에 관한 학교 규정을 꼭 확인하고 세부적인 항목을 변경해도 좋을 것이다. 학교장이나 지역교육청의 승인을 받는 것도 좋은 생각이다. 단언컨대, 이 서식은 내가 고안한 최고의 교육 자원 중 하나라고 할 수 있다.

표 5.15 희롱 및 괴롭힘 조사보고서

희롱 및 괴롭힘 조사보고서

이름:○○○   조사자(학교 관리자): ○○○ 날짜:20   년 월 일

- 희롱이나 괴롭힘을 당하고 있습니까?
- 희롱이나 괴롭힘의 이유가 자신의 인종 및 피부색, 종교, 출신 국가, 성별, 성 취향 또는 장애 때문이라고 느낍니까?
- 희롱하거나 괴롭히는 사람이 누구입니까?
- 어떻게 괴롭힙니까?
- 학교 안에서 희롱이나 괴롭힘을 당했습니까?
- 어디에서 피해가 일어납니까?
- 목격한 사람이 있습니까?
- 가해 학생과 친구입니까?
- 점심시간에 그 학생과 같이 앉아서 식사합니까?
- 같이 수업을 듣습니까?
- 서로 공통으로 아는 친구가 있습니까?
- 희롱이나 괴롭힘을 당하는 일이 몇 번 있었나요? 매일, 매주, 한 번, 두 번, 두 번 이상?
- 피해를 당한 후 학교에 오거나 공부하는 것이 힘든가요?
- 피해가 매우 심하면 10, 전혀 그렇지 않으면 1이라고 할 때, 이 일로 본인이나 다른 학생의 안전이 위협받는 정도는 1부터 10까지 중 무엇입니까?
- 견딜 수 없을 만큼 고통스러우면 10, 아무렇지도 않으면 1이라고 할 때, 이 일로 정신적 또는 신체적으로 괴로운 정도는 1부터 10까지 중 무엇입니까?
- 이전에 희롱이나 괴롭힘 피해 사실을 어른에게 알린 적이 있습니까? 있다면 언제 누구에게 알렸습니까?
- 상황을 해결하기 위해 학교가 어떻게 도와주기를 바랍니까?
- 희롱이나 괴롭힘과 관련해서 추가로 할 말이 있으면 적으세요.

결정

해당란 표시

	괴롭힘
	희롱
	희롱이나 괴롭힘은 아니지만 용납할 수 없는 행동 및 행위
	학생 간 상호 갈등
	증거 및 정보 불충분으로 미결정

조치 계획

해당란 표시	조치 내용	세부사항	시행 날짜
	학교 훈육		
	희롱 및 괴롭힘에 대한 경고		
	(가해학생용) 접촉금지명령 또는 동의서		
	(피해학생용) 안전 계획서		
	가해학생에게 지역교육청 방침 설명		
	피해학생에게 지역교육청 방침 설명		
	예방조치 및 해결책		
	가해학생 훈련 및 교육		
	피해학생 훈련 및 교육		
	화해 조정		
	관련 교직원에게 알리기		
	가해학생 보호자에게 연락하기		
	피해학생 보호자에게 연락하기		
	지역교육청 학교폭력 조정관에게 알리기		
	피해학생 확인서, 목격학생 진술서, 추가 증거/서류/조사자료 행정실 보관		

자원 10

학생 보호 계획서

때로는 상황에 따라 피해 학생을 위한 공식적인 보호 방안을 마련하고 실행해야 한다. 나는 종종 괴롭힘이나 희롱을 당한 학생에 대한 지원 조치로 '학생 보호 계획서'를 작성한다. 때로는 혐의가 완전히 증명되지 않았더라도 혐의가 제기되었거나 가능성이 있는 상황에 대해서도 보호 계획서를 작성한다. 특히 괴롭힘과 희롱 같은 문제와 관련 있을 때는 이 계획서가 학교의 개입과 중재 노력을 보여 주는 좋은 증거가 된다. 또한 이 문서는 피해 학생의 보호자에게도 보낼 수 있는데, 학부모들이 자녀의 학교생활에 대해 안심할 수 있게 돕는다.

'표 5.16'은 보호 계획서의 예다.

표 5.16. 학생 보호 계획서

학생 보호 계획서

대상 학생:

본 문서는 상기 학생, 학부모(보호자), 학교가 상호 합의한 보호 계획서입니다.

기간은 20 년 월 일부터 이번 학년 말까지며 학생, 학부모(보호자), 학교의 상호 동의에 따라 기간은 연장되거나 수정될 수 있습니다.

1. 학생은 학교에 있는 동안 언제든 교실을 떠나 생활지도 상담실을 찾아가 학교 상담사와 상담할 수 있습니다. 학교 상담사가 상담에 응할 수 없다면 학생은 학교 관리자나 학교 사회복지사 또는 다른 신뢰할 수 있는 어른과의 면담을 요청할 수 있습니다.

2. 수업 담당 교사들은 위 학생이 수업 시간에 교실에서 나가겠다고 요청하면 조용히 허락해야 한다는 것을 잘 알고 있습니다. 학생은 필요한 지원을 받은 후 곧장 교실로 돌아올 것입니다.

3. 학생은 ○○○ 선생님, ○○○ 선생님,… (교사 이름 나열)을 상담받고 싶은 안전한 어른이라고 밝혔습니다. 이들 중 한 선생님과 상담하려고 한다면 학생은 생활지도 상담실로 찾아가야 합니다. 그러면 이곳 담당자가 선생님들에게 연락할 것입니다. 상담에 응할 수 있는 선생님이 있다면 학생이 그 선생님을 직접 찾아가 상담받을 수 있고, 그렇지 않으면 전문 상담사나 학교 관리자와 상담하게 될 것입니다.

4. 급식실이 아닌 다른 장소에서 점심을 먹는 것을 허용합니다. 단, 장소는 학생과 학교가 합의한 곳이어야 합니다.

5. 만일 학교폭력 신고로 보복을 당했거나, 현재 희롱이나 괴롭힘을 당하고 있어서 고민이라면 학생은 즉시 학교 상담사나 학교 관리자에게 이 사실을 알려야 합니다.

20 년 월 일

학생:　　　　(서명)

학부모:　　　(서명)

상담자:　　　(서명)

관리자:　　　(서명)

가정 통지 방법: 학생편/이메일/우편

상황별 시나리오를 통해
미리 경험하라

시나리오 접근법을 통해
얻을 수 있는 지혜

내가 대학원을 다닐 때 학교 리더십에 관해 가르치기 위해 짧은 '상황별 시나리오'를 만들어 사용하는 교수가 있었다. 강의 시간 대부분을 다양한 리더십 모형을 설명하고 검토하는 데 쓸 수도 있었지만, 그는 우리에게 실제 교장의 입장이 되어 생각할 수 있는 기회를 제공하려고 노력했다. 어느 날에는 가상의 학부모가 교장 자격연수 중인 우리에게 쓴 이메일을 보여 줬다. 교수의 지시에 따라 우리는 몇 개의 소그룹으로 나눠 이 이메일에 어떻게 답장할지 의논했다. 교수는 각 그룹에 다가가서 학부모에게 어떻게 답장할지 이야기해 보라고 했다. 학생들의 의견을 들은 후에는 잘못된 점을 지적했다. 어떤 점에서 역효과를 낼 수 있는지, 어째서 절대로 그렇게 반응하면 안 되는지, 왜 교육청에 보고하기 전까지는 그런 식으로 대응하면 안 되는지 설명했다. 그러고 나서 다른 그룹으로 이동했다. 다음 그룹은 비차별적 표현으로 채운 신중한 대응이 무엇인지 진지하게 설명했다. 그러나 교수는 그들이 미처 예상하지 못한 문제점을 낱낱이 지적하며 학생들의 의견을 비판했다. 어느 그룹에서나 마찬가지였다.

처음에는 실제 상황이 아닌 가상의 시나리오를 가지고 그렇게 진지하게 토론한다는 게 어색하게 느껴졌다. 하지만 때로는 이메일로, 때로는 상황 시나리오로 대응 연습을 계속하다 보니 다양한 결정의 순간에 본질적으로 존재하는 난해함과 복잡함을 이해할 수 있었다. 교수는 우리에게 리더십이 연습을 통해 어느 정도 수준까지 습득할 수 있는 일종의 기술(art)이라고 가르쳤다. 상황에 따라 다양한 접근법이 필요하다는 사실을 가상 시나리오 수업으로 직접 보여 준 것이다. 우리는 이 수업을 통해 지식이 아닌 지혜를 얻을 수 있었다. 게다가 현장 경험으로만 배울 수 있는 대처법을 미리 경험할 수 있었다. 여러 문제 상황에 관한 토론을 통해 우리는 유능한 학교 지도자라면 어떻게 대응해야 하는지 깨달을 수 있었다.

이때의 시나리오 기반 접근법에서 영감을 얻어 나는 학급운영과 훈육에 관련해서 '학생 사례 시나리오'를 만들기 시작했다. 이 시나리오들을 현재까지 워크숍이나 세미나에서 사용하고 있으며, 교사 전문성 개발 활동에도 활용한다. 나는 교사들이 내 예상보다 훨씬 훌륭한 토론을 벌이는 것을 여러 번 목격했다. 시나리오에 관한 토론을 벌이는 동안 학급운영 기술과 관계 기술이 뛰어난 교사들은 자신의 경험에서 우러난 훌륭한 전략과 조언을 다른 교사들에게도 알려주는 역할을 했다. 이 활동은 교사들 간의 대립을 일으키지 않아서 좋았다. 학급운영에 성공한 교사들이 다른 교사들을 가르치는 게 아니라, 그저 자신의 경험을 공유하는 수준이었기 때문에 무의미한 대립이 일어날 일이 없었다.

여기에 내가 사용한 시나리오 몇 개를 공유하려고 한다. 이 시나리오 속 문제들은 모두 가볍게 여길만한 것은 아니다. 교사의 능력을 시험하는 매우 어려운 상황들이지만, 교사와 학교 관리자라면 언제든 부딪칠 수 있는 문제 행동을 보여 준다. 미리 준비만 되어 있다면 심한 혼란이나 분노를 유발할 수 있는 상황에서도 침착하게 대처할 수 있다. 이 시나리오들은 이제까지 소개한 접근법과 전략, 자원을 적용해 보는 기회를 제공할 것이다. 각 시나리오에 제시된 상황에 대한 개인별 대응 방안을 생각해 보고, 동료 교사들과 함께 토론해 보는 것이 가장 이상적인 접근법이다.

지금부터 제시할 시나리오들은 내가 현장에서 겪었던 실제 사례를 바탕으로 했지만, 교사들이 각 상황에 직면했을 때의 모습을 충분히 상상할 수 있도록 가상의 학생이 문제 행동을 하는 것으로 설정했다. 이 시나리오는 인간이라면 누구와도 무관하지 않을 행동들을 중점적으로 다룬다. 사실 이런 행동도 인간의 한 단면이고, 성장하는 청소년의 특성 중 하나일 것이다. 이 책은 학생의 마음을 얻는 관계 중심의 접근법으로 문제 행동을 다루는 방법에 초점을 둔 것이다. 학생들은 언제든 이런 식으로 행동할 수 있고, 교사들은 실제로 어떻게 대처할지 계획을 세워야 한다. 지금부터는 학생 사례 시나리오 몇 개를 살펴보기로 하자.

시나리오 1. 충동적인 학생과 산만한 학생

당신이 담당한 학급에 평균 이하의 인지 능력을 가진 학생이 있다. 이 학생은 충동 조절 및 집행기능 장애를 보이며 번번이 수업을 방해한다. 당신은 학급운영에 필요한 명확한 기대치를 잘 설정해 뒀고, 지시를 따르지 않는 학생들을 다루는 데도 별다른 어려움이 없다. 하지만 피터는 계속해서 수업과 다른 학생들을 방해한다. 문제는 피터가 나쁜 의도를 가진 것 같진 않지만, 행동 조절은 고사하고 자기가 수업을 방해한다는 사실조차 인지하지 못한다는 것이다. 피터의 행동이 다른 학생들의 학습을 방해하지 않도록 하려면 어떻게 대처해야 할까?

이삭은 또 어떻게 해야 할까? 이삭은 잠시도 가만히 있지 못하고 책상을 손가락으로 두드리거나 교실을 돌아다닌다. 이삭에게 과제를 수행하게 하는 것은 매우 어려운 일이다. 여러 번 행동을 교정했지만, 효과는 고작 15분 정도다. 학기가 시작된 지 이제 한 달이 되었는데도 이삭은 전혀 나아질 기미가 보이지 않는다. 이런 경우 교사는 다음 단계로 무엇을 해야 하는가?

시나리오 2. 흥분하기 쉬운 학생과 방어적인 학생

툭하면 흥분하는 여학생이 있다. 이름은 휘트니이다. 휘트니는 태도도 무례하고 쉽게 폭발한다. 자기 순서가 아닌데 말하기 일쑤이고 부적절한 말을 하는 경향이 있다. 그렇다고 휘트니의 행동을 지적하면 상황만 더 악화시킬 것 같다. 사실, 당신은 휘트니 때문에 매일 살얼음판을 걷는 것 같아서 출근하는 게 점점 두려워진다. 휘트니에게 간섭한다면 전쟁이 벌어질 게 뻔하다. 그래서 결과적으로 휘트니를 수업에서 제외

해야 하는 결과가 생길까 봐 두렵다. 어떻게든 그런 상황은 피하고 싶다. 이런 경우에는 어떤 접근법을 써야 할까?

에드워드는 어떻게 다뤄야 할까? 당신은 학교 관리자다. 훈육 상황에 관해 이야기하려고 에드워드를 사무실로 불렀다. 당신이 이야기를 시작하자 에드워드가 방어적인 태도를 보이며 화를 낸다. 이 학생은 자신이 학교에서 저지른 일로 크게 혼나리라는 것을 감지했다. 에드워드는 목소리를 높이기 시작한다. 욕을 하고, 얼굴이 붉어진다. 주먹도 불끈 쥔다. 순식간에 매우 흥분한 상태가 되었다. 에드워드가 당신을 직접 위협하지는 않았다. 그런데 자꾸만 당신의 몸에서 위험을 감지했을 때의 본능적인 반응이 나타나기 시작한다. 이럴 땐 어떻게 해야 할까?

시나리오 3. 무례하고 반항적인 학생

방학이 끝났다. 개학일이 다가옴에 따라 당신은 새로 맡은 반 학생들의 이름을 살펴보고 있다. 출석부에서 9번 학생의 이름을 보는 순간 갑자기 불안감과 불신감이 밀려든다. 매우 무례하고 반항적인 학생이 한 학년 내내 당신 수업을 들을 것이다. 이 학생의 이름은 데릭이다. 명성에 걸맞게 신학기가 시작된 지 2, 3일 지났을 때부터 데릭은 버릇없이 굴고 소란을 일으킨다. 얌전히 있을 때는 오직 책상에 머리를 대고 잘 때뿐이다. 이 상황을 어떻게 처리해야 할까?

시나리오 4. 다가가기 어려운 학생과 적대적인 학생

한나는 가정환경이 어렵다. 다른 사람의 도움을 원하는 것 같으면서도 계속 사람을 경계한다. 한나는 절대 웃지 않고, 즐거운 모습을 보인 적도 없다. 늘 화나 있거나 우울해 보인다. 학교생활에도 거의 관심이 없다. 당신을 좋아하지 않을뿐더러 그 누구도 좋아하지 않는 것 같다. 규칙이나 권위를 존중하는 법도 거의 없다. 그런데도 당신은 진심으로 한나에게 관심이 있고 이 학생이 지금보다 나아지기를 진심으로 바란다. 당신은 수업 중에 학생들이 해도 되는 것과 하지 말아야 할 것을 매우 분명한 규칙으로 정해 놓았다. 그중 하나가 핸드폰 사용에 관한 것이다. 그러나 한나는 그런 규칙에 거의 신경을 쓰지 않는다. 특히 핸드폰 사용을 금지하는 규칙은 완전히 무시하는 듯하다. 당신은 그런 한나를 그냥 봐주고 핸드폰을 사용해도 못 본 척해주고 싶지만, 다른 학생들이 한나의 규칙 위반을 목격하는 것을 원하지 않기에 고심한다. 게다가 분명하게 정해 놓은 규칙을 한나가 고의로 어긴다는 사실도 고민거리다. 이런 경우 당신의 선택은 무엇인가?

레이첼은 또 어떻게 다룰 것인가? 이 시나리오에서 당신은 일반 교사일 수도 있고 교장일 수도 있다. 10일 전 당신은 이 학생을 훈육해야 했다. 문제 행동의 결과는 출석정지 처분이었다. 레이첼은 이 처분을 받은 후 오늘부터 다시 등교했다. 레이첼은 출석정지 처분을 받은 것에 아직도 화가 나 있다. 그렇다면 당신은 어떻게 해야 할까? 레이첼에게 아무 말도 하지 않고 아무 일도 없었던 것처럼 대해야 할까? 아니면 레이철을 따로 불러 이야기를 나눠야 할까? 만나면 뭐라고 해야 할까? 레이첼과 상호작용할 때는 어떻게 접근할 것인가?

시나리오 5. 어른에게 반항하는 학생과 버릇없는 학생

우마는 성깔 있는 학생이다. 아주 사소한 일인데도 매번 화를 낸다. 다정함과는 거리가 멀다. 종종 얼굴에 인상을 쓰고, 자신의 존재감을 알리려는 듯 상스러운 말을 서슴지 않는다. 우마는 상대가 교사이든 교장이든 심지어 경찰관이든 상관하지 않고 아무에게나 대든다. 하지만 이상하게도 친구들과는 사이좋게 잘 지내는 것 같다. 전반적으로 대인관계 기술이 부족해서라기보다 권위자에 대한 반감이 있는 게 아닌가하는 생각이 든다. 우마는 학교 규칙을 대놓고 무시한다. 30분씩 지각할 때도 있고, 모든 학생에게 개인용 전자기기를 끄고 보이지 않는 곳에 보관하라고 말했는데, 혼자 헤드폰으로 음악을 듣는다. 우마에게 수업에 지각하지 말라고 하거나 헤드폰을 치우라고 하면 "싫어요."라고 대답할 게 뻔하다. 이런 우마를 어떻게 다뤄야 할까?

다음은 버릇없는 리건이다. 당신은 리건 때문에 힘들다. 리건은 수업 시간 규칙이 바보 같은 규칙이라고 여러 번 말했다. 처음에는 리건의 말을 그냥 무시했다. 하지만 리건은 이런 말을 하면서 수업 분위기를 망치기 시작했다. 리건은 또다시 수업 중간에 "선생님의 수업 시간 규칙은 바보 같아요!"라고 큰 소리로 말한다. 이 상황을 어떻게 다뤄야 할까?

시나리오 6. 행동 문제와 스펙트럼 장애가 혼합된 경우

베니는 개별화 교육 프로그램(Individualized Education Program, IEP) 대상 학생이다. 당신이 근무하는 학교는 모든 학생이 평등하다는 가치를 기반으로 하지만, 학생에 따라 다양한 수용과 접근법이 필요하다는 신념 아래 운영되는 곳이다. 게다가 일반 교육을 담당하는 교사들이 IEP 관련 문제를 특수교육 교사들에게만 모두 떠넘기지 않는 교육 실천을 강조하고 있다. 베니는 당신의 수업을 듣는다. 베니가 수업에 들어오더라도 교실에 수업 도우미나 행동 중재 전문가가 별도로 배치되어 있지는 않다. 베니의 IEP에는 행동 목표가 포함되어 있다. 자폐 스펙트럼 장애가 있어 지능이 매우 뛰어나지만, 일반 학생들은 대부분 사소하게 넘길 일인데도 쉽게 불만을 터트린다. 베니가 불안한 모습으로 당신 수업에 들어온다. 무엇 때문에 그런 것인지 확실히 알 수는 없지만, 베니의 몸짓에서 긴장하고 있음을 알아차릴 수 있다. 베니가 계속 중얼거리지만, 무슨 말인지 이해할 수 없다. 자기 자리에 도착하자 주먹으로 책상을 세게 내리친다. 당신은 '분명 아플 텐데.'라고 생각한다. 그런데 베니는 아픈 것 같지 않다. 당신은 베니에게 걸어가고, 자신에게 다가오는 교사를 보며 베니는 "가까이 오지 마세요!"라고 소리친다. 당신은 뒤로 물러서며 베니에게 진정하라고 말한다. 베니는 자기 자리 옆에 선 채로 "절 혼자 내버려 두세요."라고 큰 소리로 말한다. 당신은 베니에게 복도로 나가라고 말하지만, 베니는 그에 대한 반응으로 욕설을 내뱉고 소리 지른다. 이제 당신은 무엇을 할 것인가? 게다가 다른 학생들이 모두 등교해서 지금 이 상황을 지켜보고 있다면 어떻게 해야 할까?

시나리오 7. 공개적으로 반항하는 학생

당신은 학교의 교장이다. 복도에서 두 학생이 말싸움하는 것을 목격한다. 사태를 진정시키려고 학생들에게 다가간다. 두 학생 중 한 명의 이름은 폴이다. 폴이 당신에게 공격적인 반응을 보인다. 당신은 폴에게 진정하라고 이야기하면서 그런 식으로 말하면 안 된다고 타이른다. 폴이 당신에게 욕설을 퍼붓는다. 이제 폴은 더는 상대 학생에게 신경 쓰지 않는다. 대신에 당신이 새로운 타깃이 되었다. 공용 장소 근처여서 50여 명의 학생이 복도에 나와 무슨 일인지 쳐다본다. 당신은 폴에게 교장실로 오라고 말한다. 하지만 폴은 욕설을 내뱉으며 가버린다. 다른 학생들이 지켜보는 앞에서 공개적으로 반항한 것이다. 주변에 있던 학생들이 "오~", "우와~"라고 야유하는 게 들린다. 어떤 아이들은 킥킥거린다. 당신은 폴을 뒤쫓아 가야 할까? 가서 한마디 해야 할까? 아니면 어떻게 해야 할까? 폴은 이미 복도 중간쯤까지 걸어갔다.

시나리오 8. 집단 반항을 보이는 학급

새 학년이 시작된 지 5주가 지났다. 당신은 학급운영 때문에 힘든 시간을 보내고 있다. 개학한 이래로 늘 이랬다. 단지 한 명이나 몇몇 학생들과 씨름하고 있는 게 아니다. 각각 정도는 다르지만 여러 학생에 대한 훈육 문제로 골머리를 앓고 있다. 학생 중 거의 절반이 매일 학급을 난장판으로 만들고, 주기적으로 수업을 방해하는 행동을 벌인다. 가끔 학생들이 집단 반항을 계획하는 것은 아닌지 의심하게 된다. '도대체 무슨 일이 벌어지고 있는 거야?' 하고 고민한다. '내가 뭔가 잘못했나? 아니면 그냥 운이 안 좋은 건가?' 하고 질문하기도 한다. '교장이 일부러 가장 어려운 반을 나에게 맡겼나?'라는 생각도 든다. 이럴 때 어떤 길을 선택해야 할까?

시나리오 9. 걷잡을 수 없는 행동을 보이는 학생

이 시나리오에서 당신은 일반 교사일 수도 있고, 교장일 수도 있다. 로

널드는 이성을 잃었다. 의자를 밀어 넘어트리고 소리를 지른다. 격분한 상태다. 당신은 로널드가 사람을 때릴까 봐 걱정이다. 로널드가 무슨 짓을 할지 몰라서 가까이 가는 것도 두렵다. 이런 상황이 다른 학생들도 함께 있는 교실에서 벌어지고 있다면 당신은 어떻게 해야 할까? 아마 교장에게 도움을 청하고 싶을 것이다. 그런데 교장을 어떻게 부를 것인가? 그리고 교장이 올 때까지 무엇을 할 것인가? 만일 당신이 교장이고, 이것이 다른 학생이 없는 교장실에서 벌어진 상황이라면 어떻게 할 것인가?

시나리오 10. 평판이 나쁜 학생과 교활한 학생

브리애나라는 학생이 새로 전학을 왔다. 막 학생 등록을 마쳤다. 이제 겨울 방학이 다가오고 있다. 브리애나는 학교에 아는 사람이 전혀 없다. 그래서인지 당신 수업에 들어온 첫날, 굉장히 조용했다. 첫 수업 후에 상담교사와 이야기를 나누던 중에 브리애나가 전에 다니던 학교에서 여러 차례 징계를 받았다는 사실을 알았다. 브리애나가 2, 3년 전에 퇴학을 당했다는 이야기를 들었다고 다른 교사가 말해준다. 내일 브리애나가 들어오는 수업에 대비해 당신은 어떤 조치를 마련해야 할까? 브리애나와 어떻게 상호작용해야 할까?

다음으로 교활한 세바스찬을 만나보자. 전에 세바스찬을 가르쳤던 교사들은 세바스찬이 거짓말하는 것으로 유명하다고 경고한다. 그들은 세바스찬이 꽤 반항적인 데다 머리가 매우 똑똑하고 '시스템이 어떻게 돌아가는지' 잘 알기 때문에 다루기 여간 까다로운 학생이 아니라고 말한다. 한 교사는 세바스찬이 수업 시간에 일어난 일을 거짓으로 전달해서 교장과 자신 둘 다 엉망진창이 되었고, 세바스찬 부모의 고소로 큰 곤욕을 치를 뻔했다고 말한다. 그 사건으로 세바스찬은 교실을 완전히 장악할 수 있었다. 세바스찬이 당신의 교실도 장악하려 한다. 당신이 훈계하려고 하면 세바스찬이 거짓말로 사실을 왜곡할까 두려워서 세바스찬의 문제 행동에도 뭐라고 말하기가 두렵다. 결국 수업 중에 반항해도 출석정지 조처를 내리지 않았고, 어떤 경고도 하지 않았다. 그의 행동은 계속 수업을 방해하고, 이 상황이 쉽게 끝날 것 같지도 않다. 교직 경력을 통틀어 최악의 한 해를 보내는 느낌이다. 지금부터라도 어떤 조치를 마련해야 할까?

마치는 글

당신도 모든 학생의 마음을
얻을 수 있다

이것은 학문 발전에 이바지하거나 새로운 연구 결과를 소개하기 위해 쓴 책이 아니다. 이 책은 어디까지나 교육 현장의 교사들을 돕기 위한 것이고, 학교 관리자들을 돕기 위한 것이다. 이 책은 내가 수년 동안 발표했던 강연 내용을 더 쉽게 접근할 수 있는 형태로 바꾼 것이다. 여기에는 거의 20년 동안 학생들을 가르치며 습득한 많은 '영업 비법'이 담겨 있다. 만일 우리가 문제 행동을 보이는 학생들의 마음을 얻을 수 없다면, 교사로서 우리의 여정은 점점 힘들어질 것이고, 개인적으로도 쉽게 지치고 말 것이다. 또한 이런 과정에서 우리의 도움이 절실한 학생들에게 긍정적인 영향을 미칠 수 있는 수많은 기회를 놓치게 될 것이다.

학급운영의 핵심은 옳은 규칙을 정하는 게 아니라, 옳은 관계를 맺는 데 있다. 교사는 많은 학생들의 삶에 꾸준히 영향을 미치는 유일한 사람일지도 모른다. 이 학생들의 가정생활은 무질서하고, 주변 상황은 좌절감만 안겨주고 있는지도 모른다. 이들은 정서적으로 혼란스럽고 아직 지식과 경험이 부족할 수도 있다. "이 아이들은 학교에서 성공을 경험하는 것 말고는 괜찮은 삶을 이뤄낼 수 있는 다른 선택지가 없는 셈이다."라는 하버만의 말을 늘 기억하자.

관계 중심의 접근법으로 학생들에게 책임성을 가르치는 훈육은 "너를 돕고 안내하기 위해 선생님이 여기 있다."라는 말을 침착하게 행동으로 보여 주는 것이다.

관계 중심의 훈육법은 지속적인 사용과 수정을 통해 하나의 기술처럼 발전시킬 수 있다. 이 훈육법이 습관처럼 자리를 잡으면 우리는 저절로 학생들의 마음을 얻을 수 있을 것이다.

또한 많은 학생들의 문제 행동을 바꾸고 변화를 이뤄낼 것이다. 당신은 비행을 저지르는 학생을 포함해 모든 학생의 마음을 얻을 수 있을 것이다. 글을 마무리하며 마지막으로 모든 교육자와 학생들의 행운을 빈다.

내가 교육계에 몸담은 이래로 아내 케이티는 줄곧 내게 격려를 아끼지 않았다. 항상 나를 믿고 내 노력을 지지하고 내 리더십을 응원했다.

아들 타일러와 딸 에이미에게도 고맙다는 말을 전하고 싶다. 나는 두 아이를 깊이 사랑한다. 여러 면에서 내게는 더없이 특별한 아이들이다. 이 아이들이 배움과 성장의 과정을 계속 사랑하고, 다른 사람에게 긍정적인 영향을 주기 위해 노력하는 삶을 추구했으면 좋겠다.

마이애미대학교에서 박사 논문을 쓸 때, 논문심사위원장을 맡았던 톰 푀터Tom Poetter 박사께도 감사드린다. 이 책의 원고를 마무리한 후 푀터 박사를 찾아갔을 때 그는 "최고의 출판사에 연락하게나. 많은 사람이 그렇듯 자네도 책으로 관심을 끌지 못할 수도 있지만, 해보기 전까지는 아무도 알 수 없다네."라고 조언했다. 나는 그 조언을 따랐고, 다행히 여러 출판사에서 바로 관심을 보였다.

푀터 박사님, 박사과정에 있을 때는 더 좋은 저술가가 되도록 도와주신 데다 성공적으로 이 책을 출간할 수 있도록 적절한 시기에 조언해주셔서 진심으로 감사합니다.

참고문헌

- 데일 카네기Carnegie, D.(1936). 인간관계론(How to Win Friends and Influence People). Pocket Books.
- 존 듀이Dewey, J.(1938). 경험과 교육(Experience and education), The Macmillan Company.
- 안드레아 가드너Gardner, A.(2012). 자기 대화의 기술 (Change Your Words, Change Your World), Hay House. (한정은 역, 판미동, 2015).
- 케이 프라니스Pranis, K.(2005), 서클 프로세스:평화를 만드는 새로운/전통적 접근 방식(The little book of circle processes:A new/old approach to peacemaking). Gook Books. (강영식 역, 도서출판 대장간, 2012).
- 피터 센게Senge, P. 외.(2012). 학습하는 학교(Schools that learn:A fifth discipline fieldbook for educators, parents, and everyone who cares about education). Crown Business. (한국복잡성교육연구회 역, CIR 출판사, 2019).
- 해리 왕Wong, H., 로즈메리 왕Wong, R.(2001). 좋은 교사 되기:어떻게 유능한 교사가 될 것인가?(The first days of school: How to be an effective teacher). Harry K. Wong Publications, (김기오·김경 역, 글로벌콘텐츠, 2013).
- 하워드 제어Zehr, H.(2002). 회복적 정의 실현을 위한 사법의 이념과 실천(The Little Book of Restorative Justice). Good Books. (조균석 외 역, 대장간, 2014).

찾아보기

질서 있는 교실은 어떻게 만들어지는가

초판 1쇄 발행 2023년(단기 4356년) 10월 30일
초판 2쇄 발행 2023년(단기 4356년) 12월 19일

지은이 | 애덤 H. 프랭크
옮긴이 | 허성심
펴낸이 | 심남숙
펴낸곳 | ㈜한문화멀티미디어
등록 | 1990. 11. 28 제21-209호
주소 | 서울시 광진구 능동로43길 3-5 동인빌딩 3층 (04915)
전화 | 영업부 2016-3500 편집부 2016-3507
홈페이지 | http://www.hanmunhwa.com

운영이사 | 이미향
편집 | 강정화 최연실
기획·홍보 | 진정근
디자인·제작 | 이정희
경영 | 강윤정 조동희
회계 | 김옥희
영업 | 이광우

만든 사람들
책임 편집 | 한지윤   디자인 | 풀밭의 여치blog.naver.com/srladu
인쇄 | 천일문화사

ISBN 978-89-5699-460-4 03370

• 이 책은 저작권법에 따라 보호를 받는 저작물이므로 본사의 허락 없이
  임의로 내용의 일부를 인용하거나 전재, 복사하는 행위를 금합니다.
• 잘못된 책은 본사나 서점에서 바꾸어 드립니다.